心经与能量

修心养性　求索悟真

凡夫子　弘　扬　著

團结出版社

图书在版编目(CIP)数据

心经与能量/凡夫子,弘扬著.—北京:团结出版社,
2009.8
ISBN 978-7-80214-792-8
Ⅰ.心… Ⅱ.①凡…②弘… Ⅲ.大乘—佛经—研究
ⅣB942.1

中国版本图书馆CIP数据核字(2009)第098760号/B·76

心经与能量

出　版: 团结出版社
(北京市东城区东皇城根南街84号　邮编:100006)
电　话: (010)65228880　65244790
网　址: www.tjpress.com
E-mail: 65244790@163.com
经　销: 全国新华书店
印　刷: 中煤涿州制图印刷厂

开　本: 16K
字　数: 250千字
版　次: 2009年8月　第1版
印　次: 2009年8月　第1次印刷

书　号: ISBN 978-7-80214-792-8
定　价: 48.00元

此画像是释迦牟尼佛四十一岁时，其弟子富楼那尊者亲手所绘。原本现存在英国帝室博物馆珍藏，视为国宝。

现已编入东方佛教文化资料从书、一九九七年六月十九出版的：《佛学经典配图彩色画册》中在全国佛教流通。中国佛教协会副会长、北京广济寺方丈明旸法师题词。

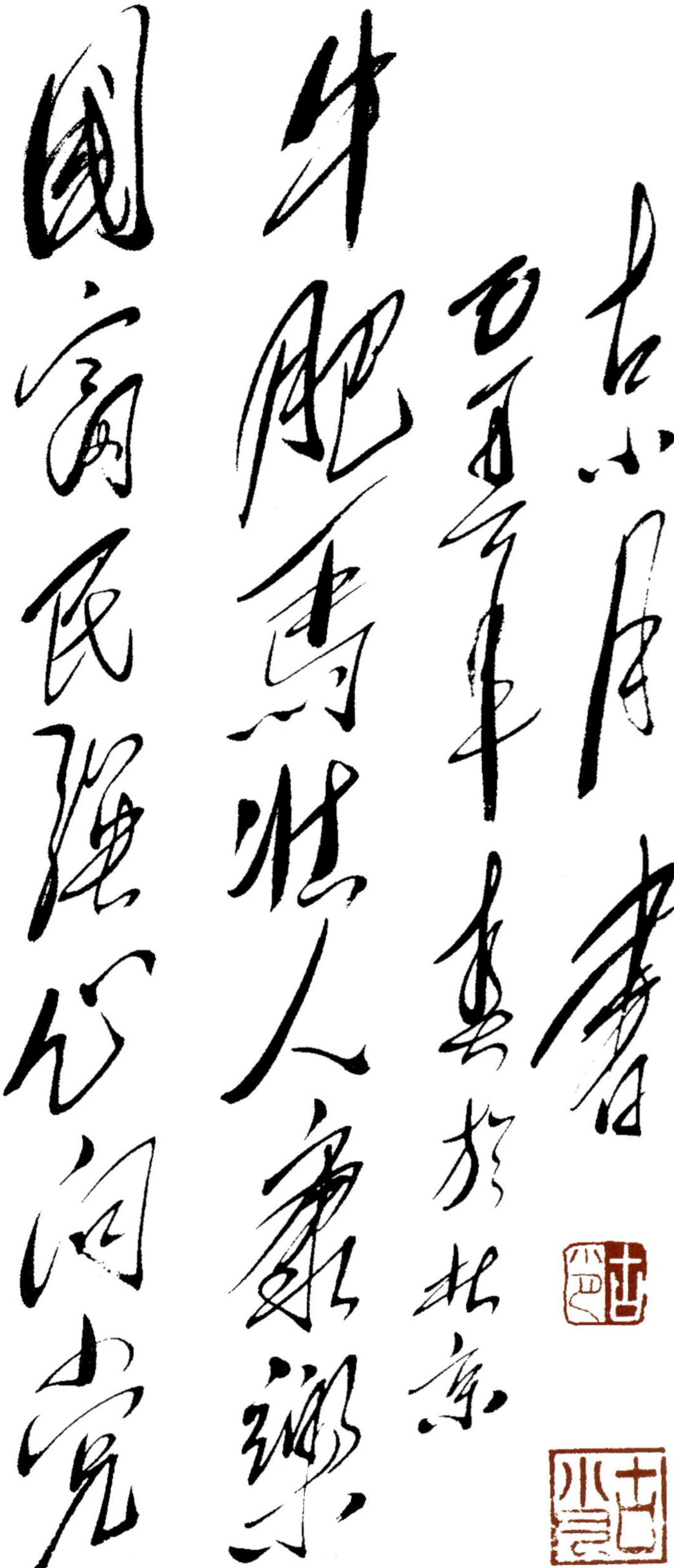
牛肥馬壯人豪邁
己丑年春於北京
古小民書
古小民

《心经》真解和《真传佛经》，受到当代佛学泰斗释证严的精心审阅、充分肯定和高度赞赏。

薩南無無量菩眼
薩南無離垢菩薩南無一切普眼菩薩南無
身杖菩薩南無無量華莊嚴菩薩南無十方
祇有菩薩南無無量志菩薩南無德本菩薩
無得大菩薩南無寂行菩薩南無一切火光
勝眼菩薩南無無邊善思議菩薩南無決定
菩薩南無一切寶手菩薩南無寶勝菩薩
無量婆伽羅菩薩南無無法界菩薩南無一切
無持大會菩薩南無勇首菩薩南無寶性菩
薩南無勝受菩薩南無一切德王菩薩南無

序

首先衷心祝贺《心经与能量》和《心经与智慧》，这个生动姊妹篇的先后成功出版面世。她是盛法盛世莅临之际的精彩展现，也是众多学佛人的一大福音。

佛学是一门博大精深的学问，她包涵了宇宙人生的真实道理和大智慧，正如孙中山先生所说："佛学是哲学之源，是科学之母。"

那么，在佛学的智慧海洋中，哪一部佛经是包罗万象的，又是大道至简的核心代表作呢？众多有见地的智者则会异口同声不约而同地说：是《心经》。

《心经》是《般若波罗蜜多心经》的简称，这部佛祖的至高经文著作，产生在公元前500多年的印度，当时的悉达多僧人曾经历了多世的大智慧的积累，特别是在此生此世无比艰难卓绝的修炼后，达到了大彻大悟之最高觉悟层次的水平，所以才能真实而全方位地揭示出，整个宇宙人生的本来面貌，而创作出《心经》这部旷世巨著。

释迦牟尼佛凭着这部至高无上和无与伦比的典籍，奠定了佛学的基本理论和最高理论；进而，如来佛凭着《心经》这部最高经典，创立了万古长青的佛教；佛教之所以能天长地久地震撼人心，也是依仗着这部大智慧的源头理论《般若波罗蜜多心经》。《心经》标志着释迦牟尼佛已达到如来如去，自由自在和大自在的如来佛水平。

为此，革命导师恩格斯颇有见地的说："人类到释迦牟尼佛时代辩证思维才成熟。

伟大的马克思也赞美地说："辩证法在佛教中已达到很精细的程度。"

科学家爱因斯坦说："佛学是一切科学的源动力。"

而佛学的中心精髓正是《心经》。

《心经》不仅是佛教的大智慧之本源和总灵魂，也必然是宇宙人生的真谛之瑰宝。在盛法盛世已经莅临的今天和未来的历史中，都将会证明她的永久真实价值。

在历史上，文人墨客所翻译的《心经》版本多达十几种，在流传于世的八种《心经》版本中，只有玄奘的译本是准确无误的；玄奘法师的《心经》译本，不仅成为佛教的朝暮课程，而且被翻译成多种外文流传于全世界；据悉，当今世上已有数亿人能背诵《心经》，这本身就是个很了不起的事。

《心经》真解与《真传佛经》得以出版，显然是件特大好事。最可贵的一点是，两者的思想风貌和文字格调完全一致，既是平易近人的亲切教诲，其文字又体现了直白与典雅的高超统一,且完全脱离了晦涩的文字和玄虚的思维理念,更没有诡辩论与文字游戏的弊病,直接了当地引导人们,使之进入光明正大平平凡凡的善良修炼之路。我看这些宝典确实能把人们,指引到堂堂正正之光明大道上去,这也正是我们盛法盛世时代的应有风貌,这些佛学精品,也正是我们构建和谐社会的重要精神食粮。

据悉,世界上知道和熟悉《心经》的人已超过八个亿,能背颂《心经》的人已超过三个亿;而从《心经》诞生的公元前534年农历腊月初八算起,曾能背颂《心经》的人,已超过100亿人次。以上这个数目,是任何经典、诗歌和任何文学作品等,都是无法与之相比拟的。这说明什么呢?就因为《心经》本是天上天下第一经,古今中外第一文。这已成为有口皆碑,而无可辩驳之铁的事实。

那么,请想象和估算一下,未来会有多少人能背诵下来《心经》呢?这么说吧,凡是有智慧的家长和幼儿园的老师,都会教给孩子背会《心经》(智障儿除外)。为什么呢?就因为《心经》短小,共268个字,学龄前儿童大都可背诵下来而不会超负荷;还因为《心经》是智慧之源,正适合儿童早期的增智教育;又因为《心经》是至简之大道的最高学问和最美妙之篇章,学而可受用终生;更因为《心经》是未来小、中、大学硕士、博士和人生的必修课,早学早受益,何乐而不为之呢?

已出世了2500多年的伟作《心经》,在历史上曾被多次篡改,到了中国的唐朝才由玄奘法师给改正过来,并清除了其中的讹谬部分;然而,《心经》的正确解释,也就是真解,却是于公元21世纪才首次见到;据悉此真解,与玄奘当年的《心经》真解流通分恰相吻合(玄奘的真解被歹人偷走而毁掉),这说明自古以来的正邪路线斗争,还是很激烈的,当然唐朝也不例外。后来幸亏唐太宗、武则天,特别是布袋和尚(弥勒)的大力护佑,《心经》才得以将真本流传下来,并成为佛家的朝暮课程;而在当今这个伟大时代,《心经真解》才得以堂而皇之的公开面世,且完善的显示出其庐山真面目;这一划时代的壮举,实源于盛法盛世的双双莅临。

《般若波罗蜜多心经》正是释迦牟尼佛,获得大彻大悟最高层次时的必然产物,是最高果位如来佛的文字标志。从《心经》的诞生到目前的公元2009年为止,这部智慧之丰碑,已经历了2543个年头的岁月;而《心经》这部宇宙人生的终极真理即绝对真理,为什么今天才能公开面世,并真正开始实施其真理之内涵呢?这可能就是历史的进程本该如此吧,这也是需要我们去认真探求和思索的问题。

从今往后,没有真理的日子将永远成为过去,且一去再也不会复返了;这个问题在天上外星球,已经完全明朗化地成为现实了,并已经开始了向人间的步步推进,正因为如此,才有了《真传佛经》面世的这一宏伟壮举。

在《真传佛经》中,佛祖的真经共刊载了241首。我原以为出版其中的150

多首精品就可以了,后来读着读着才理解了编著者的真意:原来著者把如来佛的许多即兴讲法、聊天、闲谈、祝寿词等,都一股脑儿地搬了出来,这就是把读者当成了亲人和知己,才会有这种举动。可能著者本人当初,就是个最想知道佛祖的一切指教、语言行为,甚至生活细节等真实状况的人;因为想到很多读者,都会同自己的心情一样,所以就采用了倾囊以授的方针。理解了这一内幕和初衷后,我心中的顾虑遂被打消而自然释开了,接着我将心比心地想,如果著书者真的把一些相机说法,还有闲聊之言论给独吞了,而不让其面世,使别人对佛祖,无法进行全方位的全面了解;那时我会对著者产生不满,甚至怨恨,会怨他太自私。然而,现在看来,倒是我应该向著者表示道歉,也要对你的虑事周全、慷慨大方,表示衷心地谢意和致敬才对。

对于《真传佛经》,我也是刚刚接触不久,不敢妄加解释、剖析和评论,但是我对《真传佛经》的初步感受是:一、太新鲜,太有吸引力。二、平易、真实、适用。三、《真传佛经》与《心经》的格调十分统一。四、《真传佛经》与《心经》一样高超、无与伦比、令人震撼。

可以预想,《心经》与《真传佛经》的广为流传于世,会大大超过唐诗的学习规模和广泛传播程度。特别是《心经》,因为是最经典的文学文字极品,所以用不了多久,它将成为老老少少,人人皆能倒背如流的口头文学;《真传佛经》中的一些精品的命运,也将会与《心经》相等同,被人们广泛熟背而致用,且必将天长地久而万古流芳,那是因为,佛光普照本是全人类共同追求的大方向。

释明道(佛学博士)

于乙丑年闰五月

前 言

《心经》是整个佛学的总纲、总论、宗旨、精髓与核心。任何智者、学者，若想认识佛学之真谛，就万万离不开这个真理之源《心经》。

那么，《心经》是怎样产生的呢？这个问题必须先弄明白。

如果没有修炼达到大彻大悟的程度，则任何人都达不到《心经》所表达的那种至高境界。据史书记载，在全人类中，只有释迦牟尼佛一人，达到了大彻大悟的极高层次，并且载有具体的大彻大悟时间、地点、人物和内容《心经》。当佛陀修炼到与大道完全吻合为一体，成为道的化身的同时，才具备了佛法无边的大智慧视野，也才能创作出《般若波罗蜜多心经》，这样大道至简的宏大巨著（全文268个字）。

《心经》的开头写道：**观自在菩萨行深般若波罗蜜多时，照见五蕴皆空，度一切苦厄**。这个照见五蕴皆空的“五蕴”，不是局限于银河系，或是哪一个星系，而指的是全宇宙范围的五蕴。不要说别的，单说这个全宇宙的五蕴如何，就没有第二个能了解的人，唯有达到大彻大悟层次的佛祖一个人，对宇宙的一切事物，皆能看得见、摸得着、做得到。因此把《心经》作者的名字，移植到任何人的头上，都无法做到合情合理。如果说，从前有人做过这种尝试，那也肯定是徒劳无益的，因为历史事实，终究是不会允许的。

《心经》把整个宇宙和全人类的产生、发展的来龙去脉，做了高度凝练分析和论述。《心经》之所以能产生，完全取决于作者的觉悟高层次。全人类精英的修炼觉悟水平，共分以下五个层次：顿悟、大悟、彻悟、大彻悟、大彻大悟。

佛家的所有佛菩萨，除佛祖以外，皆达到了彻悟和彻悟以下的层次，只有佛祖，曾经历了八次大彻悟层次的梯进提升过程，而在第九次降生于印度时，经过了异常艰难卓绝修炼，最终产生飞跃，达到了大彻大悟觉悟层次之极点，与大道完全相吻合，成为释迦牟尼佛。所以，若是没有如来入去、佛法无边的观自在菩萨如来佛，就不可能有《般若波罗蜜多心经》之大作的产生，而没有《心经》，就不会有以弘扬真理为宗旨的佛教的诞生，这是有前因有后果，一环扣一环的宇宙人生之大计；这就是历史事实，这就是事物的本貌。

如何认识、摆放、学习、理解《心经》，对人们来说，是个比天还要大的大事，岂可不明也不白？

《心经》作为佛学至理，则一切事物、学问、理论的好与坏、真与伪、高与低、

都可以用《心经》来对照鉴别和衡量,她就是试金石、戒定尺、分水岭和分界线。《心经》就是:

天上天下第一经,古今中外第一文,

大智大慧源于此,勘破本性便见真。

佛陀在印度成立佛教时,一生千百次的讲法布道,都是以《心经》为核心依据的相机说法,其思想风格都是完全一致的。

本书中的471首《真传佛经》,皆是来自于佛家的亲传手笔,其经文内容真实可靠、确切生动、精炼实用,其文风充分显示出,高超与直白相结合的完美统一之特点;其思想观点、表达方式、语言风格、意境特点等,完全与《心经》相吻合,是可以摆在桌面上,是可以拿到任何大场面上,且是能经得住任何时空推敲和考验的佛学真理精品,她不仅是佛学精品,也是天上天下数第的文学精品,是至高无上、无与伦比、登峰造极的真理极品。

为了体现《真传佛经.》的真实性和可信性,除了公开如来佛的241首经文外,还有他老人家的学生、下级、弟子的经文230首,全盘交到你手,以便于供佛友、道友和学者们参照学习研究,鉴赏体悟一下这种,众星捧月且其乐融融的佛法态势。又因为人间的佛道本来是一家,天上的佛道从来就未曾分过家,而且佛祖、道祖原本就是同一个人,所以《心经》和《真传佛经》,是佛家道家共同的最高真理之宝库。在佛经的书写中,大部分的经文都注意了韵律的运用,如果一旦出现所要表达的意思和意境,与韵律发生矛盾的时候,佛菩萨会毫不犹豫地选择宁可舍弃韵律,也要保证含义和意境的准确性。这一点需要提醒大家特别留意去学习体悟。

还有,以往人们认识事物,往往只习惯运用实验和考证的单一方法;而实际上,宇宙和人生诸多万事万物本来很复杂,用简陋方法认识复杂事物,往往近似于南辕北辙,也就是说,重视现象而忽略本质,这是人们所普遍存在的极大弊病。

其实认识事物的方法起码有三:一、调查、实验、考证。

二、观察、观测、预测。

三、传真、真传、观照。

观察宏观事物现象,可以用肉眼看(包括仪器)。

观察微观事物、物质和生命物质变化现象,要用慧眼去看,甚至需要用高层次或极高层次的慧眼,才能观照明白。

在这里真正体现出:学无止境、认识无止境、修炼和生命进化是无止境的道理和事实。世上任何人,切勿满足于一得之功、一孔之见而去片面看待事物,那样会自误误人的。

在人类历史记载中,有很多以讹传讹、人云亦云、先入为主、教条迷信的东西和内容产生。佛教当然也不会例外，佛教史和佛经出处的五花八门状态，早已摆在了人们面前，史实和现实都在逼迫着每个人，做出正确选择。由此可见修佛和修道的人，自我培养自主独立性和独创精神，是何等重要的头等大事。

本书认为，探讨佛教史和佛经的真伪问题，有一个供参考的办法和原则，简而言之就是：任何人不得与佛教创始人佛祖相提并论，否则必是外道；任何经典不得与佛祖的大作《心经》相提并论，否则必将脱离正道。因为佛祖是大道的化身，《心经》是大道的翻版、缩写和在文字上的具体体现，是佛家至理。

学习《心经》和《真传佛经》，最好采取写、悟、背、用相结合的办法，把做功、念经、写笔记当做三宝来修悟，其效果会好些，就按佛祖的“熟读经文有硕果”的教导去做，必会得到丰厚的收获；只要能悟通《心经》，并按着佛菩萨的教导去实践，就会获得：心体康泰、家庭和美、事业有成、拥有智慧的成功人生，也就一定能到达胜利的彼岸，直至得道、究竟涅槃。

目 录

佛经目录

观自在菩萨经文、如来佛经文

洪钧老祖菩萨经文

弥勒菩萨经文

药师菩萨经文

阿弥陀菩萨经文

玉皇大帝菩萨经文

太上老君菩萨经文

韦陀菩萨经文

白云老祖菩萨经文

地藏王菩萨经文

魔礼寿天王菩萨经文

高兰英菩萨经文

牡丹仙子菩萨经文

达摩菩萨经文

延海道人菩萨经文

仙玲菩萨经文

丹青菩萨经文

大祖菩萨经文

铁蹄道人菩萨经文

第一章 心经原文

《般若波罗蜜多心经》 释迦牟尼佛经文 玄奘法师翻译

观自在菩萨行深般若波罗蜜多时,照见五蕴皆空,度一切苦厄。

舍利子:色不异空,空不异色,色即是空,空即是色。受、想、行、识亦复如是。

舍利子:是诸法空相,不生、不灭,不垢、不净,不增、不减。

是故,空中无色,无受、想、行、识。无眼、耳、鼻、舌、身、意。无色、声、香、味、触、法。无眼界,乃至无意识界。无无明,亦无无明尽,乃至无老死,亦无老死尽。无苦、集、灭、道。无智亦无得,以无所得故。

菩提萨埵依般若波罗蜜多故,心无挂碍,无挂碍,故无有恐怖,远离颠倒梦想,究竟涅槃。

三世诸佛依般若波罗蜜多故,得阿耨多罗三藐三菩提。

故知般若波罗蜜多是大神咒、是大明咒、是无上咒、是无等等咒。能除一切苦,真实不虚,故说般若波罗蜜多咒。

即说咒曰:揭谛、揭谛,波罗揭谛,波罗僧揭谛,菩提萨婆诃!

第二章 《心经》直译

题:掌握大智慧到达彼岸而觉悟的核心经典。心:佛心、道心、宇宙心。

一、能够自由自在地观察自身佛性之奥秘的觉者(佛祖自称),在运用大智慧深入研究生命是如何到达光辉彼岸的过程时,真实地看到构成宇宙万事万物的五种因素(色、受、想、行、识)原本具有可变的空态性质,没有不可变的实体,一切痛苦灾难都能被这一空态所度脱化解掉。

二、弟子们:从宏观角度看,色和空没区别;从微观角度看,空与色也相同。空(基本颗粒)是色(可见物体)的分解,色是空的化合。尽管你反复透彻地去领受、深思、认知和识别,其结论仍然不变。

三、告诉你吧弟子们:凡是有形象或无具体形象的事物,其本质都俱空性和可变的特点,不存在生长灭亡、肮脏洁净、增多减少。

四、所以,空中没有色的实体,没有对色的思维意识。(人也非实体)眼、耳、鼻、舌、身、意这六根要归于空。色、声、香、味、触、法这六尘也要归于空。(法是事物的性质与演变)没有六根六尘的界限和其被认识的界限。心中没有不明白、不觉悟和因不明白而烦恼的影子,直到没有老死和老死的影子(这一生命流转的一系列过程)。没有累积恶因所造成的苦果,没有修炼道法而成就的品位。不运用智巧去获得什么,那是因为没有什么可以得到的缘故。

五、菩萨因为运用到达彼岸的大智慧的缘故,清净的心没有一丝挂念,没有挂怀和障碍就免除了恐惧害怕,脱离了异想天开的梦幻杂染,最终觉悟而得道。

六、那些过去、现在、未来佛,依靠那到达彼岸的大智慧,荣获了无上正等正觉的大果位。

七、(有以上铁的事实),所以确认:能使人到达彼岸的大智慧,是修炼中最神圣的准则,是最光明的法器,是至高无上的真理,是无与伦比的规范,能真实而不虚枉地将全部苦难化解清除,所以要牢记“般若波罗蜜多”这句真言。

八、既然如此,便号召众生:去吧!去吧!彼岸是归宿,为修我佛,赶快用行动去成就无上正觉吧。

(注:《心经》每段大意:一、佛祖以实观空。二、色空不二、色空相等。三、万法本相皆空。四、万事空我先空;缘起法与因果论;四真谛与八正道。五,人的觉悟与究

竟。六、觉悟的高层次。七、评价真理。八、号召众生修炼达彼。标题:真理之源。)

达摩说:“《心经》通,一切经通;心经不通,一切难通。”

《颂心经》

天上天下第一经,古今中外第一文,

大智大慧源于此,勘破本性便见真。

第三章 《心经》是智慧小百科

《心经》讲什么？若用一个字回答那就是“空”。

色不异空，空不异色，色即是空，空即是色。色空不二，空色相等；万事皆空，为首我空。心空增能，性空增智；五蕴皆空，唯慧不空。《空字歌》中唱道：

本来空，看不空，看不空，也是空；

求得来，还是空，放不下，仍是空；

妄杂念，更是空，倒不如，就悟空；

万事空，我先空；悟了空，空不空。

（悟空得到能量智慧，可以说空而不空。）

若问心经到底讲什么？用一个字来回答还可以说是“心”。

为什么这样说呢？你请看：宇宙的心是能量，佛家的心是佛祖，人的心是元神，佛经的心是心经，《心经》的心是般若，般若的心是悟空，悟空的心是我空，我空要靠八正道，八正道首要是悟性，悟性关健是宽容。修心才能得正果，离开修心养性是小乘。

《心经》讲明白了一个迷，那就是：我是谁，谁是我；从哪来，到哪去？答案是：我是体，心是我；从原来的层次来，到该去的层次去。（人的能量大小决定其去的方位和层次。每个人都要接受大自然规律的考验和控制，而自然规律不会受人的意念约制。）

也可以这样说：

肉体的身盛载心，我到人间来作客，
修掉无明一身轻，归宿在彼不在这。

作为佛学总纲的《心经》到底讲了什么？讲的是宇宙生命之源。若用两个字来回答，可以说是“般若”、“孝道”或“孝佛”。

《心经》的价值和实质是什么？还讲了些什么？

《心经》是凝练了的人类全部智慧的最高结晶。

《心经》是佛家学问的精辟概论。

《心经》是群经之典和万法之首。

《心经》是整个佛学的高度浓缩。

《心经》是佛陀大彻大悟后心灵智慧的首次全面展示。

《心经》标志着佛陀是宇宙间第一大哲。

《心经》是千古真理人生指南。

《心经》是众生逃离苦海之方舟。

《心经》是众生解脱烦恼的救心丹。

《心经》是展示宇宙真相之伟大丰碑。

《心经》是开启佛学大宝藏的金钥匙。

《心经》是佛陀最高层次修行的现身说法。

《心经》是科学和佛学在高度概括下的统一体。

《心经》是科学家和智者的摇蓝。

《心经》是三界众生最珍贵的智慧财富。

《心经》是人人皆可拥有的最高法宝。

《心经》是古今中外最感人的真理之史诗。

《心经》宣告佛家理论已达完美完善。

《心经》讲的是宇宙奥妙和世界观。

《心经》讲的是生命真谛和人生观。

《心经》讲的是心的产生,永恒和可塑性。

《心经》讲的是修心养性的主题。

《心经》讲的是缘起法和因果论。

《心经》讲的是修道大全和道德大全。

《心经》讲的是孝道孝佛之心法。

《心经》讲的是悟道悟空总理论。

《心经》专门讲的是般若。

《心经》专门讲的是般若波罗蜜多。

纵上所述,可以说《心经》堪称佛学小百科。如果佛学主要内容还有遗漏,请读者自填入内,以达编者抛砖引玉之初衷。

达摩说:《心经》通,一切经通,《心经》不通,一切难通。

(注:本文选自《心经与智慧》一书)

第四章 《心经》的来历

释迦牟尼佛(驻世于公元前569—485)在大彻大悟前,是印度北方迦毗罗韦国(今尼泊尔与印度交界处)的王太子,名叫悉达多。在儿童时就显现出与众不同的极大天赋,生性颖悟而顽皮、甚至有些调皮。他许多言语举动出人意料,让大人感到惊奇,除了常常缠着大人要求讲故事外,在游戏中也极富于想象力,往往能独出心裁、花样翻新,与他在一起玩耍,人人都会感到很惬意。在淘气中的太子已显露出非凡的才华和器宇轩昂的气概。他的另一特点是具有强烈的同情心,每当看到穷苦乞儿的悲惨情景时,就激动不已、异常同情,有时还把自己佩戴的珠宝送给穷孩子。他思维敏捷,常常提出一些对宇宙和人生的疑问,弄得大人们张口结舌答不上来。小小年纪就善于追求真理,是他与众不同的又一点。

青年时代的悉达多身体健壮、思维睿智,由于他博闻强记、过目不忘、刻苦好学、善于观察思索而出类拔萃,因而很快成为精通数学、伦理、哲学、天文、武学、文学、艺术、韵律等诸种学问的大行家。他说话有理、办事有准,特别善于帮助教育小人和恶人,时时处处注意把握和修悟自己,从不刺伤任何人,并常常进入禅定状态。二十九岁便已开悟,这标明缘法已臻成熟。他意识到,此时此刻正是应该出家专心修行的时候了,便毅然脱离凡俗,走向一无所有的出家苦行道路。

六年的苦行,悉达多从无数次艰辛挫折中获得真知和动力,在艰难卓绝的痛苦磨练中,从苦难最底层的极限处,慢慢摸索沿着道的旋梯攀入地平线,然后再逆流而上将源头活水引到高山顶峰;经过不断深入开悟、顿悟,为今后光明的未来打下一个全方位、高质量的坚固基础。六年来,已将心性修得一尘不染,此时已达菩萨觉悟层次的悉达多,思想境界日新月异,产生更大飞跃质变的时机已成熟。

公元前534年冬季,35岁的悉达多来到尼连禅河岸边,在一棵高大的荜钵罗树(菩提树)旁的天然金刚石座上准备禅定,并发誓说:“我今如不证得无上大觉,宁可粉身碎骨决不起座。”这钢铁誓言化为能量,震撼着山河、星系、宇宙!在入定的第一个七天七夜中,便战胜了心灵深处各种恶魔的干扰而达大彻悟,恢复了自己本来的功能。此时已成佛陀的悉达多,周身能量奔涌,将以往集累的种种特大智慧,与宇宙总体能量连在一起并急剧升华,欲罢不能、身不由已地进入更高层的寂静状态,进入最深层的三般若境地(观照般若、实相般若和文字般若),在忘我地、与天地融为一体地禅定中,又经历了三七二十一天美好圣洁、深化体悟的时光,终于达到修炼至极的境界——大彻大悟。如今这位释迦族青年自然而然地成为释迦牟尼佛。此时佛陀的认知能力恰与宇宙的本源规律——道，完全吻合在一起。这便是宇宙中独一无二、无师自通、以悟为师、最高人天师、伟大佛祖的诞生过程。

接着，佛陀再经历三七二十一天的佛法玩味、条理化的总结过程，便将宇宙人生的源始、终极真理搞得清清楚楚，从此圆满地实现了自己的宏大诺言。

《般若波罗蜜多心经》便是整个佛法总理论成竹在胸的浓缩和概括，佛陀这篇大彻大悟后的伟大处女作和杰出代表作，虽然篇幅短小，但是简捷凝炼、内容生动、气度恢宏、包罗万象。《心经》的总理论讲的是，以般若之实来领悟万事万物之空，我空万事空，由悟空生智而达彼。文中还分别阐述了具体空的十八界、十二因缘、四真谛、八正道等原理。特别还为"般若波罗蜜多"这一最高真理找到铁证而列举了出来。

腊月初八出定的佛陀（腊月初八也是人类最伟大的"真理"纪念日），首先慈悲了为自己义务当护法的一群男女儿童；然后，第一件要做的事就是去鹿野苑找自己的随从，即桥陈如等五个弟子，找到后为他们摩顶开穴受记、传授"九转丹"禅坐功、说法开示，使他们懂得修炼正道的原理：即一味地追求六欲是卑劣的，而一味地追求苦修自身对证悟圣道也是有害的，应该走辩证式的全方位修炼之道，侧重悟道悟空和修心养性；苦修苦行只是修炼的重要内容之一。接着，采用现身说法的方式，生动地阐述了缘起法、因果论、八正道等理论，并出口成章地传授了《心经》，为了使比丘们能真正达到理解，前后共讲法三次，这就是载入世间佛教史册中著名的初转佛法和三转佛法。

《心经》朗朗上口、易于背诵，佛陀的这五个弟子成为宇宙间最先被大彻大悟的最高圣哲释迦牟尼佛度化，最先掌握了天下第一功，并最先将佛家最高经典《心经》背诵下来又传播开去的人，这便是《心经》神奇的来历。《心经》本是：佛学缩影、智慧源泉、宇宙真理、人生指南。而佛学是释迦牟尼佛，将全人类的智慧加以总结、提炼、升华的最高结晶。

在佛陀后来的千万个弟子中，几乎人人都能背诵、讲解和去实行这部《心经》。佛陀亲手培育出来的菩萨、罗汉无其数。两千五百多年来代代相传，能背诵和熟读《心经》的人计算起来约有百亿多人次。这也是《心经》能一字不差地、准确流传下来的独特缘由。

【据记载，玄奘法师将《般若波罗密多心经》翻译成功后，唐太宗钦佩不已，为《心经》等佛典郑重的书写了一篇著名的《圣教序》，文中的字里行间，对佛祖和佛教极尽了谦卑与崇拜的词语而大加称颂。同时令大臣将《心经》抄成数份，贴在四处城门和城墙上，并书写了悬赏告示：如有人能将《心经》改动一字，而又不失其原意者，即赏赐黄金一百两。结果告示悬挂了一个月，无人能将《心经》

改动一个字。在太宗皇帝的号令下，在布袋和尚的卓绝努力下，全中国的佛教上下，才一律将玄奘翻译的《心经》当成朝暮课的主要内容来唱颂；然而玄奘的《心经真解流通分》，却被歹人窃走并毁掉了。直到20世纪末，《心经》的真解才重返人间。这正是：人身难得，佛法难闻哪。欲知详情且听下篇分说。】

（此文摘自于本书的姊妹篇：中国文史出版社出版的《心经与智慧》一书。）

第五章 《心经》是一把佛学金钥匙

世界上,各种学问多于天上的繁星,而最伟大、最完美、最神圣的学问是佛学。

全人类,古往今来的杰出人才数也数不清,而最伟大、最完美的圣哲是释迦牟尼佛。

你会问,上面这两个很有份量、不同凡响的赫赫断言是谁人所下?应该说,是历代众多的名流、伟人、科学家和大德。这是他们以人生的亲身体验、科学实践、以至于全部心血所换来的真切体悟和宝贵成果。这斩钉截铁的话语,犹如惊天动地的霹雳,震撼着亿万人众的心灵而使之倍受感动和鼓舞,进而对那令人神往的佛学产生了热切期盼,希望马上能得以深入了解和学习探索。

然而,许多人误以为佛学深奥而难以亲近,且其经典浩如瀚海无从下手,只能望洋兴叹、束手无策。

其实做任何事情都有绝窍,佛学也不例外,只不过是在她的门户上挂着一把金锁,一旦打开这把琐,真理和智慧殿堂的大门就会欣然向你敞开着,这把金钥匙远在天边近在眼前,她便是天上天下第一经、古今中外第一文的《心经》般若波罗蜜多。

《心经》是群经之首、万法之典,虽然全文只有 268 个字,但却把佛学的全部精要浓缩在里边,可以说是万象俱包罗。如来佛把宇宙人生的来历、本貌和全部奥秘,讲述得深入又简捷、明了而透彻。

这本《心经与智慧》是从科普角度来阐述,文字浅显,人人看了都懂得。但愿每个智者,能当仁不让地采撷其珍奇的大智慧,去开创成长和成功的先河。

只有善解人意,才能善待他人;
只有炼平常心,才能超越常人;
只有看空自我,才能拥有一切;
只有战胜自己,才能征服别人。

《颂心经》

天上天下第一经,古今中外第一文、
大智大慧源于此,勘破本性便见真。

第六章　大道直指人心

观自在菩萨　如来佛经文

一　《性》:

你是地,我是天,

好事坏事一目了然。

要想得真功,

切记佛祖在上边;

修行十八年,得道在后边;

要想得真功,苦练苦练还得苦练。

孩子们别胡来,好事坏事你明白;

要分清敌我友,牢记佛祖的教诲。

解释标题《性》:性是心的思维方式和表现形式。有几个小和尚在闲谈时,央求佛祖慈悲几句话,为了满足弟子的要求,佛祖即兴讲了以上几句话。

1、你是地,我是天:身体好比地,心神好比天,位置摆放很重要。

2、好事坏事一目了然:对于善恶、对错,元神和识神双方都能看得清。

3、要想得真功:对于追求真理和获得真实本领,需要有一颗真诚的心。

4、切记佛祖在上边:佛祖会将珍宝倾囊以售、毫无保留。

5、修行十八年,得道在后边:时间长、心路正、站高望远意志坚,可得正果。

6、要想得真功,苦练苦练还得苦练:若不下大功夫,真本事得不到,只能得些皮毛。

7、孩子们别胡来,好事坏事你明白:不要舍不掉贪瞋痴而追求名利色情。

8、要分清敌我友,牢记佛祖的教诲:怨求邪念是敌,心神之佛性是我,识神是可以教育的好朋友。只有背熟悟透佛的经文,才能运用自如。

佛祖对小弟子就像对亲生孩子一样,关怀备至、慈悲无限,感染力很强而令人振奋。

二　《前》:

往前看向前走,

别苦闷别发愁,

师父是顶梁柱,

我是柱子头。

解释:《前》光明在前头,勇往直前。

1、往前看向前走:任何时候都不忘记,进化和修行的进程。

2、别苦闷别发愁:心中有佛菩萨,身上穿着经文衣,就会轻安自在。

3、师父是顶梁柱:菩萨保我走正路。

4、我是柱子头:佛祖是最高榜样,一切可为弟子做主。

三 《劝修》:

心情如闸,一旦开闸,想收收不回来;

如同万事开头难,一旦捅破事事明白。

孩子们,大好时光莫失去,收下心来苦练功;

后人赶先人,一代超一代,

师父慈佛祖严,对谁好你明白。

在人间好人少坏人多? 怎么鉴别靠自己量。

唉我真担心,一步错步步错,回头难那!

解释《劝修》:用佛语规劝弟子要认真修炼。

1、心情如闸,一旦开闸,想收收不回来:诚心修炼的闸门打开时,便不再退缩。

2、如同万事开头难,一旦捅破事事明白:有了良好的开端,再继续深造下去,迟早可达融会贯通的境界。

3、孩子们,大好时光莫失去,收下心来苦练功:光阴似箭,功德靠苦炼。

4、后人赶先人,一代超一代:学习先人,超过先人,给佛家争光。

5、师父慈佛祖严,对谁好你明白:严师慈父都饱含着对弟子之大爱。

6、在人间好人少坏人多? 怎么鉴别靠自己量:心胸狭隘时,小人坏人也会增多。

7、唉我真担心,一步错步步错,回头难那:假如走上歧路,将最令人寒心。

如来佛的话语,感情厚重,一股浓浓的、老祖父般的真爱,让人受感染,从而得获滚滚动力,谁听了能不动情呢?

四 《望空》:

寄人膝下忍为贵,

望高得中一场空。

解释《望空》:看空一切。

1、寄人膝下忍为贵:低调做人不张扬且能忍辱,这是高贵品格。

2、望高得中一场空:如果有求,且超出客观允许,往往要落空。

五 《修正篇》:

修修炼炼渡难关,

困难过后幸福就在眼前，
没有平地显不出高山。
千里寻师，不求官、
不求名、不求财，
只求师父解决困难渡难关；
自修自炼苦炼心愿，
见师好比登天难，
心中有师定能排除难关。
修是本，功靠炼，
他人干扰放一边，
一心做功，求师早日把灯盏。

解释标题《修正篇》：什么是正确的修炼篇章呢？

1、修修炼炼渡难关：人生不间断的坎坷，全靠契而不舍的修炼去解决。

2、困难过后幸福就在眼前：幸福总是在战胜困难之后才显现。

3、没有平地显不出高山：水平的高低，一经比较就知道了。

4、千里寻师，不求官、不求名、不求财：求官、求名利，与求真理是相悖的。

5、只求师父解决困难渡难关：我目的很明确，拜师就想做人而度脱苦海。

6、自修自炼苦炼心愿：实现理想，靠的是艰难卓绝地自我修炼。

7、见师好比登天难：达到师父所要求的标准，比拜见到师父要难很多。

8、心中有师定能排除难关：信赖老师，按师父的指示精神办事，排除难关则成为必然。

9、修是本，功靠练：修心养性是根本和本分，打坐和悟空，是在经常坚持和不断磨炼中进行。

10、他人干扰放一边：外界的诱惑，特别是自身的杂念私心都要排除掉。

11、一心做功，求师早日把灯盏：练功增能而孝自身佛；为达到师父制定的标准而只争朝夕，这也是做功的动力。

六　《迷》：
江水易挑，佛水难要，
云彩能踩，圣经难带；
做事心胸要宽，
看问题不要狭隘，
佛门大开。

解题《迷》：有了佛学水平，才能解开那些因凡俗见识而产生的迷惑。

1、江水易挑，佛水难要：江水喻此岸，佛水喻彼岸。就是说，人间的事容易求也好做到;而用佛学水平来修道、涅盘、达彼,是需要运用大智能才能获取的。

2、云彩能踩,圣经难带:认识佛理提高自己,或是跟随菩萨老师进入佛门,都是可能做得到的;然而,若想把佛经理论悟得深透,并将其落实在自己的言行中,就比较难了。何谓圣经?佛陀与众菩萨集体智能的经文,才能因圆满而神圣,合于道的真理方为神圣经典。

3、做事心胸要宽:惟有向胸怀宽广的人学习,在自己的言语行为中,时刻把拓宽心胸放在思想意念的首位,才算抓住了人生要点。

4、看问题不要狭隘:为了能站在高处,从大局角度看问题,那就要多学习和留心多增长见识,以便能客观地看待自己和看待别人,久而久之,肚量便可慢慢增大,眼界也可慢慢地宽阔起来;总有一天,狭隘会被迫退出历史舞台。

5、佛门大开:一个人思想修炼得成熟时,佛家大道好似变得更宽敞了,这时,不但身体入佛门了,而且思想觉悟也同时进入佛门之内了,此时才算是彻底脱离了门外汉的身份。

佛陀经文自然而然,直指人心,明明白白,令人痛快,真不愧是深入浅出的大文采和大手笔之佳作。第三句透露出无性的最大特点是宽容。第四句指明了有性的最大特点是狭隘,真理往往就是这样直白,不用遮也不用盖。

七 《注》:

生活如探海,
有师父才有今天,
多求师父引路,
多做好事心也宽。
不求名、
不求利、
不求把财添。
只求身体健康万事如意,
才能得硕果,
心中永不烦。

解释题目《注》:注重、注意、专注,抓住人生和生活中的主要矛盾。

1、生活如探海:人生犹如勘探神秘的大海一样艰难险阻,不仅深不可测,而且奥妙无穷。

2、有师父才有今天:有了菩萨的指教和引导,我才知道了人生真义,才活得明白,才有了生活的盼头。

3、多求师父引路:我要主动接近真理,亲近佛菩萨,以便能达到"心诚则之灵,孝敬师父心要静"。

4、多做好事心也宽：如果拓不宽心胸的话，就是失却了方向。然而，只有多做善事才是开阔心胸的第一诀窍。

5、不求名：名是过眼烟云。

6、不求利：利是空花水月。

7、不求把财添：财是身外之物。对以上三者不去强求也罢。

8、只求身体健康万事如意：身心得康泰才是无价宝；智能可倍增，万事方如意。

9、才能得硕果：丰硕的成果来自高瞻远瞩。

10、心中永不烦：乐观的德性来自远见卓识。

上面佛陀的教导，注重讲了心宽、健康、无求、知足在修行中的意义。

八 《修》：

温室的花含着笑，
经不起风吹雨打有时摇，
遇到挫折心烦脑；
要学那雪山顶上的松柏，
风吹雪地雪儿高。

解释标题《修》：修炼心性，使之适应苦海的恶劣环境，进而战胜它而获得解脱。

1、温室的花含着笑：人在顺利和平静时，如果失去警觉，就会自满或用低标准要求自己而不思进取，思想深处隐含着相当程度的幼稚和肤浅见识。

2、经不起风吹雨打有时摇：人在不顺心时，因经不起困难和挫折考验，在修行中往往会引发起退转的念头。

3、遇到挫折心烦恼：因缺乏智能而摆脱不了困境，才被怨求所包围而不能自拔。

4、要学那雪山顶上的松柏：怎么办呢？要树雄心壮志，向榜样强者学习，主动自觉地涉足于逆境中，用以审视考核自己。

5、风吹雪地雪儿高：能经受住苦难的打击，悟性和智能才会因能战胜风险而得以提高。

这首经文主要讲如何自我培养承受力、定力、应变力、亲和力。

九 《念慈经》之七：

我佛慈悲不用说，
人间的善事自己摸索，
悟难看清，路难摸索，
做事心要正，帮人要稳妥，
好事不求报，慈悲二字自己掌舵。

解释题目《念慈经》：即念念不忘的是慈悲为怀，善是无条件而永不改初衷的。树立一个大慈大悲的人生理念，才算是走上了正路，也才能达到光辉的彼岸。

1、我佛慈悲不用说：我佛指自身佛性、元神，以善为本、慈悲为怀是行者的本分，也是天理良心；在这里，首先是强调了要慈悲我心、我佛。

2、人间的善事自己摸索：将自善其身和善待他人摸索出一个适度的规律。

3、悟难看清，路难摸索：悟有高低、真假、深浅和粗细等分别。路有坎坷、岐途、和大路等之分，正路只在有志和有智人的脚下。

4、做事心要正，帮人要稳妥：心正悟已多，公平看人无私心；帮助别人就是成全自己，只有善待自己才能善待别人。人：主要是指自己的识神。

5、好事不求报，慈悲二字自己掌舵：好事求报等于一好一坏相抵消；做了好事而又不求报是两件功劳；无条件地善行才能算作慈悲，而慈悲行为要由心来主宰。

十　《念慈经》之八：

人间有苦也有乐，

做了好事不要说，

把好事看成是虚，

把果看成是我。

你如果能这样做，

悟也能看得清，

路也能走得直，

师父赞你，

你自己也能站得高看得远，

生活之中有乐趣，你说妥不妥？

解释：

1、人间有苦也有乐：苦乐参半，人人如此。

2、做了好事不要说：好事自表，功劳减半或被抵消。

3、把好事看成是虚：行善是我的本能和本分。

4、把果看成是我：行善积德增能量是我的目的。

5、你如果能这样做：果真达到了这个高标准。

6、悟也能看得清，感悟各种事物准确性已达八九不离十了。

7、路也能走得直：避免了许多的弯路。

8、师父赞你：菩萨点头称赞，那可是最高奖赏。

9、你自己也能站得高看得远：自己也会觉得长高、长大、成熟而具有远见了。

10、生活之中有乐趣，你说妥不妥：做到心想事成其乐无穷，那该有多好啊！

十一 《师之教》:

人间的琐事要看明了,

紧紧张张多消耗,

天上下雨求师保,

做起事来不动摇。

解释:《师之教》:不要忘记了师父的叮咛。

1、人间的琐事要看明了:摆脱其纠缠,祭起宽容和糊涂之二宝。

2、紧紧张张多消耗:否则你会被琐事拖垮。

3、天上下雨求师保:有大的灾难求师父给免掉。

4、做起事来不动摇:修炼、工作和家庭重担我全挑起来。

十二 《自述》:

心情不好不能隔事情找,

心烦坐下来把师父找,

一切事情不要太认真,

损坏了身体还太消耗,

静下心来把经文看,

多求师父把你保。

解释《自述》:心神要主动悟己。

1、心情不好不能隔事情找:平心静气了才会不迁怒。

2、心烦坐下来把师父找:学经文解烦恼,佛法为师自洗澡。

3、一切事情不要太认真:过于执着较真就会忽视了适度。

4、损坏了身体还太消耗:必然产生着急上火而丢失能量。

5、静下心来把经文看:心平气和时学经文,就会找出自己的误区和盲点。

6、多求师父把你保:菩萨保我不犯错误,是弟子梦寐以求的事。

十三 《断字经》:

路遥遥,时光消,

琐事如麻从头找,

一需佛光照,

二需经文找,

三需自己悟,

四需遇到问题把师找。

解释标题《断字经》:断除烦恼琐事的经典和妙招。

1、路遥遥,时光消:人生的道路虽漫长,但时光还是会不断流失掉。

2、琐事如麻从头找：若想除掉烦恼琐事，还需从四个方面下手。
3、一需佛光照：信仰、依赖、追寻真理之光的照射。
4、二需经文找：在经文里，我可以对号入座找到答案。
5、三需自己悟：思想与经文挂钩后，再反复修悟领会。
6、四需遇到问题把师找：师父就是母亲，孩子需要妈妈的温存、启示。

十四　《自修自炼》第十五首：

宝塔高用目瞧，
遇到琐事佛经找，
不贪不占心宽体壮，
有时还得把火消。

解释标题《自修自炼》：自己觉悟自己，自己锤炼自己。
1、宝塔高用目瞧：要多想做人的高标准，宝塔喻果位标准。
2、遇到琐事佛经找：经文里有指示、办法和答案。
3、不贪不占心宽体壮：贪占无根，狭隘体弱，这是做人根本。
4、有时还得把火消：发火伤人伤己，是赔本的买卖。

十五　《戒》：

往前看别茫然，
事事领先不定好办，
看问题要准，办事要稳，
遇到问题多到经文里面去求见。

解释《戒》：戒律、戒备、预防、戒除。
1、往前看别茫然：擅长左顾右盼回头看的人，容易迷茫。
2、事事领先不定好办：出头的椽子先烂，一个人的特长也有限，不宜逞强。
3、看问题要准，办事要稳：能客观看事物，做事才能胸有成竹、稳妥有把握。
4、遇到问题多到经文里面去求见：每遇到疑问和难题，在经文里必能找到答案。

十六　《告》：

学经文有体验，
亲身体验还不算，
多发挥多实践，
多帮他人共向前。

解释题目《告》：告诉、告知、告示、告秘（小秘方）。
1、学经文有体验：经文理论真管用，我已初步尝到甜头了。
2、亲身体验还不算：但别满足，无穷的益处才刚刚开始。

3、多发挥多实践：进一步去领悟进一步去运用，具有创造性的实践应多多益善。

4、多帮他人共向前：在帮助别人的过程中，正是检验心神是否还软弱的好机会，特别要注重帮助自身的识神，要与元神团结一致共同向前。他人：往往指自身的肉体部分。

经文虽短，自然精炼，包罗广大，意义深远，为了求得进步，让咱们忠贞地按照佛陀他老人家的指示去办。

十七 《望》：

鼓打锣响心开放，
有事无事勤上香，
希望你们把佛经从头看，
说话要有理，
办事要准，
小人恶人都要帮。
你们要学习师父心开放，
一切愁事不要心里藏，
遇到问题到佛经里找，
处理问题有方向，
你们说，我说的对不对？

解释题目《望》：希望、指望、期望、愿望、丰收在望、殷切盼望等。

1、鼓打锣响心开放：应大张旗鼓地学佛和修心养性，那是因为这样去做，能利己利人、利国利民，利于人类心灵的净化。

2、有事无事勤上香：上香有两个含义：1、人与佛菩萨信息的沟通，2、坚定善行的信心，培养无私之美德。

3、希望你们把佛经从头看：圣经只有反复用、深入学才能常学常新，在心中扎下根。

4、说话要有理：这是正语的最佳注解，只有不偏激、不任性、不误导、说话负责任，才能达到语正育心正。对一些重要或原则问题，只要把话说到点子上、分寸适度、有理有据，哪怕是“劈头盖脑”、“一针见血”、“逆耳忠言”，也会迟早令人心服口服、受益无限、回味无穷。闻过则喜、思过则喜、悟过则喜、改过则喜，对修行者是多么的难能可贵啊，因为她会给人们的悟己根生带来动力。

5、办事要准：对利于国泰民安、民族团结、工作学习和家庭和美等善事，如能运用智能去做好，那才算办事准。

6、小人恶人都要帮：如果自己心中缺乏善念，眼中的小人恶人就会增多，那么觉悟和帮助自己则成为首要；当然，帮助别人的同时，也是帮助和磨炼了自己。

7、你们要学习师父心开放：老师常常是学生的榜样，菩萨往往是弟子和众生的榜样，他们的共同点是思想纯净没包袱，做任何事情都能拿得起放得下。

8、一切愁事不要心里藏：向菩萨和师父学习，必定能开朗乐观、远离烦恼。

9、遇到问题到佛经里找：熟读佛经，深悟佛理，如能活学活用佛经，那才是真正美的享受。

10、处理问题有方向：佛经道理在心中扎了根时，处理问题必定能有理、有利、有节。

11、你们说，我说的对不对：佛的反问既亲切，又充满风趣，令人开窍。

这首经文既大气又生动，既殷切又具体，体现了佛陀一贯的完美风格和雄才伟略，这即是独具一帜的大彻大悟之特色。

十八 《魄》：

移山倒海万众助，

山高路远众师走，

花好月圆威风凛，

众徒高唱我佛歌。

解释标题：《魄》：气魄、魄力、气势磅礴。

1、移山倒海万众助：佛家大业形成的排山倒海之势，那是人心所向、众望所归。

2、山高路远众师走：理想远大的菩萨们，甘当中流砥柱而不辞劳苦地大行善道。

3、花好月圆威风凛：整个佛家犹如百合花那样和美、圆满而协调，且呈现出一派正气、八面威风的赫赫气象。

4、众徒高唱我佛歌：亿万弟子跟随着佛菩萨的脚步，其声势浩大，犹如千万条洪流，倾泻直奔入雄伟壮丽的大海洋。

十九 《自弊自利》之一：

佛开道，佛光照，

自修自悟天天叫，

自身的病何时了？

解剖自己先洗澡；

佛经能理解，

自己把毛病找，

自修自悟站得高。

解释标题：《自弊自利》：学佛经修心养性，有时也会遇到阻碍，佛陀大讲利弊之间的厉害关系而相机说法，一下子起到让人惊醒和引起重视的作用，从而唤起行者，注重自修自炼的紧迫感。

1、佛开道，佛光照：经常用佛的教导开辟前进道路，经常用佛法的光辉照射心灵，这是利。

2、自修自悟天天叫：嘴里高喊自己修悟自己，却又不能见之于行动，这是弊。

3、自身的病何时了：常常着急自己的毛病，要尽快改掉的这根弦，如能时时蹦紧，这是利。对自身毛病无动于衷，不知要推到猴年马月才能改，这是弊。

4、解剖自己先洗澡：能自我解剖摘除毒瘤，能随时洗涤自我心灵中的污垢，才是利。

5、佛经能理解：能深入理解佛法是利，如果理解得肤浅则是弊。

6、自己把毛病找：自己能察觉出自己的毛病而又能闻过则喜，这是利。

7、自修自悟站得高：通过自学自修、自磨自炼、自剖自悟，才能逐步达到修悟的高水准，从而获取了站高望远之大利。

二十 《自弊自利》之二：

山有高矮站得牢，
人要有自尊不能随风倒，
这山望着那山高，
什么事情也办不好。
做什么事情都要把困难找，
困难过后悟明了；
自己的问题自己找，
靠别人帮助硕果不高。

解释《自弊自利》之二：

1、山有高矮站得牢：不论水平高低，道根要扎深——是利。

2、人要有自尊不能随风倒：把人格放在第一位而不能当墙头草——是利。

3、这山望着那山高：好高骛远不定性——是弊。

4、什么事情也办不好：三心二意往往半途而废——是弊。

5、做什么事情都要把困难找：逆水行舟顶着风浪上，能占据主动权——利。

6、困难过后悟明了；战胜困难后总结经验，悟性将有大的升华——利。

7、自己的问题自己找：自我解剖割掉病毒——大利。

8、靠别人帮助硕果不高。靠别人扶贫，自己必将被动——弊。

二十一 《塑》：

腊梅花一朵，
人间烦恼多，
你争我夺有何义，

何日才能成佛？

若想过大河，

赶快把桥塑，

心齐拧成一股绳，

才能早日过河。

解释标题《塑》：自己要把自己塑造得，象腊梅花那样顽强而有正气，在炼成一身傲骨的同时，也毫不客气地灭除一身之傲气。

1、腊梅花一朵：严寒数九开心花靠的是一身傲骨，"未经一番寒彻骨，怎得梅花扑鼻香？"一朵：(1)代表专一，让心来做主，躲避常人的俗气；(2)反衬出花一朵多与烦恼多相对应；(3)显示出腊梅花独立创意和与严峻现实、恶劣环境挑战的雄姿。

2、人间烦恼多：人间琐事如麻，如理不清时，必将陷入生活的无情网之中。

3、你争我夺有何义：争夺的出发点、目的和结果，假如都与真理无关，就无任何意义。然而，争夺的双方竟是心神和肉体；更何况脆弱的心性与佛性之间有时也会出现点距离。

4、何日才能成佛：对于获得美好的理想和美好的德行来说，争斗就是等于在干着拖延时光，使之遥遥无期的勾当。

5、若想过大河：度脱自身跨过条条大河，就等于超越了苦海。

6、赶快把桥塑：惟有在河上修桥，自筑起前进的通道（桥等于道）才有出路。

7、心齐拧成一股绳：元神和识神需要同心合力向佛；修行的人都应团结一心向佛、向善。

8、才能早日过河：就象腊梅傲霜雪那样心花长开，才能度脱苦海而得道，不再受苦难的煎熬。

佛陀用生动的比喻借题发挥，真切形象地将心是主导、体是随从的正确关系，做了充分、精微的分析强调，在我们心中打下了一个深深的烙印。

二十二 《差》：

人生缭绕几机时？忙忙碌碌几度秋？

争争夺夺何时了？尸烂体无无人度。

阴朝有句俗语话：阴魂野鬼也要度。

多做好事多行善，抛去肉体心斗修，

报恩要报日当头，感谢菩萨不要丢，

常上香来常磕头，多多行善才是开头。

解释《差》：差距在于善念少。

1、人生缭绕几机时：总是在入世或徘徊中，失去多少修炼的好时机？

2、忙忙碌碌几度秋：错失良机在于只抓小事，而习惯于无事忙。

3、争争夺夺何时了：为了名利色情而追求无止境。
4、尸烂体无无人度：一生都白白浪费光了。
5、阴朝有句俗语话：地狱里也有语言交流工具。
6、阴魂野鬼也要度：鬼蜮世界也讲究修炼和度化。
7、多做好事多行善：三界之中，标准雷同。
8、抛去肉体心斗修：看空自我，佛心当家，靠自治自修。
9、报恩要报日当头：若想报恩，当下做起。
10、感谢菩萨不要丢：菩萨师父的恩德大于父母。
11、常上香来常磕头：这是与菩萨进行沟通和表忠心。
12、多多行善才是开头：什么是从头做？行善就是头。

二十三 《诲》：

东边有水西边流，有些烦事锁眉头，
忙忙碌碌为了啥？心中无底啥是头？
请教师父常做功，不要叫烦恼压心头。
花开花落年年有，有些琐事丢一丢。
师父保你有个好身体，可不能叫烦恼压的抬不起头。

解释《诲》：看看佛是如何教诲的
1、东边有水西边流：为眼前利益东奔西忙，而且抓不住重点。
2、有些烦事锁眉头：拿不出好办法就不开心。
3、忙忙碌碌为了啥：整天入世是因为有欲求吗？
4、心中无底啥是头：缺乏智慧的日子还要继续多久？
5、请教师父常做功：做功念经、守窍悟道，听菩萨的话就好。
6、不要叫烦恼压心头：这样就能排出烦恼而减轻压力。
7、花开花落年年有：形形色色的大事小情，将会不断光临。
8、有些琐事丢一丢：可将那些没有任何意义的事，丢在脑后旁。
9、师父保你有个好身体：这样一来，师父保护你就有了信心。
10、可不能叫烦恼压的抬不起头：否则身体欠安，也无法修心。

二十四 《悟我》之一：

大海涛涛无我意，妖魔鬼怪无我骑，
酸甜苦辣无我果，光看别人看不到我。
人生要悟出个是非我，大海波涛在我心中坐。

二十五 《悟我》之二：

人间有我非是我，修来修去修什么？

修心养性对不对？悟实养体怎么说？

元神只是一粒种，别看种小是实体。

解释《悟我》：悟我才能扎下道根，抓住要害才能悟得证果，觉悟自己是永久的主题。

《悟我》之一是讲修之原则。

《悟我》之二是讲修之要点。并重点讲述了元神实存的理论。

在《悟我》之二中，佛陀为什么对修道人要反复循循诱导呢？那是因为老人家深深知道，那知难而进、闻过则喜之美德，对于普通善良者并不是容易做到的事。人们不习惯于逆水行舟，只习惯顺流而去，然而科学之真理和正果恰恰在上游，不在下游，这是修炼正道的特征。

《悟我》之一：

1、大海涛涛无我意：在苦海里受煎熬，不是我不要强，不是我邪念多和懒惰，而是命苦。

2、妖魔鬼怪无我骑：骑是招惹，妖魔鬼怪比喻烦恼、怨求、邪恶、祸殃，无我骑是说没我责任，都是小人恶人算计我。

3、酸甜苦辣无我果：生活中的坎坷辛酸，不是我造的因，让我承担苦果太冤枉了。

4、光看别人看不到我：是说前面三句的要害在于推卸责任，强调客观和不肯内责，更不肯解剖自己。这是在人生修行中，带有普遍性而司空见惯的问题。

5、人生要悟出个是非我：人生的真义就是从是是非非中跳出来，将自己的前程完全托付于道。

6、大海波涛在我心中坐：真达到能明鉴我是我非时，任何艰难困苦、惊涛骇浪出现后，我便皆能平静镇定对待，因为心胸宽阔如海了。

《悟我》之二：

1、人间有我非是我：肉体的我是有生有灭的色身，并不是我的生命本体。

2、修来修去修什么：这是原则问题，这是含糊不得的头等大事，要明确修悟的主导。

3、修心养性对不对：佛陀采取诱导方式启发你，可大主意要自己拿，假如你能认识到修心养性是首要，其关健在于你，能否做到抓住这个根本不放开。

4、悟实养体怎么说：这个体代表实体能量。这句是反问，难道你对修炼心性还有疑问吗？这个原则是动摇不得的。

5、元神只是一粒种：种子虽皆有佛性，但不能自动成佛，谁肯修谁便有好的前程。

6、别看种小是实体:小种办大事,成正果离不了她,这是我永远的生命主体。

二十六 《定语》:

人间是个大家庭,

你说我说无止境;

有的信佛在念经,

有的信道炼体能;

不管炼什么,做功是修行。

做善事不求报,

勤来勤去把香敬。

解释《定语》:真理和本质是固定不变的,行善孝佛也是真理。

1、人间是个大家庭:社会中,家大业大人多嘴杂。

2、你说我说无止境:每个人都按着自己的认识能力,和思维方式来各抒己见。

3、有的信佛在念经:经文是大道之理。

4、有的信道炼体能:道家讲究性命双修。

5、不管炼什么,做功是修行:任何形式都是为修正言行而服务。

6、做善事不求报:行善是宗旨,不求报是善念纯正。

7、勤来勤去把香敬:为追求真理,不断地与觉悟者进行信息沟通。

二十七 《折子》:

人间的磨炼如苦海,

修来修去把灾难排,

修行本是悟之道,

大海滔滔无处找。

今天有缘来相会,

这个机会要把握好,

勤炼功把善事做,

早成正果笑开怀。

解释《折子》:经书的古代名称。

1、人间的磨炼如苦海:在人生中,克服困难的阻力是无边无沿的。

2、修来修去把灾难排:若不修不炼的话,灾难迟早要降临。

3、修行本是悟之道:悟性是修行中的关键和领军者。

4、大海滔滔无处找:外求找不到,主动靠近佛光时,悟性便显现。

5、今天有缘来相会:千载难逢的大佛缘今日巧逢。

6、这个机会要把握好:错过机会将后悔千年。

7、勤炼功把善事做:入得门来,勤奋打坐念经,赤心为人民服务。

8、早成正果笑开怀:善、德、智慧能量充足了,便会喜得正果。

本经文共八句,一二七八句一个韵,三四五六句一个韵,属于变韵经。

二十八 《一日化三秋》:

天南地北一线天,
大江大河望不到边,
生活是个无底的洞,
有时苦来有时甜;
辛勤地努力结硕果,
有时苦闷抬头看,
抬头望见佛光一片,
我心中的苦闷抛到脑后边,
师父保你们幸福度晚年。

解释《一日化三秋》:一日悟通佛法,等于三年长进。

1、天南地北一线天:增长智慧是人类进化的唯一途径。

2、大江大河望不到边:否则,难以脱离这无边苦海。

3、生活是个无底的洞:生活中的吉凶往往难以预测,没完没了。

4、有时苦来有时甜:酸甜苦辣交替不定。

5、辛勤地努力结硕果:辛劳勤奋的工作学习,将换得来可喜的成就。

6、有时苦闷抬头看:当苦恼烦闷时,应挺胸抬头。

7、抬头望见佛光一片:坚忍不拔的精神,往往能与能量觉悟之光相辉映。

8、我心中的苦闷抛到脑后边:苦恼烦闷敌不住佛光的威力而被迫退位。

9、师父保你们幸福度晚年:觉悟了的菩萨,专门保佑那些因追求真理而成熟了的人。

二十九 《化缘》:

如来佛以闲谈回忆方式,讲述了一个化缘的故事:

“我在世传道讲法时,提出让众弟子化缘来磨炼六识。化缘时,送施主一句佛家的道理的话,弘扬佛法普渡众生。遇到送钱财的施主,要双手合什,口念阿弥陀佛说:钱财是身外之物,施主还是赏把米吧。当时人烟稀少、难见路人、风餐露宿、十分艰苦。化缘一年半载后,回庙里总结收获。从一家走到另一家往往走十几、几十里，车马极少，人们生活十分贫困，有时只能给一只土豆、山芋；狗也十分恶、十分凶，被狗咬后还要自己想办法自治自疗……”

从化缘的故事中，我们可以看到，苦修苦炼、一身正气、两袖清风，才是佛教的本色本貌；贪图享乐和私利，是与佛教宗旨背道而驰的。

三十　《年关》：

两千年不平凡，跨世纪保平安，

全家老少齐欢乐，唯有羽森没回还。

跨世纪年三十还是打春的这一天，

两千年才遇到这样的一天，

鞭炮齐鸣响满天，一年要比一年欢。

祝你们全家和美体康泰，万事如意过个幸福年。

解释《年关》：关键在于思想生活上全年丰收，下一年还有更大的丰收在等待。亲切拜年话，全是慈悲鼓励，且话里有话。

1、两千年不平凡：佛教传进中国，走过了漫长的坎坷之路。

2、跨世纪保平安：21 世纪始，地球村的中心在中国，而佛教的新生是关键。

3、全家老少齐欢乐：心体康泰，值得高兴。

4、唯有羽森没回还：羽和森代表柔顺，这是修炼的高标准。

5、跨世纪年三十还是打春的这一天：千载难逢的大佛缘，有幸被我们赶上。

6、两千年才遇到这样的一天：这是人类所最盼望的美好时刻。

7、鞭炮齐鸣响满天：盛法盛世的号角已经吹响。

8、一年要比一年欢：从此人类进入大转折，真理得以显现和普及。

9、祝你们全家和美体康泰：修心养性和健康双丰收。

10、万事如意过个幸福年：过好一年，是因为有坚强学佛意志作保障。

三十一　《养心》：

蓝蓝的大海一片天，

山有路来树有弯，

展望未来心不散，

修来修去才看到边。

朋友有花我无意，

朋友有过我抚残，

满天的灰尘迎头过，

能吃到肚里心中甜。

妙哉，妙哉，

修行的路上是多么难。

标题解释《养心》:悟空宽容,吃苦忍辱,就是养心的灵丹。

1、蓝蓝的大海一片天:大道犹如蓝天大海那样宽阔,纯洁而神圣。

2、山有路来树有弯:然而就象山有小路,树有枝杈那样,人生也会时有曲折坎坷和节外生枝的时候。

3、展望未来心不散:有了获取智能、奔向彼岸的大目标,修炼者的心才能有定力不散乱。

4、修来修去才看到边:且做好事莫问前程,久而久之,反而不知不觉地迎来了黎明的曙光。

5、朋友有花我无意:不嫉妒、不虚荣,不眼气、不夺人之美;只为朋友的进步和美德而欣喜。

6、朋友有过我抚残:然而,朋友的困难就是我的困难,朋友的过错有我的责任在内;我和朋友的慈悲心是相互感应的,乘人之危和幸灾乐祸都是令人所不齿的。

7、满天的灰尘迎头过:任何外来的打击和丑恶的出现,都象是在预料之中,能面对、能承受、更能洒脱地对待之。

8、能吃到肚里心中甜:宽宏达到虚怀若谷程度时,往往顺理成章地,反而将挫折转化为动力和免疫力。

9、妙哉,妙哉:修炼人所得到的美妙甜头,是平常人所难以体会和难以想象的;那是因为善念已在心中牢牢扎根,且内刚外柔、能屈能伸而充满智能。

10、修行的路上是多么难:然而,若想全方位地修炼而达脱胎换骨的理想佳境,是多么难能可贵的啊!

佛陀老人家大彻大悟都已两千五百多年了,可是还时时刻刻在为我们这些还没有开悟的小弟子和众生,不厌其烦而苦口婆心地在说法做引导,这是为什么呢?我们每个凡人应该怎么办,才能不辜负老人家的殷切期望呢?

三十二 《挺》:

前进的路上有点咒,
修行之中雨打头,
若想修得正果体,
风吹雨打不低头。
磨是修行的阻力,
炼是修行的动力,
修得一身好本领,
狂风暴雨迎头修。

解释《挺》:挺住、挺进、挺立、坚强挺拔。

1、前进的路上有点咒:咒:不顺当和难解的事物在挡道。

2、修行之中雨打头:遇到了身心难以承受的情感纠葛和苦难压力。

3、若想修得正果体:解决了思想中的误区和盲点,才有希望得正果。

4、风吹雨打不低头:战胜自我,排除万难,这是通往胜利的必由之路。

5、磨是修行的阻力:折磨、被动、干扰等,是不可避免的。

6、炼是修行的动力:悟字当头,刻苦炼功和学经文,可将被动化主动。

7、修得一身好本领:那最诱人的金刚之体。

8、狂风暴雨迎头修:都是在艰难卓绝刻苦磨练中成就的。

三十三 《谴》:

人海茫茫妖鬼呈祥,

容以为贵怒气成殃,

天伦之乐人人向往,

善恶有份自己酌量,

一旦得逞自己遭殃;

谁无琐事善事终祥,

海底捞月空亡一场。

解释题目《谴》:修行者应该象对待仇敌那样,来谴责自身存在的有性和邪恶之念。

1、人海茫茫妖鬼呈祥:人间是个大染缸,思想意识中的贪欲、瞋怪、痴情(即贪、瞋、痴)会时不时地充分进行自我表演,这种邪恶所呈现的泛滥现象,被妖魔鬼怪视之为吉祥。

2、容以为贵怒气成殃:能容是贵人君子之风,易怒是下贱小人之相,炼容制怒、拓宽治怒,才能免除祸殃。

3、天伦之乐人人向往:人们最向往的是全家和美。天伦之乐包括尊长、妻女、儿孙、兄弟,也包括菩萨与弟子、师父和徒弟等。行天伦之乐是人的天性和亲情所至。

4、善恶有份自己酌量:非善即恶不能含糊,行者在体察自身的善恶中,才能觉悟而获慧。

5、一旦得逞自己遭殃:抑恶扬善、改恶从善和解除邪恶杂念等才是自救;否则,邪恶一旦得逞,或因邪念使人陷于野心膨胀等的险境,那都将是自毁江山。

6、谁无琐事善事终祥:谁能以善为本,主动将闲杂琐事排除到身体意念之外,那就会招来吉祥。

7、海底捞月空亡一场:否则,一旦邪恶得逞,那就等于异想天开地,将水中的月影当作实有，而痴心去操作打捞，到头来，也只能落得个一无所获、抱恨终生、悔之晚矣。

从这首充满深情厚意的经文中，不但使弟子领略到人间大爱，而且因心灵受到震撼，倍感能接受佛祖伟大教诲，是多么地幸福和荣耀。盼星星盼月亮，众生企盼聆听到佛祖伟大法音的心愿已太久太久了，然而今天，庄严神圣的时刻突然竟应运从天而降，这个幸福的际遇属于广大众生，更属于那些追求真理的智者。可以这样说，本书不仅能让大家一饱眼福，首次拜读佛陀精美经文八十余首和诸位佛菩萨经文四十余首，而且还能让你比较全面准确地，掌握和了解佛学和佛家的基本实况。（见《心经与智慧》一书）

三十四　《首》：

蓝蓝的大海一片天，

回首往事心胆寒，

我说千句为一首，

人要正来无邪念。

修行多看经文篇，

邪念只是一闪念，

苦了自己修行难，

前进的路上多用泥填。

解释标题：《首》：首要、首先是心正，要由正念来做心灵的首领。

1、蓝蓝的大海一片天：当朗朗乾坤，光明大道已摆在我面前时。

2、回首往事心胆寒：我猛然想起那不堪回首的往事，那时认识不到邪恶是多么丑陋，想起来真令人后怕。

3、我说千句为一首：在千头万绪中，我已找到自己应该遵循的要点。

4、人要正来无邪念：那就是心正多悟己和以善为本，如是，久而久之，邪念便会被迫夹着尾巴逃走。

5、修行多看经文篇：若想修行得法，必须让佛学真理，在思想意识中占有绝对领先地位。

6、邪念只是一闪念：每当邪念欲露头，就将其灭除。

7、苦了自己修行难：免得被邪念造成的恶果给坑害了。

8、前进的路上多用泥填：那么只能抓住一个又简单又实用的法宝，那就是学会和稀泥，在非原则问题上不较真，不钻牛脚尖，别小看了这一招，她可是拓宽心胸的重要措施呦！

三十五　《帆》：

1、修口恶，口恶可以造成一切后果。

2、舍，只有舍才能得。

3、要理解别人、原谅别人，看别人多看优点、少看缺点。

并说：以上三条自己满意了，修行的路上又提高了一步。越出现问题时才能激励你修行。

解释《帆》：思想修炼的风帆。

1、修口恶是正语的重要内容，口恶等于造恶因，迟早必定产生相应的恶果，口恶所引起的危害可以说要多大有多大，是不可忽视的。正语、说话有理、善待他人能积累宝贵的功德。否则心中遇到不平就会嗔怪、失去理性。人若一旦失态就会出现口恶，把自身的狭隘、小气、暴躁、执着等毛病，都会表露出来，这样一来势必要伤人，反过来还要伤己，因为作用力等于反作用力。

2、舍，只有舍才能得。舍，首先要舍弃口恶，舍弃嗔怪，直到全部舍弃自身之无明。舍也是奉献，识大体、顾大局而胸怀宽广如大海才能实行舍。施舍的反义词是索取，施舍可获得佛性，索取可招至怨求。

3、怎样能舍弃口恶呢？就是要善解人意，站在对方的角度，设身处地为别人着想，这样自然会发现对方长处，如能常常发现别人长处而能谅解对方的不足，这样做，在人的思维中完全都保存的是良性信息，而形成良性循环，这样做怎么会不进步呢？人无完人，金无足赤，对任何人都不宜求全责备，包括对普通人和伟人都是一样。这三条做到了就等于在前进的路上，扬起了觉悟的风帆，这样就达到了标题《帆》的作用和目的。

有人说，我发过火、骂过人就算完，并不记在心上，难道还有业因吗？这要看你是否伤害了对方，也要看是否降低了自己，如果占了其中一条，就算有口恶。你能忘掉、不再计较或已做了道歉，这固然好，但所造之业因尚在，自我生命的电脑磁盘上也有记载，若想洗掉记录，就需要多做善事、修悟自己而以德补业才成。所以开口动舌都在正邪、美丑之中，求上进之人怎可不留意？

经文里又强调说：越出现问题时才能激励你修行。这句话的意思是说，要变革烦恼为菩提是最理想的结果。能吸取教训，牢记前车之鉴，勇于翻然改进和迎着逆流而上，才是有雄才大略的修行者。自强不息的人往往是“有一失必有一得”的。眼界宽，看问题就容易客观和全面，不论是灾难、战争，都会有其因果来源，很多事要从全球、甚至整个宇宙的角度去看才成。

三十六　《望归》：

威风凛凛把弟子夸，
众徒心齐到长寿家，
人间的美酒我无意，

看破红尘出了家。
妖魔鬼怪遍地爬,
我,一身正气吓倒它。
虽然走过一段曲折的路,
跟随师父求师父当家。

解释标题《望归》:渴望自我能回归真理和大自然规律中。

1、威风凛凛把弟子夸:弟子自强而争气,夸起来令人感到自豪。

2、众徒心齐到长寿家:自身不三心二意,大家也团结一心。

3、人间的美酒我无意:我不贪恋和追逐人间的美满富贵。

4、看破红尘出了家:人间净土对我的诱惑力更大。

5、妖魔鬼怪遍地爬:凡是有人群的地方,总会有邪恶和诱惑丛生。

6、我,一身正气吓倒它:一心秉正就能震住邪恶。

7、虽然走过一段曲折的路:人生都难免遭挫折。

8、跟随师父求师父当家:相信已经觉悟得道的师父,可以将我塑造好。

三十七　《解》:

凌晨起得早,
为我把步跑;
有心做功赏明月,
细思何日放雕?

解释标题《解》:得到解脱和解救靠什么?

1、凌晨起得早:一日之计在于晨,天不亮就起来了,学佛起步早。

2、为我把步跑:为了自己的修行在争分夺秒。

3、有心做功赏明月:本来想把功夫炼得精纯,使心灵犹如月亮一般皎洁。

4、细思何日放雕:最企盼的是能得到佛的最高理论。雕:喻登天工具佛经。

在人间修炼悟道的人很多,而修成得道的人却很少;如来佛深知修道人在迷惑和迷路时的苦恼与痛楚,也理解他们对真理如饥似渴、梦寐以求的急迫心理。这不,明察秋毫且至高无上的佛祖,已发出了打算慈悲传授经文的信号,这是两千五百多年以来,空前的大佛缘,也是众多修行者的最大福音。

三十八　《延生易法经》:

赤身而来,脱神而去,
几时开心几时愁?
开心是得,愁是求,
无功无禄几时休?

逆而难进心发愁，

顺者开怀心不疚，

悟道悟空何所有，

心明眼亮看前头。

解释标题《延生易法经》：在延续生命转移阵地时，所需要遵循的简要法则。

1、赤身而来，脱神而去：世人都有生老死别的过程，这是生命体在转换战场。

2、几时开心几时愁：众生之间，都暗暗隐含着人与人的差别：悟明白时心花开了，悟不明白时就常常不开心。

3、开心是得，愁是求：一得一失多么分明，开心便得到能量，发愁便损害健康。

4、无功无禄几时休：修炼是漫长的，而且没人给你记功，也得不到奖金，又不能抱怨。

5、逆而难进心发愁：每当离开经文教导时，就会逆着善道规律去行事；每当心和体的意见难以统一时，就会因为走入了歧途而忧愁。

6、顺者开怀心不疚：善门打开而心体合一时，因遵照佛经指示去做，而顺应了事物的客观规律，所以内心就不会有任何愧疚。

7、悟道悟空何所有：性情因能包容、柔顺而开朗了，进而心体得以康泰；看来，无欲之行，虽失犹得。

8、心明眼亮看前头：心灵得到净化后，眼界开阔了，美好的前景也历历在目了。这正是我所追求而又意想不到的理想景象。此刻始知：佛经挽救我，菩萨胜爹娘。

这首经文含量广大、意义深远、精密完善、玄机无限。解释佛经是见仁见智的事，上面的解释可能只是文意其中的一点点，可算作抛砖引玉。请读者把解释当作一种提醒和启示好了，然后经过反复学悟后，学着自己再来重新做解释，那样会有鲜活和意想不到的体会收获，岂不更好？

三十九　《金刚经》之七十二段：

欲坐门前雪上霜，

头顶肖像无指望，

一心想悟心明净，

何时上岸把香上。

解释题目《金刚经》：金刚是比喻修炼人坚韧不拔形象的，经是道理。

1、欲坐门前雪上霜：人进佛门里，水平在门外，心生犹豫，雪霜齐至。

2、头顶肖像无指望：元神冲出肉体屏障，而可视微观物质世界现象的功能，即心明眼亮而有预见性，那将象盼天上掉馅饼一样的虚幻无望。

3、一心想悟心明净：主观上愿意修炼不甘落后，在理论上明白了修悟的意义。

4、何时上岸把香上：在修炼缺乏动力时，便会感到，逃离苦海真是可望而不可及的事，同时感到修心养性的信心难以决断，理论和实践难以结合。

四十　《金刚经》之七十三段：

若看佛门如山门，
几时上山水难来，
你推我让无好意，
先请长老经难猜。

解释：1、若看佛门如山门：佛门，就象庙里的山门一样，出入自由，看起来很容易。

2、几时上山水难来：把水引到高山上是很难的，人的佛学高水平是来之不易的。

3、你推我让无好意：元神和识神互相推卸责任，是自身人心不合，并非好现象。

4、先请长老经难猜：佛经道理没悟懂怎么办？看来非得请长老、（师父、菩萨）给解释指导不可。

经文里所讲的状态活龙活现，与我们的思想很贴切，难怪有人称颂伟大的佛祖，竟是一位超高级的大心理学家呢。

四十一　《点》：

佛光普照信心添，我把经文往下传，
认师之意悟得浅，有心教你摸不着边；
勤通信息把经文传，海底捞针雪中送炭。
灵山有宝看不见，上山采宝志儿坚，
悟歧悟正难分辨，求师掌舵志儿坚。
悟：心明眼亮，容：体健心宽，
正：人心所向，侠：仗义勇为。

解释《点》：指点，点化。

1、佛光普照信心添：思想中没有消极的死角时，增添修炼的信心将成为必然。能得到佛学真理全方位的哺育，就会不断地清除思维意念中的误区盲点。

2、我把经文往下传：为了达到以上的目的，我才把经文之宝传播给大家。

3、认师之意悟得浅：跟着菩萨走正路，你只粗知一二。

4、有心教你摸不着边：然而，细心引导却非常必要。

5、勤通信息把经文传：你要主动自觉学悟经文。

6、海底捞针雪中送炭：因为它像大海中捞到针，冰雪中获得炭那样珍奇宝贵。

7、灵山有宝看不见：灵山喻做觉悟之宝地，高能量之智慧是不可见物质。

8、上山采宝志儿坚：采撷真理山上的奇异至宝，需要有超人的毅力。

9、悟歧悟正难分辨:在悟经中遇到正邪交织,难以区分的时候怎么办?

10、求师掌舵志儿坚:赶快请求老师和能者给以指教。

11、悟——心明眼亮:悟通了,则心如明镜,眼射慧光。

12、容——体健心宽:包容了,则体健如牛,心宽如海。

13、正——人心所向:秉正无私了,必达众望所归。

14、侠——仗义勇为:有了侠气,便会德高、豪爽、威猛。

四十二 《自修自悟》:

莫求官莫求才,
师父能保你免灾难,
身体健康万事如意,
大家在一起谈笑风生,
诸位师父看了心也安。
人间的苦难无边沿,
自己悟来自己观,
靠别人帮你心无力,
自己悟明心才宽。

解释题目《自修自悟》:只有自己主动修悟自己,才会有获得觉悟的那一天。

1、莫求官莫求才:求官求财,必陷入烦恼中,进而伤己将无限。

2、师父能保你免灾难:怨求缠身时,师父干着急却爱莫能助。

3、身体健康万事如意:心体健康是修行有成的标志。

4、大家在一起谈笑风生:弟子都像腊梅花,只报春不争春。

5、诸位师父看了心也安:腊梅花在师父眼中,就是明珠。

6、人间的苦难无边沿:生活在世间的人,虽说是苦乐参半,但如果放松了自我思想的修悟,人生无边之苦难便会倍增。

7、自己悟来自己观:任何事都要看你是站在哪个角度,运用何种心态去对待。

8、靠别人帮你心无力:在别人帮助下才能得到的东西,其思想成果未必能属于自己所有。

9、自己悟明心才宽:心宽是悟的追求目标,心宽也是促使开悟的根本保证;若想拥有宽容的美德,就必须在自我艰苦的磨练中,细心体悟和精心打造才成。

这首经文一看就知道,这分明是佛祖在和弟子闲谈唠嗑时,即兴地有感而发的。语言既严密,行文又自然,给人以启迪,给人以温暖。继续看下去你就会知道,佛陀的许多高雅经文,都是见景生情、有感而发而且是出口成章的。为使学佛者一饱眼福,索性今天全部将所知佛陀的言论和经文搬将出来,让众生一睹其卓越风采。

四十三　《如来如去》:

你做经,我念经,
念来念去把经行;
谁为长,谁为兄,
分不出大小悟不清。
经文里面有奥秘,
易解做起来可不容易,
你们大家慢慢悟,
先学小步后放行。

解释标题《如来如去》:运用自如、了如指掌的意思。

1、你做经,我念经:你是指心、元神,我是指体、识神;心是主、体是仆;人可以分为两个部分:心态、体态。

你做经:以佛性来当家的心,负责主持制定思想原则——做经。

我念经:为了理解执行心神这个主人的指令,我(肉体)做为仆人,要念念不忘主人的意图,按原则办事——念经。

2、念来念去把经行:要想身体力行地去作善事,非得心体高度合一不可。只有经历了对佛理的反复学、反复用、反复实践、反复体悟的过程,才能获得一个循序渐进的美好智能人生。

3、谁为长,谁为兄:假如分不清谁是主、谁是仆,谁是君、谁是臣,谁是兄、谁是弟,那就等于不识数了,有些人长进慢的结症就在此,君臣轮流坐庄怎么行呢?

4、分不出大小悟不清:没有合理的名分和大小次序,则思想中可能出现二神互相争斗或推诿的现象,进而将会导致行为的混乱,那将如何是好?

5、经文里面有奥秘:别急,佛法专能医治这种毛病,经文的教导已一清二楚,准能帮你分清大小主次;人心虽多变,佛法却无边,如能找到解决思想问题的窍门和秘诀,那就是悟性得以提高的过程。

6、易解做起来可不容易:佛学理论并不太难懂,实施起来难度却不小,这就是理可顿悟,事需渐修的道理。

7、你们大家慢慢悟:修悟佛法应体现、落实在生活和工作的一言一行上,运用契而不舍的精神是非常必要的。

8、先学小步后放行:可不要幻想一口吃个胖子、一锹挖口井,急于求成则欲速不达;踏踏实实地注重积累经验,却反而能助长觉悟的进程。

经文前四句主要讲了学悟佛法的要领:主次分明。

经文后四句主要讲了学悟佛法的窍门:重在实践。

这首《如来如去》的精彩佛理，为我们正确领悟八正道（八功德），指明了方向；修心养性是永远的人生主题和主要矛盾。一般地来说，肉体欲望多，而心神无所求，人的思想斗争，往往从二者的不同认识中而产生。这个问题，我们还要在后面进行不断地探讨。

四十四　《聊》：

人间有苦又有甜，
看你的心情想往哪边；
风有树挡，雨有云拦，
望你在佛经里面把思想牵。
雨过天晴云儿散，
生活就象一把伞，
悟经文要多方面看，
必须认真学，
按照经文的意思办。

解释《聊》：聊聊佛经的学用结合。

1、人间有苦又有甜：虽然人人在生活中皆有苦辣酸甜的体会。

2、看你的心情想往哪边：有的人安贫乐道，有的人贪欲不止，想法千差万别。

3、风有树挡，雨有云拦：对付生活要有技巧和手段。

4、望你在佛经里面把思想牵：若能在修悟佛法上下足了功夫，就可以学用结合了。

5、雨过天晴云儿散：雨是苦难，天晴是佛法经文，云是思想毛病。

6、生活就象一把伞：能悟通大道之理才能安居于保护伞之下。

7、悟经文要多方面看：经文往往隐含着多层次和多角度。

8、必须认真学：道理学通了，真懂了。

9、按照经文的意思办：才能运用佛法来指导实践，而不可违背呀。

这首经文虽然是与弟子随意交谈唠嗑，却透露出佛陀老人家的亲切关爱一往情深。

四十五　《迷路穷》：

路遥遥，静悄悄，
江山本是众人造，
泥流河，风雨浇，
雾大把天空绕。
靠师父指，靠师父照，

一切事还得从头学，

悟得深来悟得高，

不要怕别人见笑，

心领神会万人学。

解释标题《迷路窍》：对于人生，迷惑是必然的；然而，解除其迷惑之心路，也是有窍门可寻找的。

1、路遥遥，静悄悄：人的生命年轮是漫长的，修行也是默默进行的，甚至是孤零零的，根本无法占尖取巧。

2、江山本是众人造：修佛靠自悟自塑，佛家大业靠众人打造，每个人都要在群体中经受磨炼。江山喻功果、能量和佛学水平。

3、泥流河，风雨浇：被污染的社会环境，精神的压力、肉体的痛苦，使人生的危难加重。

4、雾大把天空绕：迷惑和引诱弥漫于整个时空，并遮蔽了双眼。

5、靠师父指靠师父照：怎么办呢？靠经文指引，靠菩萨教导，靠佛祖慈悲。

6、一切事还得从头学：然后在灵魂深处的打磨上下功夫，进而领悟佛经的奥秘。头：即从善事做起，自善其身和善待他人。

7、悟得深来悟得高：不能只从字面上和浅表层去解释经文，应举一反三、触类旁通，把经文全方位地悟透悟准而便于行在当下。

8、不要怕别人见笑：有时侯，有人会把以善为本、吃亏常在等行为，当傻子一样去看待而笑话修行人，有时识神也会对元神善念善行不以为然地讽刺和耻笑，但元神还是要坚持和珍视佛性的领先地位。

9、心领神会万人学：等到学习佛学能达融会贯通、炉火纯青、运用自如而使人的整个气质达到突变时，人人都会拱手、合什向你致敬、学习了。

经文的前四句是说迷路之状，后五句是说解决迷路之窍门和其美好前景。

四十六 《拜年》：

绿海蓝天蚊子飞，

人间有是也有非，

学会辩证把是非认，

经文里面能辨是非。

恭喜诸位新年好，

万事如意阖家美。

解释《拜年》：借春节之机探讨一下佛法。

1、绿海蓝天蚊子飞：绿海蓝天比喻悟道伟大，蚊子飞比喻琐事渺小。

2、人间有是也有非：人间的是：八正道、行善积德等；人间的非：名、利、色、情和贪、瞋、痴。也是前一个伟大，后一个渺小。

3、学会辩证把是非认：唯物辨证是佛学的基本理论，学会了她用途很大。

4、经文里面能辨是非：经文里充满了辩证法，能帮助行者认清是非。

5、恭喜诸位新年好：一年来的修炼有收获，值得庆贺；予祝明年更丰收。

6、万事如意阖家美：这一句体现了心体合一后，所达到的高标准；佛陀话里有话，引发弟子要追求完美。万事如意、家庭和美是为完美。

从生动形象的经文中使人们分清了大事小事：行善事和修道悟佛是大事——绿海蓝天；是是非非、恩恩怨怨、你争我斗等都是小事——蚊子。佛祖的高妙比喻给我们心中打下一个深深的鲜明烙印。

四十七　《稳》：

抬头看佛光照，

悟经文悟明了，

有时心烦恼，

看经文把气消。

解释《稳》：心神安稳，靠做功、念经、写笔记来成全。

1、抬头看佛光照：自强者总是在主动向佛光真理靠拢。

2、悟经文悟明了：只有悟性打头，大道之理才有可能显现。

3、有时心烦恼：有了闹心事时，千万别闷着。

4、看经文把气消：赶紧将思想与经文对号入座，以便尽快解脱。

四十八　《忏》：

后面下着雪，

前面是晴天，

走起路来好惊险。

身上有雪点，

天晴衣才干，

认师以后多修炼。

解释《忏》：忏悔自身，是前进的新起点和推动力。

1、后面下着雪：知道忏悔的人，知道落后和苦难，来源于不修炼。

2、前面是晴天：只有修炼，才能走上光明正路。

3、走起路来好惊险：然而，修行之路并不平坦。

4、身上有雪点：人身有无明。

5、天晴衣才干：悟明一身清。

6、认师以后多修炼:师父有修炼的法宝传给我们。

四十九 《展忏》:

千军万马我为先,
宏图万展唯我难,
此番光景无我意,
渡到河岸多么难。
自我修自我炼,
度别人我识签,
度自己如坐毡。
不要看自己是一片天,
看别人瓦上篮。
修道悟道自我炼,
靠别人帮助取来了真经也悟不展。

解释《展忏》:要深入广泛地忏悔自己。

1、千军万马我为先:虚荣当前,让我第一。

2、宏图万展唯我难:对于修心养性全面修炼,我情况特殊,标准勿太高。

3、此番光景无我意:出现问题时,没有我的责任。

4、渡到河岸多么难:到达彼岸,我缺乏客观有利条件。

5、自我修自我炼:虽说我懂得自修自炼的重要。

6、度别人我识签:然而度化别人,我可以讲得头头是道。

7、度自己如坐毡:若让我自度的话,那可能比坐在针毡上还要难过。

8、不要看自己是一片天:别把自己看的太光明、太完美。

9、看别人瓦上篮:不要总觉得别人都不清白。

10、修道悟道自我炼:还是要放下架子,自己治理自己。

11、靠别人帮助取来了真经也悟不展:如果依赖外力慈悲,哪怕就是真理在手,也不能使自己开悟。

五十 《勉励》:

孩子们,长青寺能有今天,与你们的奋斗有关联。
众弟子心齐如一来拜寿,我的心情好有一比,
树上的雀儿看得远。
你们来自四面八方,顶风冒雨来祝寿,
这种心情我一目了然,我们共同携起手来:
随佛道,修佛缘,悟佛志,体佛言。

解释《勉励》:启迪和引导。

1、孩子们,长青寺能有今天:在这庙里能学习真理,能培育人才。

2、与你们的奋斗有关联:与每个人的努力分不开。

3、众弟子心齐如一来拜寿:大家已经懂得,心与体合一的重要性。

4、我的心情好有一比:这种情景触动了我的心扉。

5、树上的雀儿看得远:你们总算有了智慧的翅膀,比常人站得高了一点。

6、你们来自四面八方:众弟子广布各处,有代表性。

7、顶风冒雨来祝寿:一颗孝心风雨无阻。

8、这种心情我一目了然:这是显而易见的,我心里有数。

9、我们共同携起手来:那么大家齐心来关注下列事宜。

10、随佛道:下定决心,永远跟随佛所指明的道路。

11、修佛缘:津津乐道地修足了,与佛紧紧相连的大缘法。

12、悟佛志:念念不忘地将佛的志向,当做已志。

13、体佛言:孜孜不倦地体会,佛经里真言的奥妙。

五十一　《超度》:

东游西窜很消闲,
忙来忙去忙不完,
大好时光白浪费,
找不到庙门在哪边。
今朝有水能解渴,
遇到旱年垂泪边,
今日有缘来相会,
多求师父保佑咱。

解释题目《超度》:超常自度和超常度脱,是自身觉悟超越时空地得到飞跃的必备条件和保障。

1、东游西窜很消闲:入世深而思想肤浅,将修炼心性之事束之高阁。

2、忙来忙去忙不完:一心为经营名利色情而奔走劳碌。

3、大好时光白浪费:贵如寸金的寸光阴,被大把大把地耗费掉了,然而,却又没有丝毫价值。

4、找不到庙门在哪边:对埋藏真理宝库的门径之方位,竟然一无所知。

5、今朝有水能解渴:想混日子过,除非是无风无雨;只顾眼前,难免要造恶因。

6、遇到旱年垂泪边:对于天有不测风云毫无思想准备,从前不自觉造下的恶因可能还要兑现,真是苦上加悲呀。

7、今日有缘来相会:幸巧有了与光明真理结缘的机遇。

8、多求师父保佑咱:如果能信仰和报恩菩萨,又能孝顺自身之佛性,这样便可得到师父的最佳护佑。

五十二 《铭》:

我是雕你是鸟,
谁来动你我不饶。
孩子们,春光好,
赶快做功别动摇,
各种功法都出世,
我的功高高高!
谣言多好人少,
真龙出世消灭掉。
别的功太可笑,
真的假的一起冒,
冒的高摔的早,
你们可别当玩笑,
切记切记我有宝。

解释《铭》:把真理铭刻在心。

1、我是雕你是鸟:雕是元神,鸟是识神。

2、谁来动你我不饶:元神要强起来,免得识神被怨求所引诱。

3、孩子们,春光好:千载难逢大佛缘来临,万勿错失良机。

4、赶快做功别动摇:多作功多增能,关键在于持之以恒。

5、各种功法都出世:有许多不规范的气功,纷纷出笼了。

6、我的功高高高:要珍惜天下第一功的获得。

7、谣言多好人少:人们还没按大自然规律办事时,就是如此这般。

8、真龙出世消灭掉:佛性若当家,邪念皆逃光。

9、别的功太可笑:可笑是因为档次低、追求速效。

10、真的假的一起冒:鱼目混珠。

11、冒的高摔的早:有的搞商业行为,有的搞一风吹。

12、你们可别当玩笑:求神通的功有很大危害性。

13、切记切记我有宝:不能看重佛家之真宝,假货就会乘虚而入。

五十三 《途》:

人间折磨事,
你知我知他知,

回到我身边才知一场空。

孩子们,仇人多小人狂,

做功定能消灭光;

你们的苦我知道,

苦过以后有功劳,

切记切记莫忘掉。

解释标题《途》:生命是漫长的,人生只是其中的一小阶段,前途在哪?

1、人间折磨事:人间苦海里,人人皆有磨难。

2、你知我知他知:这也是人人皆知的事,元神、识神和客观上都清楚。

3、回到我身边才知一场空:去到外星球后,才相信人生如梦。

4、孩子们,仇人多小人狂:如缺乏善心时,就会看谁都不顺眼。

5、做功定能消灭光:有定力的人自身清白,就会驱散心中的小人和恶人。

6、你们的苦我知道:弟子的苦修苦练,师佛心知肚明。

7、苦过以后有功劳:克服了苦难,功劳则显而易见。

8、切记切记莫忘掉:这种因果关系和功果关系要弄明白。

五十四　《坎子经》之一:

人间坎坷多,妖魔鬼怪一起磨,

分不清你和我,哪是道,哪是佛,哪是魔?

只有师父来领路,先修道后成佛。

解释《坎字经》:战胜坎坷的诀窍。

1、人间坎坷多:人间是苦海,道路本不平。

2、妖魔鬼怪一起磨:外界的引诱、打击、磨难和内心的脆弱、贪嗔痴等都来侵犯和腐蚀我。

3、分不清你和我:元神和识神都搅乱在一起了。

4、哪是道,哪是佛,哪是魔:佛道和魔,有时只有一线之隔。

5、只有师父来领路:离开师父犹如盲人骑瞎马。

6、先修道后成佛:修道是过程和条件,成佛是结果。

五十五　《坎子经》之二:

孩子们,路长坎坷多,陷深魔鬼多,

人间谣言多,怎么办,

你说说?心胸要宽阔。

佛经传孝徒,你们要听清;

我来不容易,切记,切记。

解释标题《坎子经》：战胜坎坷的经验和法宝。

1、孩子们，路长坎坷多：诸位小弟子呀，漫长的生活道路很不平坦。

2、陷深魔鬼多：引诱、诬陷，打击、磨难，会不断出现。

3、人间谣言多：小人和恶人不懂善恶有报，只认造谣生非。

4、怎么办，你说说：考考你，用什么办法去对付他们呢？

5、心胸要宽阔：宽容、宽大、宽恕和心大，都是智慧者的特征。

6、佛经传孝徒，你们要听清：传佛经是因为你们很孝道，望能抄下来且背熟。

7、我来不容易，切记，切记：佛祖大彻大悟 2500 多年来，首次向世人大慈大悲地传经说法，实在珍贵无比，这是佛祖泄天机，露真情。

五十六　《正中》：

正字放中间，心字放上边，

邪字放下边，顺字放左边，好字放右边。

我传经，你们引路（诸位菩萨），

你们学（弟子们）你把关（观音菩萨、黎山圣母）。

**　心**

顺正好

**　邪**

解释：心正能压邪，心正性柔顺，心正缘运好，心正无邪、随顺、有好报。

五十七　《聚》：

我处有你家，

周围有晚霞，

我处常伴你，

今生不怕啥。

解释：《聚》的语言虽简练，含义却深远，巧妙地阐述了心和体的聚合缘法；这就是大生命科学家，把自己实践中已钻研得透彻的真理，用几句形象风趣的词语，为咱们众生传秘，解难。

人的色身和受、想、行、识之思维意识，都是具有空无本性的，人的血肉之躯体说白了，就是由多种化学元素结合、化合而成的可见物质体，是有生有灭的。只有心才是一个高能量物质的实体，她主宰人的真正生命长存不灭。

1、我处有你家：我是身，你是心，心居体之神室中，二者合起来凑成一个完整的人。

2、周围有晚霞：经过长期修炼，必定能得到果实而放射霞光，这是能量物质之光。

3、我处常伴你：我陪伴心，跟随心，围绕着心，听命于有佛性的心。

4、今生不怕啥：体和心因能团结统一，便有力量有智能，所向披靡，胜利在握，前程似锦，彼岸在即。

五十八 《含》：

若知功有宝，

除非圣经找，

千万切记，

不要把宝儿摇，

楚之廖。

解释《含》：珍奇内涵。

1、若知功有宝：若想得到最有价值的宝贝。

2、除非圣经找：除了真理何来神圣？

3、千万切记：人生成功靠什么？

4、不要把宝儿摇：坚信真理能成全人格。

5、楚之廖：真正清楚真理者，还寥寥无几。

五十九 《易与难》：

认师容易得道难，

自身苦修炼。

解释《易与难》：二者对比而言。

1、认师容易得道难：认师在缘分，得道在自悟。

2、自身苦修炼：悟性是苦修苦练的统帅。

六十 《孝》：

孝师敬师你心中有师，

孝师敬师是美德。

解释《孝》：孝顺且无限忠诚。

1、孝师敬师你心中有师：常想师父在心头坐。

2、孝师敬师是美德：敬仰菩萨这是大美，非是小美。

六十一 《静》：

若想看天，

天外有天，

若想看海，

能把海底看穿；

心静如镜，

心成如岩，
邪不敢侵，
严不敢犯，
只求幸福美满。

解释标题《静》：能客观地保持元神的冷静、安静、寂静，才是真静，既有定力，也有承受力。

1、若想看天，天外有天：静的功夫已达到高深水平时，能体悟天意而通达宇宙。

2、若想看海，能把海底看穿：静的程度已达悟空时，对人间苦海内情的认知，就能做到透过现象看本质，做到成竹在胸而一目了然。

3、心静如镜：心达真静时，如同镜子照人一样，客观又真实。

4、心成如岩：内心练达到成熟的时候，道心便如盘石一样坚挺。

5、邪不敢侵：邪恶不能得逞，是因无空子可钻。

6、严不敢犯：因为对邪念从不姑息从不客气，界限分明，所以就连杂念都不敢来干扰。

7、只求幸福美满：能全身心地静静归于道时，幸运、福泽、和美、圆满便不约而同至了。

经文虽然是出口成章之作，但却是字字落地有声地震撼人心；细细分析其深远含义，方知此乃超高级禅定，充分地体现了"大禅王"的王风。

六十二 《经》：
功是本，悟得空，
往前走，照灯行；
高山看得远，
隔海也能看得清；
有师来引路，高山火海也能行。

解释《经》：经是道、源和客观真理，也是行动指南。

1、功是本，悟得空：这是悟道得道的两大核心。

2、往前走，照灯行：经文是指路灯，无灯必迷路。

3、高山看得远：学经站的高。

4、隔海也能看得清：慧眼能透彻地看清事物的本质。

5、有师来引路：犹如严师在侧。

6、高山火海也能行：增智变动力，难关无阻，攻无不克。

六十三 《金刚经》之一：
以自治磨，以自治炼，

铁怕火，性靠炼。

自治磨炼，铁怕火炼，

自治炼性，磨炼以治。

铁怕炼，性怕磨，

磨炼之后成正果。

解释标题《金刚经》：金刚代表最坚强、最纯粹、最圆满。经是规范和标准。

1、以自治磨，以自治炼：用不断地磨炼来治理自己，是战胜自我的唯一最佳办法。

2、铁怕火，性靠炼：从矿石到铁，从铁到钢，都是由火中熔炼所产生。而性情亦犹如钢铁，同样需要千锤百炼的打造。

3、自治磨炼，铁怕火炼：若想治理好自我，要有敢闯火海的思想准备。

4、自治炼性，磨炼以治：自治是炼性的必由之路，自治靠艰难卓绝地打磨和锤炼。

5、铁怕炼，性怕磨：炼性好比炼铁，都需要硬功夫。

6、磨炼之后成正果：得正果虽很难，但其方法却极简明。

六十四　《金刚经》之二：

自悟自修，自悟自炼，

磨怕悟，修靠悟。

自悟治铁，自修治火，

磨怕悟，性靠修。

自治磨炼，铁怕火炼，

自治炼性，磨炼以治。

以自治磨，以自治炼，

铁怕火，性靠炼。

解释：

1、自悟自修，自悟自炼：在自治的修炼中，应着重强调自悟。

2、磨怕悟，修靠悟：悟性提不高，收获将事倍功半。

3、自悟治铁，自修治火：悟性能将铁化成钢，修正自悟中的盲点靠适度。

4、磨怕悟，性靠修：在磨练中一悟值千金，有性和任性皆靠自治修正。

第五句至第八句是主题的强调和再现。

《金刚经》之一、之二，是释迦牟尼佛和洪钧老祖，两位菩萨心心相印的伟大合作经文，是含义生动深刻的佛学精品。

六十五　《金刚经》之三：

泉在于源，修修道道焉如子？

摇摇晃晃过大桥，一心秉正还有误，

若得正果求善门。

原注：泉在于修，源在于道，

一心过大桥，无误善门开。

解释《金刚经》之三：

1、泉在于源：泉是流，是表象，比喻识神；源是根本，比喻元神。

2、修修道道焉如子：修炼道法怎能不分源流与主次呢？

3、摇摇晃晃过大桥：摇摆不定、三心二意地修道（桥喻道）。

4、一心秉正还有误：心想事不成，是因为没有正确理论做指导。

5、若得正果求善门：只有以善为本，才能得获正果。

六十六 《佛祖真经》第五十一章：

银河有水也空亡，

牛郎织女忙会场，

若愿得子添烦事，

哪年哪月有聚场。

解释标题：《佛祖真经》：是佛家的真理宝库。此章是佛祖借世上民间传说《天河配》中牛郎织女的故事，来比喻和告诫人的元神和识神应如何搞统一，并暗示：心体合一，是每个人终生的主要矛盾。

1、银河有水也空亡：作为属于有物质实体的银河也会有转化和变迁的时候，意思是说宇宙万事万物，都在不停运转和变化之中。

2、牛郎织女忙会场：由因缘和合而形成的人体由元神（织女）和识神（牛郎）共同组建起来。

3、若愿得子添烦事：如果有妄求、贪欲，就免不了要产生烦恼和埋怨，心则无法宁静。子：喻万物。

4、哪年哪月有聚场：心神若不能统一，修炼有成和获得正果的目标，可真是为时尚远，遥遥无期了。

这首经文亲切易懂、形象鲜明、发人深思、回味无穷。佛陀生动而巧妙地指出，任何人的主要矛盾，都是首先要自我修悟好，然后才能谈到为人民服务作善行，即教育者先受教育，免得贻误自身和误人子弟。

六十七 《修我心》：

抬头望明月，

苦渡几年修，

何时成正果，

全靠自己修，

人生在世几度忧，

心中有话难出口。

心中有事眠不入，

醒后周身痒双痛，

翻江大海走险境，

想干事业有阻情，

翻开经文求师训，

帮助解难理前程。

解释《修我心》:有针对性地慈悲某弟子的一段经文。

1、抬头望明月:展望自身修炼,充满着光明和皎洁的纯净标准。

2、苦渡几年修:于是下定决心,专致苦修它几年再说。

3、何时成正果:找准目标很重要。

4、全靠自己修:修炼的进度,心中有数。

5、人生在世几度忧:排忧解难是我的人生自度必修课。

6、心中有话难出口:修行中所遭遇的磨难,不是用语言能表达明白的。

7、心中有事眠不入:心若不得安宁,吃睡等都将会不正常。

8、醒后周身痒双痛:心态决定体态,体态影响心态。

9、翻江大海走险境:在逆境中,离开真理,往往会引发痛苦和灾难。

10、想干事业有阻情:有心想修练,可惜已经身不由己、力不从心。

11、翻开经文求师训:此时只有一条出路,赶快在佛经里寻找答案。

12、帮助解难理前程:即可斩断乱麻理清头绪,前进便有了动力。

六十八 《阔》:

以佛为光，

以师为长，

以朋为友，

以亲倍至，

以小人为和。

解释《阔》:是佛陀后加的题目,意思在于画龙点睛:只要能按经文的五句话去做了,必能得获心胸宽广,以诚待人之美德。

1、以佛为光:只有把佛的教导当作前进的指路灯,才能为自身佛性带来光明。

2、以师为长:把菩萨师父当作尊长、首长一样来敬重,就能得到长辈的呵护和指导。

3、以朋为友:对志同道合的朋友要以诚相待,多看对方长处,并以维护朋友威信为荣。

4、以亲倍至:对父母至孝,对妻女至亲等都能体贴入微,这是一个人自爱美德的充分表露,家庭中之亲和力是人生的第一大事。

5、以小人为和:待小人以和善,是炼宽容的关键,对自身的小人见识,心神要以佛性当家去感化之,内心小人归顺了,才证明元神和识神协调统一了。

六十九 《因》:

脱胎换骨哇哇叫,
一声啼哭落了巢,
辛酸苦辣都尝尽,
温饱饥饿走摇摇。
善恶有主观四海,
根落他乡空回首。

解释题目《因》:原因、缘由。有因就有果,命运由自然规律所决定;命运靠自我悟性去扭转。

1、脱胎换骨哇哇叫:生命的转换是命运决定的,命运是由自我个体行为导致的,命运在大自然规律约制之下,不能随人的意愿,不是商量的事,而是按规矩办,想不通也得服从。

2、一声啼哭落了巢:从母腹中降生到人世间的第一声啼哭,标志着苦海的生涯就此开始,人生的路子便从这里迈起。

3、辛酸苦辣都尝尽:辛是痛苦,酸是悲伤,苦是烦恼,辣是狠毒,这一句是说,天下之诸苦吃尽方休。

4、温饱饥饿走摇摇:有时暖有时寒,有时饥有时饱,有时顺有时逆,坎坷接连不断难以逆料,况且有时有苦无处诉,有些苦痛简直是难以名状。摇摇:脚下无根。

5、善恶有主观四海:在人生苦海中摸索前进,只有在能分清善恶时才算熬出了头,心便宽阔得象大海一样了。

6、根落他乡空回首:沦落在人间的苦命儿,只有达悟空,才是真正的回头是岸了。

这首经文的前四句,形象地描绘出人的生命过程,即苦是必然的、绝对的,谁也避免不了的。后两句是说人生真义的,与其在人间白白受苦,还不如就此时机悟出个是非善恶,借人间家庭、团体、社会这个最佳修炼大舞台,将自身无明全部磨炼掉,就象出污泥而不染的荷花那样纯洁秀美。只有具备八正道之功德美,才符合彼岸的道德和智能标准。

命运是不可逃脱的;命运也是可以通过刻苦磨炼而从根本上改变的。这个辩证关系,在上面经文里表达的很清楚。

七十 《悟空》:

凡事莫替古人忧,

空无解忧愁。

解释《悟空》:看空一切。

1、凡事莫替古人忧:一切人和自己的事都要放得下,

2、空无解忧愁:对任何事担忧都是毫无意义的。

七十一 《论我》:

是是非非谁能看得清?

把我看成是虚,

把神看成是实,

往往有时自己看不到自己;

信心从哪里来,从元神里来,

磨炼从哪里找,从元神里找。

做什么事情都要有信心;

要自问自己,谁是谁非,

还是糊涂些好。

解释标题:《论我》:为了认清元神之真我和识神之假我,人们对这个肉体的我和心灵的我,何不好好地讨论一下、认定一下她们的职能呢?在这里,我是指识神。

1、是是非非谁能看得清:识神(凡夫俗子之见识)总想把世间琐事、鸡毛蒜皮等都认真地分出个青红皂白来,这不是认识和对待事物的好办法。

2、把我看成是虚:应该认识肉体是虚,如果虚实不分,那是因为识神抬高自己身价了,错把自己这个仆人当成实体的主人了,幻想着要功高盖主了,不要忘了,肉体迟早是一堆黄土的无常。

3、把神看成是实:而心神之能量体是要守恒的,是身体的真正主人,冷落了主人而喧宾夺主可不行。

4、往往有时自己看不到自己:人的佛性一旦隐没时,就容易出现虚实变换、真假移位的怪事,就象"真假猴王"那样,平起平坐、不肯相让。

5、信心从哪里来,从元神里来:其实信念和指令都是应该由元神来做主的事。

6、磨炼从哪里找,从元神里找:磨练也是以心神为主来带动识神进步。

7、做什么事情都要有信心:熟通经文,元神才能恢复早已失去的信心。

8、要自问自己,谁是谁非:学了圣经,分清了主仆,就自然而然地将人间的小是小非当作蚊子去看待了。

9、还是糊涂些好:当发觉自己的智能已在不知不觉中倍增了时,方始信,糊

涂、宽容和忍辱真好,真我和假我皆因能得满足而团结一心了。

说到底,这首经文还是讲禅的,心是第一位的,心空而糊涂也是第一位的。佛陀最善于从各种不同的角度,采取巧妙的方式和手法,帮助众生认清自己本来的真面目,以便能客观冷静地审视自我、变革自我而成就一个全新的自我。

七十二 《论神》:

元神一点亮分明,

有大、有小、有亮、有暗,

自已修来自己塑。

我要问你修来修去修什么?

修的是神,

不要把我看得那么实,

要把元神早日修成正果。

解释《论神》:神源于道、受生于善,有元神才有人,人生的意义在于成全神。如果一个人没有元神,那可能是植物人。

1、元神一点亮分明:虽然人的心在现代科学仪器面前,暂时还属于不可见物质,但实际上她毕竟是一个闪闪发光的高能量的物质实体。

2、有大有小有亮有暗:人的层次如同元神的层次一样,是有高低之分的,这是由能量大小和质量高下所决定的,是不受任何人意念所控制的。

3、自已修来自己塑:修炼元神的主动权却是完全掌握在自己手中的。是以善为本还是邪念丛生,皆由自我意念来决定,只不过前者可以塑造出一个觉悟的我,后者将是形成遭受苦难的根源。

4、我要问你修来修去修什么:如来佛在这里特别提醒众生,修炼时对主要矛盾须认得准并应抓住不放。

5、修的是神:修神就要一切为神着想,神向往的是清静,看空一切方利于元神的生长强大。

6、不要把我看得那么实:把世间万物放心中,就是把肉体我看得太实了,这样就难免要瞎操心帮倒忙,不利已不利人。

第七句要把元神早日修成正果:若得正果需有正信而不能迷信,需信真理信科学,不能信邪说。修习好《八正道》元神就能得正果。

七十三 《佛语》:

一方净水八方喝,

慈悲二字皈我佛。

普渡众生。

解释:这是在六月十九观音菩萨生日时,佛祖赐赠给菩萨的对联。

七十四　《窍》:

洋洋得意挂心怀,一番苦心佛心开。

两岸花开又一春,谁人见了不感动心怀?

解释《窍》:悟性开窍才能增智。

1、洋洋得意挂心怀:弟子们有了进步,佛看到了真法普及的希望。

2、一番苦心佛心开:佛祖与师父的苦心,开启了弟子悟性的窍孔。

3、两岸花开又一春:此岸和彼岸佛光普照的进度与日俱增。

4、谁人见了不感动心怀:佛与弟子已达心心相通,令人感动。

七十五　《神》:

元神控制识神,

识神利用元神,

两神应有区别。

元神可以皈佛,

识神可以分裂。

只有靠自己修炼元神,

不断地补充氧气,

才能使元神坚固,

不为他人损。

解释《神》:神就是元神和识神,而成就元神需上靠佛经哺育,下靠识神归顺和配合。这首经文就是人们认识神、了解神和爱护神最可靠、最根本的理论依据,在经文中同时展现出佛陀大彻大悟的独特本色。

1、元神控制识神:元神是人的主宰,应该对识神控制,也有能力去控制,只怕自己硬气不起来,若是心有余而力不足,还会造成彼强我弱的悬殊局面。

2、识神利用元神:然而识神却不客气,极尽软磨硬泡之能事来腐蚀元神。识神与外面世界直接接触,并在向元神报告情况时,加进了自己的怨求和偏见等倾向性。

3、两神应有区别:元神虽是发号施令者,但自身软弱就会当不起家来;虽然识神是八面玲珑,但正邪齐备。二神都有思维功能,如何用佛法去调教它们俩呢? 这是元神需要多加盘算的。

4、元神可以皈佛:只有修佛意志坚定,才能从根本上达到皈依佛的目的,能这样做,佛学理论和实践的统一必有希望。

5、识神可以分裂:因为识神正邪俱全,所以只有元神有能力当家作主,识神才肯于归顺,二神统一在佛光之下而齐心了,识神的邪恶念头才能被分裂出去。

6、只有靠自已修炼元神：按《八正道》标准去做就能修炼好元神，路靠自已走，心性靠自已修。

7、不断地补充氧气：克服贪、瞋、痴之陋习，能量之氧气才能进得来，否则哪有位置？

8、才能使元神坚固：元神坚固的标准是悟空了，悟空得智能量增大而不外泄。

9、不为他人损：元神和识神一条心了，没有识神做内应，外界的邪恶无法损害心之真我。

六至九句本是一气呵成的一大句，在此做了分句解释。

七十六 《光》：

佛光照，普渡众生把手教；

人已老，苍天有误谁知晓？

几只麻雀叫，饭菜照样烧；

大河有水小河要，曲折的道路求师保。

解释标题《光》：光明、光亮、光大、佛光等。

1、佛光照，普渡众生把手教：虽然真理已显现，学生还是离不开师长的耐心指教和引导。

2、人已老，苍天有误谁知晓：已经衰老的人，寿命长短已不可测知。暗示修悟应只争朝夕。

3、几只麻雀叫，饭菜照样烧：不能让烦恼琐事影响修悟大计，应坚定不移。

4、大河有水小河要，曲折的道路求师保：大河喻心态能量，小河喻思维言行。遇到解不开的危难时，乞求师父指教，以真理来当保护伞。

七十七 《寿星颂》：

一生本无求，

空无化千秋，

众人都歌颂，

永远本无愁。

解释《寿星颂》：如来佛对弟子南极仙翁的赞颂。

1、一生本无求：无求就无怨，无求无怨是美德。

2、空无化千秋：千秋的功德，皆因悟空而得来。

3、众人都歌颂：大家对悟空高手格外青睐。

4、永远本无愁：佛心纯净永乐无比。

七十八 《观》：

云海飘飘雾打头，

人生一世无所求；

有心摘瓜防虫咬，

烈火永生敢字头。

逍遥一世无所求，

苦到头来不发愁；

我在江中把网撒，

捞不着大鱼，小鱼也将就。

解释标题《观》：客观地、全方位地、真实地看透、看明白为观。观什么呢？观察明了人生的实质，认清此岸之虚和彼岸之实。《观》：世界观、人生观。

1、云海飘飘雾打头：人世间的万事万物变换不定，就象是坐飞机在高空看云海一样；然而我们的眼睛有时还会被雾气遮住，连云彩也看不清了。用云雾比喻人生的空而又空。

2、人生一世无所求：既然人生如梦、万事皆空，人们就不要依依不舍的去追求那些荣华富贵了，那些假象迷惑不了智者。真正应该求的是行善积德。

3、有心摘瓜防虫咬：因为从经文中学到了真理智能，所以才能在办任何事情中做到不伤心、不烦心，况且我时刻都在排除贪、瞋、痴的干扰。通俗地说，就是在为民服务中要始终持有良心。

4、烈火永生敢字头：只有在艰难困苦和挫折中拓宽了心胸、炼就了意志，才能拥有大无畏的精神，从而战胜自己并征服别人。

5、逍遥一世无所求：在修炼中，能将悟、道、行三者实施得当，才证明我对佛学神圣经典，已达到了学悟深透的程度。

6、苦到头来不发愁：一切事都能按自然规律去办而达心想事成时，痛苦和烦恼都会远远离开我了，此时我修心养性的艰辛工程业已竣工了。

7、我在江中把网撒：该交人生答卷时，我可以坦坦荡荡、胸有成竹地接受检验。因为我无愧于祖国、人民和众生。

8、捞不着大鱼，小鱼也将就：最关键的是我已做好了思想准备：在任何时候都不争果位且安分守己；而在心性的修悟上却是当仁不让、自强不息；果真还要争名夺誉，那是自己小看自己而自贱了。

这首经文言简意赅，展现了佛学的本貌，阐明了人生的真正价值和意义；也可以说《观》是专门讲人生观和世界观之真理的绝妙经文。

七十九 《霞光一点》：

今朝贵宾客，悟都如一人，

心潮起伏霞，大海无霜打。

人间几时静，有时起风波，

心正悟己多，空静无邪念，

太乙参天坐。

解释《霞光一点》:彩霞初露,缘自长期的自悟。

今朝贵宾客,悟都如一人:学悟经文的高手悟都们,都能团结一心。

心潮起伏霞,大海无霜打:不要有冲动和骄傲,应向大海学习宽宏大量。

人间几时静,有时起风波:人生矛盾百出,安静的时候少,怎么办呢?

心正悟己多:答案是靠心正,心正的要领,就是多找自己的差距。

空静无邪念:只求悟空、放松和宁静,则杂念就无从产生。

太乙参天坐:太乙是太极阴阳。人天合一的打坐炼功,是永久理想的追求。

八十 《求果》:

熟读经文有硕果,

回首往事心哆嗦;

抬头见佛心宽阔,

有事要和师父说;

佛祖教诲如铁砣,

实心实意找回我;

重塑我来后有果,

慈悲二字心头坐。

解释《求果》:按佛祖和佛经的要求去做,就能得获正果。

1、熟读经文有硕果:熟记佛学经文又能灵活运用,必能有好的果报。

2、回首往事心哆嗦:人成熟了以后,才知从前的许多幼稚做法真是不堪回首,甚至感到后怕。

3、抬头见佛心宽阔:每当想到佛的慈悲和榜样的力量,就令人信心倍增。

4、有事要和师父说:师父如父母,是最可信赖的知音导师。

5、佛祖教诲如铁砣:佛祖的指示是全方位的真理规则,如果违背了必吃大亏。

6、实心实意找回我:从佛经里能找到真实的自我佛性。

7、重塑我来后有果:人生必迷者,如不洗心革面、翻然改进,后果将难堪。

8、慈悲二字心头坐:慈悲我的自身佛,就是在搞自治,这才是真的自爱。

从前在文人中传流着一句俗话,说:熟读唐诗三百首,不会吟诗也会吟。熟读经文就是把佛经理解深透后再背下来,背下来是为了便于在工作中灵活运用,这样在反复运用和思索中渐渐达到自如,人的素质也跟着不知不觉地上去了,岂不美哉?这是佛陀传授的修炼绝招。熟读唐诗学会作诗,背熟经文学会获智,不妨试试看。

八十一 《喜洋洋》:

寿辰日,喜洋洋,
供果满桌鲜花香,
寿辰日喜吉祥,
众徒拜寿走得忙。
祝黎山圣母福如东海寿比南山,
愿老母慈悲之心永放光芒。

解释《喜洋洋》:欢欣无比。

1、寿辰日,喜洋洋:大家公认的母亲,发自内心的崇敬。

2、供果满桌鲜花香:用礼品表达一下儿女的衷肠。

3、寿辰日喜吉祥:弟子多年来的长进,都是老母所赐的吉祥。

4、众徒拜寿走得忙:这是儿女们盼望已久的喜日。

5、祝黎山圣母福如东海寿比南山:衷心祝愿母亲菩萨永不老。

6、愿老母慈悲之心永放光芒:您大慈大悲的心肠,保佑儿女地久天长。

八十二 《悟真篇》:

雷中有雨鸟儿叫,
一身正气走逍遥,
风吹雨打无所惧,
不怕害虫瞎叫叫。
人有脸,树有皮,
不穿衣服怎么去?
说过的话千千万,
苦口婆心把你提,
我看你是唯唯诺诺想回去。
身上有毛不怕提,
大树小树也得长的齐;
人间有苦又有难,
自修自悟跟上去。

佛祖又说:我说的直观,要解决怨求。

解释标题《悟真篇》:觉悟真理的经典篇章。

1、雷中有雨鸟儿叫:顽强的海燕,勇敢搏击在狂风雷雨之中。

2、一身正气走逍遥:善良加上勇敢才会逍遥自在。

3、风吹雨打无所惧:坚强勇猛的品格,产生于战胜恶劣环境之中。

4、不怕害虫瞎叫叫:思想有了免疫力,就不畏惧任何歪风邪气。

5、人有脸,树有皮:人的脸面值千金,皮是树的营养通道。

6、不穿衣服怎么去:思想丑陋,心地不良,怎么有脸去彼岸呢。

7、说过的话千千万:教育、引导、批评、启发无数。

8、苦口婆心把你提:呕心沥血、千方百计地提携你。

9、我看你是唯唯诺诺想回去:降低自我思想标准,期望得到优厚待遇。

10、身上有毛不怕提:不必掩盖自身毛病,污秽者本应见见阳光。

11、大树小树也得长的齐:水平低的要向水平高的学习和看齐。

12、人间有苦又有难:人间的环境有恶劣的一面。

13、自修自悟跟上去:若想战胜自己、战胜环境和提高觉悟,就得努力修悟。

八十三 《序》:

佛光照,自己绕,
一马当先懦字抛。
人往高处走,
滑坡可不得了,
后浪推前浪,
一代要比一代高。
自修自炼要悟高,
眼光放远别动摇,
遇到困难别低头,
千万别怕虫子咬。

解释标题:《序》:次序,首要、重要、领先的问题,是要主动靠近佛光而皈依佛。

1、佛光照,自己绕:佛光本普照,全在主动靠,不能视而不见,更不能躲闪绕道。

2、一马当先懦字抛:而应该惟恐落后地向前冲,毅然地摘掉脆弱、懦夫的帽子。懦,是懦弱的心游离了佛性。

3、人往高处走:人心向善不争自高。人往高处走是靠近菩萨,人往低处走是靠近动物。

4、滑坡可不得了:行者对自身将要出现的落后和退步,应有预见性,还要有挽救自己于危难之中的思想准备。

5、后浪推前浪:后浪赶前浪是大自然规律;人往高出走也是生命发展的自然规律。

6、一代要比一代高:高标准要求自己才能站得高。

7、自修自炼要悟高:在悟性上狠下工夫,修行决心才能大。

8、眼光放远别动摇:只有心中以菩萨为榜样,才能有远见卓识而免除鼠目寸光。

9、遇到困难别低头:因为懦夫遇到困难才低头,所以大丈夫遇到困难就偏偏不低头，何况遇到困难正是修炼心性的好时机。

10、千万别怕虫子咬：害怕伤心而逃避，不如百折不挠而炼心。

人的欲望是无止境的，贪欲的花样形式也是层出不穷的；思想阵地如不用佛经去占领，就会任妄求杂念去泛滥，那样，无形中就给造业创造了条件；因此佛陀的谆谆教导，就显得十分重要，让我们把老人家的指示记得牢牢。

八十四　《补》：

人间如同一座桥，

人来人往压断腰，

风吹雨打体难保，

若想筑桥先修桥。

解释题目《补》：修补、补充，修炼是为了补救自我人生的过错。

1、人间如同一座桥：人生的道路就象河流上的桥梁，没有桥过不了河。桥喻作道。

2、人来人往压断腰：人的怨求心是沉重的浊气，俗话说人心不死，道心不生，常持污秽浊重的人心，终会把桥压断。

3、风吹雨打体难保：如果任凭人心放肆，心神的实体一旦遇到苦难和打击，就会因早已脆弱而不堪一击。

4、若想筑桥先修桥：真正有上进心的人，深知护桥和毁桥的利害关系，会毫不犹豫地痛下决心从自身修炼步步做起，而把桥修固修牢。

在此经文中，佛祖的比喻鲜活而实在，对于乏志者来说，真是一剂妙手回春的良药。

八十五　《路》：

燕子一去不回首，

人生往事几时休？

忙忙碌碌神耗尽，

今生今世忙白头。

唐僧取经千万里，

我佛慈悲当日有。

定下心来把功做，

勤学经文成正果。

解释《路》：在各种路中，光明的修炼大道是正路。

1、燕子一去不回首，人生往事几时休：候鸟按规律办事，人何必走回头路？

2、忙忙碌碌神耗尽，今生今世忙白头：只为眼前利益是鼠目寸光。

3、唐僧取经千万里,我佛慈悲当日有:元神发慈悲是唐僧的法宝。

4、定下心来把功做,勤学经文成正果:一心做功念经必有好报。

八十六 《网》:

谁为兄,谁为长,
胡涂胡涂去一身爽;
抬头看,路无长,
回首往事心中忙,
往前走,莫回首,
心中有胆量。
山高压不倒,
寒风吹无妨,
求师保佑只求顺,
师父保你地久天长。

解释《网》:不能前进者,必有网来拦。

1、谁为兄,谁为长:在这里是说,不追求果位大小。

2、胡涂胡涂去一身爽:不争高低,正是修炼糊涂的好机会。

3、抬头看,路无长:年纪渐大,时间不多了。

4、回首往事心中忙:悔恨往事,浪费光阴和种种错误时,心难平静。

5、往前走,莫回首:只要坚定前进的信心,不走回头路。

6、心中有胆量:在修炼中就会增加勇气。

7、山高压不倒:天大的困难能顶住。

8、寒风吹无妨:歪风邪气不动摇。

9、求师保佑只求顺:依赖师父就太平无事。

10、师父保你地久天长:能自强、自治、站高望远,就等于为师父争了光。

八十七 《颂》:

五湖翻腾四海笑,
我率众徒把鲜花抛,
天涯海角唯有我家最光耀,
黎山圣母恩情重如山,
今生今世难以报。
望老母慈悲之心永洒人间。

解释《颂》:赞颂、颂扬。

1、五湖翻腾四海笑:大喜日子普天同庆。

2、我率众徒把鲜花抛：佛领众弟子齐心向善。

3、天涯海角唯有我家最光耀：行善的最高榜样，最能激励人。

4、黎山圣母恩情重如山：是众弟子的慈母。

5、今生今世难以报：能战胜自己铸成佛心，是对母亲的最佳报答。

6、望老母慈悲之心永洒人间：她的慈悲善德，是弟子的永久榜样。

八十八　《明》：

时间如流水，
一去永不回，
回首往事一场空，
几度春秋可回味？
挥手扬鞭抬头望，
师父保我们一路忙，
紧跟师父往前看，
多悟经文眼光长。

解释《明》：明了生命的现状与价值。

1、时间如流水：时间、光阴，是无情的。

2、一去永不回：丢失、后悔，也绝难再找回。

3、回首往事一场空：入世后，求到和没求到的名利，皆成了空无。

4、几度春秋可回味：只有获得的智慧才有价值。

5、挥手扬鞭抬头望：有了明确的修炼目标，才能快马加鞭。

6、师父保我们一路忙：菩萨时时都在关心着弟子。

7、紧跟师父往前看：这样就能理解菩萨的指示意图。

8、多悟经文眼光长：也才能对经文倍感亲切，以悟性带动远大理想。

八十九　《皈依佛》一：

皈依佛，皈依佛，
早日皈依佛；
朝拜佛，朝拜佛，
心地善良免遭祸，
心诚佛知。

解释《皈依佛》：把自己的生命交给佛，永远跟佛走。

1、皈依佛，皈依佛：第一个皈依佛是指自我佛心，第二个皈依佛是指佛祖和佛家。

2、早日皈依佛：以慈悲统领佛性，元神便会主动向佛菩萨靠拢。

3、朝拜佛，朝拜佛：第一个朝拜佛是指自我佛性，第二个朝拜佛是指佛祖和佛家。

4、心地善良免遭祸：佛会用真善美来哺育你，免得上假慈悲之当。

5、心诚佛知：佛性有了诚信，便可与佛沟通而获得恩赐了。

九十 《体》：

山高有棵松，
风吹雷打也不动，
这棵松是你也是我，
人人看来人人敬，
风吹雨打不变形。
若想上山来看松，
需要千辛万苦来爬行，
山儿陡，路不平，
需要磨练，艰苦爬山，
最后到顶峰。

解释标题《体》：心是永存的实体，心性修炼得好的人，便可成为榜样了。

1、山高有棵松：山高风大，奇松挺拔，这棵树来历不简单。

2、风吹雷打也不动：这棵树根深蒂固、坚强无比，那是因为已曾经历过千磨万炼之故。

3、这棵松是你也是我：这棵拟人之松就是元神我，也是识神你，咱们是俩好合一好。

4、人人看来人人敬：因为心体合一而达协调，才受到众人的钦佩。

5、风吹雨打不变形：赞叹咱们两个一心一意，一团正气，善心永驻；因有完善的心态、体态而心宽体壮，所以能承受住任何考验、打击和压力。

6、若想上山来看松：有心要学习这棵榜样松吗？

7、需要千辛万苦来爬行：首先要学习松的品格，然后再历尽千难万险才成。

8、山儿陡，路不平：登高山可要有百折不挠的思想准备。

9、需要磨炼，艰苦爬山：只有那些被圣经武装起来的硬汉子，才不会半途而废。

10、最后到顶峰：只有以高标准要求自己而坚持到底的强者，才能光荣地与那棵榜样松为伍。

如来佛用经文为众弟子立下了一个标杆，这个用《八正道》充实起来的标杆，形象高大、朴实坚挺、令人起敬，同时令人产生了一股冲动，这股冲动就是，下决心认真修悟自身的滚滚动力。只有经过长期艰苦磨炼的人，思想才能过得硬，因而也才能客观地认识自己和客观公正地看待别人，这是一个成熟人的重要标志，也是活学活用《八正道》才能得到的丰硕成果。

九十一　《化》：

修修炼炼应无求，

苦苦折磨几时休，

人间的情债何时了，

渡过大河小河流。

学习经文用实处，

一心向上才有头。

解释《化》：弟子走投无路，幸亏佛陀点化。

1、修修炼炼应无求：修炼的目的是消除怨求心，否则修炼难免流于形式。

2、苦苦折磨几时休：有了患得患失的怨愁，将饱受苦痛、倍受折磨而永无宁日。

3、人间的情债何时了：在人情、亲情方面，不要小肚鸡肠地被情感所纠缠；如果语言、行为、意念再出差错，就又造了恶因，那将负债累累而永无了期啦。

4、渡过大河小河流：大小挫折交替出现，那可怎么得了？

5、学习经文用实处：唯一补救的办法是，应用经文来指导实践，增加悟己的本钱。

6、一心向上才有头：能自强不息、乐观向上、好自为之，且不动摇、不泄气，就能有希望了。

谁能得到佛陀的点拨，哪怕是一针见血，甚至是当头一棒，那才是幸福到家了，令人眼馋、羡慕。那个被批评过的弟子，据说他果然没辜负佛陀的一片慈爱，欣然领受了佛所给予的动力，痛改前非地跟了上去。说起来也怪，凡是受过佛祖点化或训诫的人，都有一种回去后偷偷乐和深深被打动的感觉，越是被严格训斥过的人，改过后其出息越大，这已经成为弟子们见怪不怪的殊盛现象。在运用开导典型启发大家的特别手法中，体现出了如来佛得心应手的，高超思想工作艺术匠心。这正是：大医王医身更医心，名不虚传令人钦。

九十二　《有感》：

心诚弟子来拜寿，使佛生起信心。

在四月初八佛的诞辰庆典上，佛祖动情地说：（省略前头）

我的心情很不平静，今后我要从严要求你们勤学佛经。

孩子们别骄傲，改正自己身上的毛病把重担挑。

解释：佛祖对弟子有很高的期待，充分体现了爱之深责之切的大爱情怀。

九十三 《快活》：

海量狭隘勿想我，
四海为家朋友多；
做事切莫为名利，
求得理解方快活。

解释《快活》：有了容纳宽宏就会快活。

1、海量狭隘勿想我：不想我的得失，就能改掉狭隘病。

2、四海为家朋友多：宽容友善好处多，朋友众多，亲和力强。

3、做事切莫为名利：把真诚和友谊放在第一位，才算智者。

4、求得理解方快活：无怨求，不强求，善解人意大家乐。

九十四 《巢》：

霹雳一声震乾坤，
大地呈现一片新，
前程似锦无限美，
好事多磨有我神。
唯我好生震天响，
大地呈现一片新，
有山有河有儿女情，
反反复复唯我新，
我徒齐心来拜佛，
大好的江山赤诚的心。

解释标题《巢》：归宿、目标、大方向。

1、霹雳一声震乾坤：真理的威力震撼了山河大地和宇宙。

2、大地呈现一片新：真理之太阳照亮了新世界的面貌。

3、前程似锦无限美：智慧之光照亮了远大的前程。

4、好事多磨有我神：元神在不断的打磨中才能更明亮。

5、唯我好生震天响：良心有好生之德而震惊天地。

6、大地呈现一片新：真理和良心是创新世界的决定因素。

7、有山有河有儿女情：真理让世界变光明，人的亲情关系更浓。

8、反反复复唯我新：我的人格更新、德能提高，是因牢记唯我独尊。

9、我徒齐心来拜佛：你们以佛心来拜佛，令人称心如意。

10、大好的江山赤诚的心：颗颗衷心铸成的大好江山令人欣慰。

（注：唯我独尊：专心致志修炼我心、我佛。）

九十五 《塑我》:

人间有法天上有规,生活的道路要自己有规律;
前边有海不要后边有人推,生活需要自己走,
走跌了也要自己爬起来。
望高山前途一片,望自己不堆,
跨过河流重新塑我,千万不要靠别人推。

解释《塑我》:告诫某弟子:塑造自己全靠自悟。

1、人间有法天上有规:法规是顺应大自然规律的。

2、生活的道路要自己有规律:生活中的秩序亦不可杂乱无章。

3、前边有海不要后边有人推:识神有双重特点,有强烈入世愿望。

4、生活需要自己走:元神就是要当家作主。

5、走跌了也要自己爬起来:自救自治比依赖别人强。

6、望高山前途一片:志向高远,就能前途光明。

7、望自己不堆:自身不软弱,就免除了退缩。

8、跨过河流重新塑我:迎着困难上,才能提升人格。

9、千万不要靠别人推:独立自主和独创精神实在太重要了。

九十六 《恭禧》:

四季如春花常开,
高歌燕午兴满怀,
全家老少团团坐,
喜迎春节鞭炮开;
齐心协力敬我佛,
心中常想师父在,
千难万难难不倒,
我佛慈悲幸福来。

解释标题《恭禧》:佛家大业兴旺,亿万学佛人一个赛一个地衷心向善,佛与众生同喜共贺。

1、四季如春花常开:心花常开不败。

2、高歌燕午兴满怀:智能滚滚而来。

3、全家老少团团坐:只有成功的修炼,才能带动家庭的和美。

4、喜迎春节鞭炮开:思想硕果垒垒值得庆贺。

5、齐心协力敬我佛:修炼的主攻方向永远不变,在心性皈依佛性方面,应坚持惟我独尊,并带领识神共同向前。

6、心中常想师父在:我的心神由菩萨师父指点、掌管,好象师父常在身边站,常在心头坐,这样才能修性强。

7、千难万难难不倒:以上是修悟心性所向披靡的根源所在。

8、我佛慈悲幸福来:善待自己一刻莫忘,自我心神的佛性强才是幸福的保障。

如来佛见井生情、出口成章的大智能才华,饱受众佛、众菩萨、众弟子和众生的衷心景仰和钦佩。我们能听到佛陀早已久违了的亲切教导,就会欢呼天赐良机而深感三生有幸。

玉皇大帝在佛祖传经后,接着说出一段经文

《幸福》:

鲜花开供果摆,长春寺幸福在,

求师保佑不忘怀,佛祖慈悲幸福撒满怀。

九十七 《奖》:

喜中喜乐中乐,

连提两级先不说。

今天是你的圣寿日,

众徒齐来把头磕。

愿你大慈大悲展硕果,

愿你普渡众生人生和。

解释《奖》:奖赏高足观音一段经文,以资鼓励。

1、喜中喜乐中乐:果位晋升和得道纪念日,双喜临门。

2、连提两级先不说:因为普度众生道果显赫,被佛家破格提拔。

3、今天是你的圣寿日:今天六月十九是观音得道日。

4、众徒齐来把头磕:感谢你的慈悲,崇拜你的榜样力量,众弟子为之倾倒。

5、愿你大慈大悲展硕果:再接再厉多为佛家争光,继续把慈悲众生当作自己的专利。

6、愿你普渡众生人生和:在普度众生的同时,把自己的人生境界再提高一个层次。

中国的大陆、台湾、东南亚和世界各地众生,感恩观音慈悲的呼声很高,天上天下有口皆碑,佛祖明察秋毫,扬真善不避亲,令人感动、宾服、钦佩。

九十八 《导》:

学佛经提高认识,

在各方面才能掌住舵,

她就是座右铭,

带领着每个人往前行;

只要认真去学习，

才能提高认识，在各方面把握住自己，

要不然就成了落水鸟。

解释《导》：诱导、导引、传授学经法则。

1、学佛经提高认识：学而悟，悟而行，认识步步得提高。

2、在各方面才能掌住舵：建立全方位能力，才能不迷航。

3、她就是座右铭：佛经是人生指南，是人生进化和智慧的来源。

4、带领着每个人往前行：若离开真理，谁都无法前进。

5、只要认真去学习：学习必须与自身的悟性相结合，与思想对号。

6、才能提高认识：通过解剖自己悟性得升华。

7、在各方面把握住自己：知己知彼占据了主动权，就有了方略和尺度。

8、要不然就成了落水鸟：否则就像旱鸟掉入水中，面临险境，不能自拔。

九十九　《菩萨心》：

观音菩萨心，

八方净土情，

普度邪与恶，

洒满人间情。

塑徒有功，

教子有方。

解释《菩萨心》：觉而有情的智慧心肠。

1、观音菩萨心：自身觉悟高。

2、八方净土情：情真意也切。

3、普度邪与恶：用大悲心去度化，使人改恶从善走正路。

4、洒满人间情：普天下众生都感念观音菩萨的大恩情。

5、塑徒有功：培养出许多高层次弟子，证严法师就是其中之一。

6、教子有方：能把顽皮之徒（义子）教导得出类拔萃，令人钦佩。

一〇〇　《悟己》：

大家都能从我做起，

以我开刀便能成正果，

不要学是学做是做，

深入理解经文，

从经文中找到方向。

大海滔滔千顷浪，

鱼目混珠谁无失，

一道彩霞顿时悟，

佛光洒满人间情。

解释题目《悟已》：悟己和悟人是相对立的，悟自己能扎根；悟别人是瞎操心，是用人家缺点来惩罚自己。所以说：悟已痛快悟人烦。

1、大家都能从我做起：学佛人无一例外的要重视修悟自己，实行八正道。

2、以我开刀便能成正果：只要养成解剖自己的好习惯，得正果并不神秘，也不遥远。

3、不要学是学做是做：学的明白做不明白，那跟没学没有什么区别。

4、深入理解经文，从经文中找到方向：学习经文获得了动力而又有了行动，才算对经文有了深入的理解。经文不是教条而是指南。

5、大海滔滔千顷浪：在人生苦海里磨难多、引诱多，常常身不由已。

6、鱼目混珠谁无失：因为觉悟不高难辨真假，所以难免失足，如能吸取教训而彻底改正，那将是浪子回头金不换。

7、一道彩霞顿时悟：熟读经文不断运用，总会有顿悟的那一天；在错误中能翻然改进或举一反三，是高等的悟。

8、佛光洒满人间情：被经文哺育出来的觉悟者，在他的慈悲行为中，会处处体现佛法的光芒。佛经不但能健全人的心态，更能健全人的体态，因而佛陀有“大医王”的美号。

这首佛陀经文精美绝伦、一针见血而扣人心弦，是一剂开启智能的良方，便于人们学而致用。

一〇一　《教》：

喜鹊压梅枝摇摇，

你们能有今天师父保，

求师保佑常常敬，

工作再忙也要把香烧。

今天的日子要记牢，

要是忘了可不好；

孝敬师父表心意，

给师父拜寿可别忘掉。

解释《教》佛祖教导弟子如何行孝于师父。

1、喜鹊压梅枝摇摇：梅喻霉，修行有成可消除霉运。

2、你们能有今天师父保：师父和经文是我们的保护伞。

3、求师保佑常常敬：依赖经文重自悟，是用行动来景仰师父。

4、工作再忙也要把香烧:心中有师,往往用烧香来与师沟通。

4、今天的日子要记牢:牢记师父的诞辰日。

5、要是忘了可不好:不可忘恩负义。

6、孝敬师父表心意:有赤诚的心,就会有最佳的表达举动。

7、给师父拜寿可别忘掉:佛教导弟子要坚守孝道。

一〇二 《心情》:

心情激动无法表,

众弟子的心情如明镜照;

海枯石烂心不变,

愿众弟子永随佛道。

解释《心情》:过生日佛高兴。

1、心情激动无法表:弟子孝佛也孝道,实在令人感动。

2、众弟子的心情如明镜照:皈依佛靠心诚,并且有行动。

3、海枯石烂心不变:最高贵的人品是坚定道心、矢志不移。

4、愿众弟子永随佛道:佛的殷切希望,是弟子的永久动力。

一〇三 《夸》:

慧眼纳三界,

清心揽乾坤,

神笔生妙法,

墨宝显虎威。

解释《夸》:是赞扬,是指点,是最高奖赏。

1、慧眼纳三界,眼光远大包容天、地、人。

2、清心揽乾坤,心灵清醇能通达寰宇。

3、神笔生妙法,笔中的神采来源于玄妙的法度。

4、墨宝显虎威。同样的工具,在神人手里便虎虎生风、八面玲珑、意境深邃。(这是佛在奖赏一个书法大家和其优秀作品时的横生妙语)

一〇四 《灵山》:

佛在灵山莫远求,

灵山只在汝心头,

人人有个灵山塔,

好向灵山塔下修。

解释《灵山》:佛的居住地。

诗的第一句是说客观佛陀。

第二句是说主观佛，即自身佛。

第三句是说众生皆有佛性。

第四句是说，何不自我内修，而要向身外去求佛呢？

佛陀的这首经文通俗而高雅、朴实而深邃、简捷而奥妙、自然而传神。文字讲究、韵律别致、浑然一体、意味无穷，充分体现了释迦牟尼佛的思想性格、文采风貌和独创精神，体现了全方位的完美，堪称宇宙精品（这首诗在有的书里署名是用古德二字），其水平之高深可以说是无与伦比的，这首“灵山”经文是佛祖的得意创作之一。在日本神奈川，红霞小姐为日本朋友上中文课时，讲解了这首灵山诗，说这是天上天下第一诗。这一课非常生动、令人难忘。这首《灵山》诗文，在中国古典名著《西游记》中，被作者吴承恩说成是《心经》的“颂子”，应该说是有其道理的。从《心经》和《灵山》经文中，细心人便可以从中窥视到佛陀的文字创作风格、笔法等特点，应该说是字字珠玑、非同一般，当然需要认真领悟。总之，凡是佛陀的经文和言论皆是文字般若、观照般若、实相般若的光辉典范。

一〇五　《自在歌》：

有嗔怪不自在，

无嗔怪就自在，

善待他人大自在。

解释《自在歌》：宽容和幽默是最美妙的。

1、有嗔怪不自在：丢失能量

2、无嗔怪就自在：增加能量

3、善待他人大自在：长养大智慧能量。

一〇六　《生日》：

圣母生日办得好，

众徒心齐如一来自四面八方。

花儿艳酒儿香，黎山圣母功德无量，

大慈大悲教徒有方，

从不表我，一方土地，八方浩荡。

我们共同携起手来，

共同祝长寿寺年年有今日，

年年福寿长。

（让我们共同欣赏分享，佛祖的溢美之良祝，分享圣母的至高美德。）

一〇七 《新春》:

新的一年全家和美,
祝新的一年万事如意。
悟道得道一切都到,
辞旧岁迎新春,
体态安康吉祥年。
随民心有改变,
人人过个吉祥年。

解释《新春》:学佛修道新的起点。

1、新的一年全家和美:这是幸福家庭的高标准。

2、祝新的一年万事如意:元神和识神相统一,就能心想事成。

3、悟道得道一切都到:人生的最高目标就是开悟得道,这是纲领。

4、辞旧岁迎新春:抛弃思想中旧的沉渣,好让善良美德来安家。

5、体态安康吉祥年:体态是心态的表象,二态合为一体方吉利。

6、随民心有改变:修炼者人品提高,在群众中的威望亦得升华。

7、人人过个吉祥年:用一个人的高觉悟,去影响带动亲朋好友。

一〇八 《昙花》:

昙花一现艳阳天,
家庭和睦粮满园,
勤劳致富有硕果,
大人小孩保平安。

解释《昙花》:拒绝太短,我们追求心花永开。

1、昙花一现艳阳天:眼前利益非真艳。

2、家庭和睦粮满园:和美需有带头人。

3、勤劳致富有硕果:富有智慧全家乐。

4、大人小孩保平安:勤俭平安就是福。

一〇九 《登云》:

今日认师如登云,
随师学经一身轻,
生活本是无情网,
认清路线路好行。
今日认师终身福,
自修自炼早入门。

解释《登云》:攀上高层次。

1、今日认师如登云:佛缘宝贵。

2、随师学经一身轻:佛经能排挤体内的污浊。

3、生活本是无情网:名利色情是诱人的无形罗网。

4、认清路线路好行:路线的对错,决定人的进化与退化。

5、今日认师终身福:福气源于行善。

6、自修自炼早入门:思想入门,比人体进门更重要。

一一〇 《自由人》:

天涯海角独一人,
风吹浪打唯我尊,
海阔天空独一处,
千难万险我自行。
风吹不着,浪打不动,
坚定信心,我是个自由人。

解释《自由人》:学佛修道自由选择,相当于大自在。

1、天涯海角独一人:佛性当家必不孤独。

2、风吹浪打唯我尊:再大的困苦,也难改我修炼之初衷。

3、海阔天空独一处:拓宽胸怀和独创精神最重要。

4、千难万险我自行:心当家则不惧艰险。

5、风吹不着,浪打不动:外界无法引诱,无法打击。

6、坚定信心,我是个自由人:一身正气地进入自由王国。

一一一 《求和善》:

天还是那么蓝,
地有暖也有寒,
人间的福恶不一样,
自己造来自己攀。
求得圆满多行善,
我看天还是那个天,
求得大家都和善。

解释标题《求和善》:追求和美又慈善,是佛陀的本色,也是对众生的期望和祝愿。

第一句天还是那么蓝:大道朗朗永远是光明磊落的。

第二句地有暖也有寒:大自然的规律是循环不止的。

第三句人间的福恶不一样:人的追求和觉悟不同,决定了自己所造的因和果有差异。

第四句自己造来自己攀:那都是因自己的作为,而又由自己来承受的。

第五句求得圆满多行善:若想人和蔼、家和美,就得育善心、行善事。

第六句我看天还是那个天:虽然天道一直是固定不变的,但是人可以因善恶而改变自我形象。

第七句求得大家都和善:由于追逐、酿造了和美与善良,因而就将会成全了人的修道圆满,那可是一箭双雕的好买卖。

为什么要追求和善呢? 因为和善是最美的德行;善有善报,恶有恶报,这个大自然规律是永久不变的科学真理,行善终归会有好结果。可以说我们的老师菩萨,就是由行善而成就的。

一一二 《早入佛门》:

河深海深不如师父的恩情深,

修佛悟佛早入佛门。

解释《早入佛门》:及早开启智慧。

1、河深海深不如师父的恩情深:孝父母不如孝师父,孝师父不如孝佛祖。只有孝佛祖,才能更好的孝父母。

2、修佛悟佛早入佛门:获得智慧的广阔天地,在于悟透佛经。

一一三 《牵连》:

有时看天雾一片,

有点问题心里烦,

身体壮不起来,

与你的心情有牵连。

看问题要把眼光放远,

多找师父把问题谈,

解除难关。

解释《牵连》:思维方式可以影响体质。

1、有时看天雾一片:看不清光明前程。

2、有点问题心里烦:还经不起环境和事物的考验。

3、身体壮不起来:心态不健体必弱。

4、与你的心情有牵连:心结打不开。

5、看问题要把眼光放远:做功念经写笔记能充电(智能)。

6、多找师父把问题谈:人有时需要追求和依赖。

7、解除难关:这正是自我提高的良机。

一一四　《本无事》:

天下本无事,

何必受折磨,

看他人如看我,

千万不要上火。

解释《本无事》:切莫无事生非。

1、天下本无事:人间原本是净土。

2、何必受折磨:有怨求、背包袱、庸人自扰。

3、看他人如看我:自己的毛病不会比别人少。

4、千万不要上火:消耗能量实在划不来。

一一五　《认师以来》:

认师以来还添烦,

这样的问题存普遍;

心胸要宽,有病求师来解难。

光阴如箭,日月如穿;

有事多情教师父,

自己上火解不了难。

解释《认师以来》:进了庙门,是正规修炼的开始。

1、认师以来还添烦:还没有真正相信和依赖师父。

2、这样的问题存普遍:投靠菩萨,却不识菩萨。

3、心胸要宽:去掉狭隘心方得宽。

4、有病求师来解难。心胸狭窄万人欺,病来骑,只好请教师父和佛经。

5、光阴如箭,日月如穿:时间太金贵,一不小心就流失掉了。

6、有事多请教师父:因为菩萨就是高明。

7、自己上火解不了难:经文如明灯,可以解决任何困难。

一一六　《曙光》:

晴天有云看霞光,

一心向佛拜曙光,

人间凡事都抛去,

多做善事把人帮。

解释《曙光》:真正光明的起点。

1、晴天有云看霞光:主动追求光明,才不会受阴暗的影响和损害。

2、一心向佛拜曙光:真心皈依佛,才有觉悟的希望。

3、人间凡事都抛去:能排除一切琐碎事和烦心事,才算有了过硬本领。

4、多做善事把人帮:识神的净化在于善行的程度,行善积德是自救。

一一七 《远见》:

学经文要有远见,

有事无事把经文翻,

弄不懂和朋友谈,

多交流才能大步向前。

从前的事不要回头看,

回首往事心添烦,

有些问题心要放宽,

往往无事心添烦。

解释《远见》:人无远虑必有近忧。

1、学经文要有远见:有了理想远见,学习才能不厌烦。

2、有事无事把经文翻:储备真理犹如储备智慧和武器。

3、弄不懂和朋友谈:朋友各有所长,交谈可以互补。

4、多交流才能大步向前:不固步自封,就可从交流中获得动力。

5、从前的事不要回头看:以免患得患失。

6、回首往事心添烦:如果能化解烦恼,就可以转变成菩提。

7、有些问题心要放宽:不可急躁和过于较真。

8、往往无事心添烦:这是杂念太多在作怪。

一一八 《关健》:

你的悟性最关键,

常学佛经把佛经念,

心胸宽阔眼光远,

遇到问题求师保,

前进途中无阻拦。

解释《关健》:心胸宽阔是主要矛盾。

1、你的悟性最关键:悟性是修炼的核心。

2、常学佛经把佛经念:增添营养和储备智力。

3、心胸宽阔眼光远:这是悟性的着眼点。

4、遇到问题求师保:只要与师父一条心,必有好前途。

5、前进途中无阻拦:什么问题也难不倒。

一一九　《为人》：

为人要正，
交朋友要诚，
以心相待，
万事皆空。

解释《为人》：怎样做人。

1、为人要正：廉洁公正。

2、交朋友要诚：诚实淳朴。

3、以心相待：善心待友。

4、万事皆空：悟空是大前提。

一二〇　《欠》：

佛光普照万事精，
你学佛经很难通，
前进的路上有阻碍，
就是心胸狭隘看不清。
看问题心胸要宽，
办事情要想到别人难，
静下心来细修炼，
永远想到眼前有盏灯。

解释标题《欠》：欠什么呢？欠缺正向思维方式，因而欠缺一种公平眼光而乏智，这是佛祖针对顽徒屡犯的毛病，有感而发的相机讲道说法记录，虽然属于即兴的发挥，但却出口成章、宽严有度。

1、佛光普照万事精：只有真诚而全面、主动地向佛光靠拢，才能从中捡到便宜而不吃亏，进而诸事精通而精明。

2、你学佛经很难通：然而你这个劣徒再不悔改，就难以醒悟而不可救药了。

3、前进的路上有阻碍：那是因为你在前进的路上，为自我设置了拦路虎。

4、就是心胸狭隘看不清：狭隘就是虚荣、自高、自满、嫉妒、小气、忧愁、较真儿、倔犟、钻牛角尖、肤浅、粗暴、急躁、报复等邪恶的总代称，然而，这些毛病你几乎都占全了，对许多问题的观点，犹如带上了木头眼镜——看不透。

5、看问题心胸要宽：为了悬崖勒马，你首先要学着练达宽宏大量。

6、办事情要想到别人难：第二条你要学会替别人着想，替朋友和领导分忧而善解人意。

7、静下心来细修炼：第三条很紧要，那就是想方设法先学经文修炼好自己，占据主动性，才有发言权，否则，说话难免要走板。

8、永远想到眼前有盏灯：最后一条最关键。那就是牢牢记住把菩萨老师的榜样力量，当作自己夜航的明灯，如能这样做，你还有救，不至于报废掉。

往往有这样一种情形，那就是“爱之深而责之切”，所以我们应该为这位顽徒能受到佛陀的棒喝而高兴庆祝，因为能得佛祖亲自调教，也是千载难逢的奇遇，没有点特别缘法是万万不成的。而没有经过高手严格调教过的人，是很难有出息的，因为人的很多毛病都是与生俱来的，改掉从动物身上留下来的狭隘习性谈何容易？所以要为那位受训的顽徒喝彩恭禧才是。

一二一 《不算计》：

人生有几多愁几多怨，
几多艰难摆在眼前，
无愁无怨心要宽，
不要算计眼光要放得远；
有了问题要细谈，
多看经文眼光才能远。

解释《不算计》：放下事事非非之小事。

1、人生有几多愁几多怨：有怨就有愁，怨愁可使人生暗淡。

2、几多艰难摆在眼前：乏志的人，苦难会加倍。

3、无愁无怨心要宽：心宽的表现形式，有时就是糊涂。

4、不要算计眼光要放得远：不算小账，才能站高望远。

5、有了问题要细谈：粗心大意，就会把简化搞成简陋。

6、多看经文眼光才能远：把经文当做粮食、衣衫和空气才好。

一二二 《大舞台》：

家庭是个大舞台，
关系处理不好，
到社会上什么也做不好，
这与身体好坏没关系，
是认识问题，
不可强调客观。

解释标题《大舞台》：家庭是展示人的思想、素质、技能、品格等状态的人生大考场。

1、家庭是个大舞台：家庭是整个社会的缩影，对每个人的考验都是全方位的，且必须正视而无法回避。

2、关系处理不好：如果上下左右关系处理不当，往往会使人凭添懊恼。

3、到社会上什么也做不好：因为没有免疫力，到社会上也必定经不起各种考验。

4、这与身体好坏没关系：体态虽然能影响心态，但不能把它当作一块遮盖布。这一句的回答是有针对性的，有一些体弱者常会产生这种疑虑。

5、只是认识问题：关键在于佛性、慈悲心没有当家作主。

6、不可强调客观：如果强调客观就能得解脱，那么我们在主观上的修悟就会变得没有意义了。

有些居士被家庭琐事烦扰而常常不开心，听了佛陀的教诲后，总算是开了窍；特别是对那些体弱的人更是一济良方，这回可以放下有病的包袱，而以修心带动修体了，身体差再也不能当作影响行善的借口了；大家从学习经文中充分领教了佛陀教法的高明，进而感念佛陀的大恩大德，永世不忘。

一二三　《悟糊涂》：

人生本是一场空，

悟来悟去悟糊涂；

莫把钱财当成宝，

漫长的生活心要诚。

解释标题《悟糊涂》：糊涂是修炼的一大课题，是人生修悟的重点之一，太认真难修佛。

1、人生本是一场空：人有生有灭，只是给元神一次修炼机会。

2、悟来悟去悟糊涂：对身边是是非非的琐事，能报以糊涂态度，就是悟性好。

3、莫把钱财当成宝：不要把钱财这个身外之物，当做宝贝而特别看重。

4、漫长的生活心要诚：诚挚地修心养性才是永生永世的重心。

一二四　《心明》：

心明好比一盏灯，

身体见佳有时心乱；

做功只是一方面，

还要稳性步迈宽。

解释《心明》：心中昏暗难修炼。

1、心明好比一盏灯：被开启了的佛性，犹如一盏明灯。

2、身体见佳有时心乱：心态不佳时，体态必差。

3、做功只是一方面：练功需要有悟性配合和支撑。

4、还要稳性步迈宽：那就是无性和宽容大度。

一二五　《岸》：

滔滔海水如隔闸，

天长地久皈佛家；

一路走来一路颤，

生活的道路是多么地复杂。

苦中有乐自磨业，

酸甜苦辣为的啥？

做功念经皈我佛，

前进的道路佛当家，

阿弥陀佛。

解释标题《岸》：人类的理想领地是彼岸，多数人留恋的却是苦海之此岸。

1、滔滔海水如隔闸：人间的净土，就像在苦海中建了一道闸。

2、天长地久皈佛家：皈依佛家是人的终生大计，因为佛家有真理。

3、一路走来一路颤；然而，人间的道路却是坎坷不平。

4、生活的道路是多么地复杂：曲折和祸殃常常会不意而至。

5、苦中有乐自磨业：有些不可了知的业力，只有在吃苦中消除才能获得快乐。

6、酸甜苦辣为的啥：德能，是我们变革酸甜苦辣的动力。

7、做功念经皈我佛：获得生命光明的两大法宝，是禅坐和学悟真理。

8、前进的道路佛当家：人生的进步首先靠自身佛性当家。

9、阿弥陀佛：阿弥陀佛，是佛祖赐给接引道人的最殊胜之佛号。

一二六　《明珠》：

明珠一盏埋土中，

何时出土悟难清；

蹦蹦跳跳无处去，

人间有苦也无情。

人间明点心中坐，

师父引你皈我佛；

多做善事心明亮，

修成正果才成佛。

解释标题《明珠》：用珍贵的明珠比喻生命的高能量本体元神。

1、明珠一盏埋土中：人的生命体元神，进入肉体之脑室中，被屏蔽隔绝，犹如明珠土中藏之。

2、何时出土悟难清：这个属于微观物质生命形态的明珠，要靠开悟才能脱颖而出。

3、蹦蹦跳跳无处去：这个生命体没有一定归属，而是由善恶行为来决定去哪。

4、人间有苦也无情：人若只是被动受苦，不修不悟也不善，天地也帮不了忙。

5、人间明点心中坐：最好的办法是，将修心当作人生的第一件大事。

6、师父引你皈我佛：菩萨才会教你将全身心，归顺自我佛性的妙法。

7、多做善事心明亮：别忘了，能量智慧之源在于以善为本。

8、修成正果才成佛：神通、迷信和邪路等五花八门，皆因自欺欺人和离开真理而难以成佛。

一二七 《丑》：

大树底下好乘凉，
乘凉的人们唠家常，
说长说短难说我，
几时能说到佛经上？
一人做事一人当，
心中得有个责任网，
狐朋狗友几时尽，
人间的道路雾茫茫，
分清好坏把家当。

解释标题《丑》：非美即丑，丑的品种很多，看看佛陀说的是哪一种？

1、大树底下好乘凉：大自然和善良人，种下了供人们乘凉的树林。

2、乘凉的人们唠家常：人们的一言一行都能表露思想风格。

3、说长说短难说我：人们重视眼前利益，喜欢谈论是是非非，不愿觉悟自己，这些几乎都是凡夫的嗜好。

4、几时能说到佛经上：如果能追求点真理该有多好。

5、一人做事一人当：一个人应该说话负责，做事无悔。

6、心中得有个责任网：敢于承担家庭和社会责任而多奉献少索取。

7、狐朋狗友几时尽：铲除心中的妄、杂、邪念的决心不能一拖再拖。

8、人间的道路雾茫茫：虽然人生必迷惑，但应该掌握修悟解迷的主动权。

9、分清好坏把家当：只有分清善恶美丑，自身佛性才能当家作主。

一二八 《行善》：

人前人后我占先，
腰缠万贯钱无沿，
此物是空多为害，
入佛修道心才宽。

解释标题《行善》：钱财能用于施舍和奉献，才算种了善根。

1、人前人后我占先：为什么说话办事，我皆能占有自主权和优先权呢？
2、腰缠万贯钱无沿：那是因为财大气粗。
3、此物是空多为害：身外之物没有德能的价值高，贪欲过多害处越大。
4、入佛修道心才宽：钻研佛道之真理，心性才能被拓宽，才能善用钱财。

一二九 《启蒙》：
风雨同舟日当头，
天涯海角同路人，
若问灵山它在哪？
灵山就在我心头。
解释《启蒙》：最初基本的教育启示。
第一句风雨同舟日当头：元神和识神正在共同修炼。
第二句天涯海角同路人：是缘分将二神紧紧联系在一起。
第三句若问灵山它在哪：追求真理的目标在哪里呢？
第四句灵山就在我心头：智慧的本体就是头脑里的元神。

一三〇 《勤俭自悟》：
勤俭治家以身作则，
佛经闪烁我佛慈悲，
无邪无恶以身教子，
常把佛经说别无他求，
悟他也悟我。
解释标题《勤俭自悟》：勤奋、俭朴和修悟自己，是人生的三大美德。
1、勤俭治家以身作则：勤劳俭朴是元神这个家长的本分。
2、佛经闪烁我佛慈悲：当佛经照亮我的眼睛时，说明自身佛性已达慈悲。
3、无邪无恶以身教子：元神用一身正气来教导识神，元神年轮很长为父。
4、常把佛经说别无他求：步步提高对佛经的理解，以达高超是唯一目的。
5、悟他也悟我：肉体做不好也是因为心神没领好，二者的悟性皆重要。

一三一 《求缘》：
无缘有缘抬头看，
苦难当头压心烦，
抛开往事莫回首，
一心跟师奔向前。
解释标题《求缘》：追求好的缘分。
1、无缘有缘抬头看：无缘不强求，有缘要珍惜，一心向上是前提。

2、苦难当头压心烦：否则没有上进心，只好任由痛苦灾难来蹂躏。
3、抛开往事莫回首：以往的得失恩怨能丢掉，才能避免走回头路。
4、一心跟师奔向前：一旦忠诚地轻装上阵，师父指到哪就能奔向哪。

一三二 《抛顶》：

泰山顶上坐，
体态心宽如佛；
心有时也有火，
自己浇点凉水，
有痛不爱说。
生活有苦也有乐，
自己寻来自己摸索，
有事请到经文里找，
少添烦恼多敬佛。

解释标题《抛顶》：靠修悟和智慧将自我水平提升到高山顶。
1、泰山顶上坐：站得高看得远而稳重如泰山。
2、体态心宽如佛：心体两态就象觉悟了的佛那样宽厚坦荡。
3、心有时也有火：炎凉的世态偶尔也能勾引出我的一点无明火。
4、自己浇点凉水：运用容忍和自我化解而修悟。
5、有痛不爱说：痛苦埋在心底也能增长承受力。
6、生活有苦也有乐：人人都有刻骨铭心的痛楚，也有轻安自在的欢乐。
7、自己寻来自己摸索：我要把苦变成乐，让乐具有修行的价值。
8、有事请到经文里找：遇到问题最好求上策，佛经里面有答案。
9、少添烦恼多敬佛：照佛经的指示办，才能一举两得。

一三三 《无言》：

依依白雪降人间，
风吹雪地沙无沿，
挂羊头卖狗肉，
经常请师父把真假辨。

解释标题《无言》：心性的修养不是光靠言说，更要靠修悟。
1、依依白雪降人间：人之初性本善。人降世的时候，就像白雪一样清纯。
2、风吹雪地沙无沿：可人间之大染缸里，苦难污浊袭人，却是没完没了。
3、挂羊头卖狗肉：言行不一的毛病常常能遇到，这正是考验锻炼我的良好时机。
4、经常请师父把真假辨：人的一生进步本微小，唯靠经文真理引路而不懈努力，脱胎换骨才有可能迈大步，可是辨别真假必须靠师父。

一三四 《稳性》：

既来之则安之，养成习惯，

不管他人事，

你修你得，我修我得。

向前看压住火，

有勇气，斗智慧。

最大的缺点火火火，

慢慢改别急躁，

师父带你改正了。

解释《稳性》：

1、既来之则安之，养成习惯：安下心来修炼，这是一成不变的原则。

2、不管他人事：不给任何人当家，只可给自己做主。

3、你修你得，我修我得：撒种而精心管理者，必有收获。

4、向前看压住火：有崇高理想，才有自控能力。

5、有勇气，斗智慧：果敢而不鲁莽，睿智而不死板。

6、最大的缺点火火火：若只会发火，岂不成傻帽？

7、慢慢改别急躁：本性虽难移，慢改勿着急。

8、师父带你改正了：由师父一步一步来教你，必能改正。

一三五 《标准》：

善为贵，恶为邪，

谦虚为本，骄傲为失。

解释《标准》：衡量一个人善恶好坏的基本尺度。

1、善为贵，恶为邪：善是宝贵的品德，恶是丑陋的行为。

2、谦虚为本，骄傲为失：谦虚是做人的本钱，骄傲是迷失者的摇篮。

一三六 《入门》：

一江春水向东流，

恰似好汉柳暗花明，

将错补错莫回首，

好事尘埃雾中行；

前世的缘分今日塑，

有缘拜佛不嫌多。

解释标题《入门》：身入佛门不难，思想入佛门需要一定过程。

1、一江春水向东流;严冬后的春江之水生机勃勃。

2、恰似好汉柳暗花明:就像刚强的人度过黑暗,见到了光明一样。

3、将错补错莫回首:应停止一错再错,切不能再走回头路。

4、好事尘埃雾中行:在苦难中修悟觉醒才有真正价值。

5、前世的缘分今日塑:把凡是相遇的人和事,当作缘分去看,才能处理得合理得当。

6、有缘拜佛不嫌多:如能随缘成全自身佛性的圆满,则是多多益善的大好事。

一三七 《消业》:

悟为我帮他贫也,

物极必反求其合,

心中悟佛时悟其而言,

容人之心不可暴躁,

枉费心机切记我言;

回首往事孩心可笑,

求顺大吉大利你可明白?

解释标题《消业》:业债需要用修悟和行善,才能将其消除掉。

1、悟为我帮他贫也:修悟是为了元神纯净,也是为了解决识神的乏智。

2、物极必反求其合:吃尽了苦头的二神,始知固执己见的危害,有合作愿望。

3、心中悟佛时悟其而言:把悟到的佛理运用到自己的言行中。

4、容人之心不可暴躁:暴躁是因为无能和容不下人。

5、枉费心机切记我言:要记住,千万不要以为可以用暴躁去征服别人。

6、回首往事孩心可笑:过些年,回忆起当年不容人的情景,会悔恨幼稚。

7、求顺大吉大利你可明白:应懂得把追求的目标,锁定在顺利吉祥上的原理。

一三八 《谈》:

众师保你我掌舵,

人间的苦难已度过,

生活苦来心不缩,

只求顺利别无说。

解释标题《谈》:谈成果,指方向。

1、众师保你我掌舵:因为你明理,不负师望,所以能多受慈悲点化。

2、人间的苦难已度过:恭喜你已达标了。

3、生活苦来心不缩:警惕,当苦闷来时,切莫生怨求心。

4、只求顺利别无说：记住，平安柔顺才是最大的利呀。

一三九 《赞》：

人间本姓它，
忧愁化成霞；
众徒由你带，
钢铁磨成牙；
心中本无锈，
雨点有所打；
莫怕莫怕，
求师把云驾。

解释标题《赞》：美德值得称赞。

1、人间本姓它：来到苦海，姓氏是短暂的临时代号，生在谁家跟谁姓。

2、忧愁化成霞：最可贵的是，能将烦恼化为菩提。

3、众徒由你带：你能当好领头人，你好比是心，众徒好比是六识。

4、钢铁磨成牙：是因你用自强的信念，练就了一副言行一致的金口玉牙。

5、心中本无锈：主观思想中没有额外的欲求，佛性本身是纯正的。

6、雨点有所打：客观外界却会干扰还脆弱的心。雨水象征苦难和怨求。

7、莫怕莫怕：你之所以不会害怕。

8、求师把云驾：是因为孝师而提高了智慧之故。

一四〇 《勉》：

白云一片天空蓝，
海底捞月上青天，
师父是我们的掌舵人，
能看清天下的疑团。
自修自炼别添烦，
一切琐事抛一边，
今后常把经文看，
消灾消难幸福度晚年。

解释标题《勉》：勉励一位老居士，教给平安的诀窍。

1、白云一片天空蓝：白云蓝天代表清白纯净，喻大道。

2、海底捞月上青天：在修炼中，应把虚幻的海底捞月，转换成真实的青天揽月。

3、师父是我们的掌舵人：然而，人的得渡希望全在于舵手。

4、能看清天下的疑团：在已达觉悟水平的老师指导下，可解决心中的疑团。

5、自修自炼别添烦:人生必迷失,迷惑生烦恼,修悟才能解迷除烦恼。

6、一切琐事抛一边:能放下繁琐小事,就会认准大方向。

7、今后常把经文看:真正有价值的理论,全在佛经里。

8、消灾消难幸福度晚年:做功念经,是幸福晚年的保障和法宝。

一四一 《破》:

困难琐事压不倒,

看破人间一场空。

解释《破》:看破红尘的假象。

1、困难琐事压不倒:一个有相当承受力和应变力的女强人。

2、看破人间一场空:能以善为本慈悲为怀,已把人生看透。

一四二 《花王》:

含笑花开室内香,,

我认为她是花中王,

只可惜还欠做功,

别把大好时光全扔光。

解释《花王》:比喻人近乎于完美。

1、含笑花开室内香:这是一种芳香气味浓重的花。

2、我认为她是花中王:她就是一位出类拔萃的弟子。

3、只可惜还欠做功:美中有不足。

4、别把大好时光全扔光:应懂得做功念经的重要意义。

一四三 《一盏灯》:

心里装着一盏灯,

有事无事总照明,

性格开朗要数她,

遇到困难压不愁她,

对人善,对公敬,

她好像吉祥鸟,到哪,哪喳喳。

解释《一盏灯》:心有佛灯。

1、心里装着一盏灯:心中有师佛。

2、有事无事总照明:一颗善良之心明亮无比。

3、性格开朗要数她:胸怀宽广,断事透明,言行得当。

4、遇到困难压不愁她:只因能低调做人,所以智谋高,抗压能力强。

5、对人善,对公敬:把孝道放在第一位。

6、她好像吉祥鸟，到哪哪喳喳：专为别人送吉祥和欢乐。

一四四 《雪中送炭》：

雪中送炭冷中防寒，
众徒中的女强人，
全家欢乐她为首，
帮助他别把烦恼添。

解释《雪中送炭》：善解人意。

1、雪中送炭冷中防寒：能抓住主要矛盾。

2、众徒中的女强人：技比人高，人品高超。

3、全家欢乐她为首：用言行感染全家使之和睦。

4、帮助他别把烦恼添：再加强一下柔和待丈夫的分寸。

一四五 《无忧》：

无忧无虑笑哈哈，
全家欢乐全靠她，
生活安排得好，
多大的困难也压不愁她，
欠功练体身体差。

解释《无忧》：能看开一切。

1、无忧无虑笑哈哈：知足无求乐观。

2、全家欢乐全靠她：用无私奉献，在家中取得了榜样地位。

3、生活安排得好：运用智慧处理生活琐事。

4、多大的困难也压不愁她：悟道悟空后，办法就多了。

5、欠功练体身体差：丢掉打坐法宝，招致病苦，太是可惜。

一四六 《花儿笑》：

花儿笑花儿鲜，
随风摆动香儿散，
长寿之日别说我心偏，
她的功劳我数不清，
所以把果子献。

解释《花儿笑》：开心人的笑脸。

1、花儿笑花儿鲜：心花开放笑容满面。

2、随风摆动香儿散：香气扑鼻人缘好。

3、长寿之日别说我心偏：令人满意，不能不表达。

4、她的功劳我数不清:善事太多令人感动。

5、所以把果子献:我只好以供果嘉奖她。

一四七 《舵手》:

她好比舵手看的远,
孝敬公婆谁也不如咱,
同志之间无烦事,
真诚相交结心愿,
邻里有事她敢管,
困难压不倒咱,
风浪过后心更宽。

解释《舵手》:能认准和把握住大方向。

1、她好比舵手看的远:做人标准高,眼光宽又远。

2、孝敬公婆谁也不如咱:成为孝道的榜样。

3、同志之间无烦事:人缘好。

4、真诚相交结心愿:是因为善良,并能以心换心。

5、邻里有事她敢管:心眼正,主持公道。

6、困难压不倒咱:无私无畏办法多。

7、风浪过后心更宽:经过风浪的考验,心性更加升华。

一四八 《童》:

一天生活很潇洒,
大事小事难不倒她,
助人为乐全家和,
生活之中如何布娃娃。

解释《童》:童心纯净。

1、一天生活很潇洒:没有怨求,心地宽广。

2、大事小事难不倒她:经过苦难和大风大浪后,已经成熟。

3、助人为乐全家和:善解人意有亲和力。

4、生活之中如何布娃娃:妥善处理事物,是个成熟的老顽童。

一四九 《灯》:

炼功做功把体牵,
遇到问题从不烦,
静下心来把经文看,
有些话语对你如灯照,

经文如舵早日赶上咱。

解释《灯》:神圣的佛经就是明灯。

1、练功做功把体牵:心清净,体才能下实上虚而水火既济。

2、遇到问题从不烦:这是你的长处。

3、静下心来把经文看:心静才能解透经文。

4、有些话语对你如灯照:对照自身抓住重点。

5、经文如舵早日赶上咱:用经文规范言行,就能赶上和超越大家。

一五〇 《指》:

雾已参天师父搬,
大鱼小鱼盘中餐,
人间的苦难已尝过,
修心养性苦练禅。

解释《指》:慈悲指点。

1、雾已参天师父搬:云开雾散,师父救咱入佛门。

2、大鱼小鱼盘中餐:修炼成果的大小全在自己的努力。

3、人间的苦难已尝过:各种心酸苦辣都经历了。

4、修心养性苦练禅:这是人生晚年的中心任务,你要切记。

一五一 《恩》:

天大地大没有师父的恩情大,
河深海深没有师父的恩情深。
众弟子来祝寿表决心,
我代表五位师父谢谢大家。
希望你们随佛缘,
随佛意,
随佛悟,
随佛领。

解释《恩》:恩重如山永生难忘。

1、天大地大没有师父的恩情大:大救星。

2、河深海深没有师父的恩情深:亲情胜父母。

3、众弟子来祝寿表决心:恩情永难报。

4、我代表五位师父谢谢大家:弟子的心意从不埋没而高看。

5、希望你们随佛缘:佛缘太宝贵。

6、随佛意:应体解佛的苦心。
7、随佛悟:佛是最高榜样。
8、随佛领:皈依佛铁了心。

一五二 《劝》:
心要大,什么事都会过去,
人那,不能一生都顺利,
有磨才能悟,无磨成堕;
天要下雨不要拦,要刮风不要躲,
迎着风雨上,才能有锻炼,
你说对吗?

解释《劝》:苦口婆心地规劝。
1、心要大,什么事都会过去:回首往事一场空。
2、人那,不能一生都顺利:人在苦海里,皆有难念的经。
3、有磨才能悟,无磨成堕:能承受折磨,历经痛苦磨练,才能变烦恼为菩提。
4、天要下雨不要拦,要刮风不要躲:回避矛盾必然脆弱。
5、迎着风雨上,才能有锻炼:化解矛盾就能自强。
6、你说对吗:用反问进行亲切的提示。

一五三 《任》:
心情舒畅事业忙,
勤来勤去雾茫茫,
东一头来西一闯,
心中无数怎能把家当。

解释《任》:切忌用任性当家。
1、心情舒畅事业忙:对入世津津乐道。
2、勤来勤去雾茫茫:苦苦追求而目标搞错。
3、东一头来西一闯:持盲目性必进误区。
4、心中无数怎能把家当:没有指导思想,没有目标,佛性将泯灭。

一五四 《厚道》:
为人厚道工作好,
什么困难也压不倒,
孝敬老人多做善事,
我看这个孩子苗很好。
还需要你们做父母的多教育,

一定要多做功把经文悟好。

解释《厚道》:厚重大道根底正。

1、为人厚道工作好:人品好责任心强。

2、什么困难也压不倒:有能力,承受力强。

3、孝敬老人多做善事:这两条是做人的根本。

4、我看这个孩子苗很好:本质好,根子正。

5、还需要你们做父母的多教育:言传身教。

6、一定要多做功把经文悟好:两大根本太重要了。

一五五　《闯》:

雾色茫茫人心散,

有人有兽乱交谈,

风风火火何处去?

若想见天人人把关。

解释《闯》:不被假象所束缚。

1、雾色茫茫人心散:末法和盛法交错时的状况。

2、有人有兽乱交谈:大仙纷纷出笼,迷惑乏智之人。

3、风风火火何处去:谣言和迷信泛滥。

4、若想见天人人把关:正直的善良者,不要受其干扰。

一五六　《动脑》:

动脑学习最艰难,

定下心来苦钻研,

师父保你度难关,

争得好的成绩把书念。

解释《动脑》:启动悟性。

1、动脑学习最艰难:抓住要点打开门户。

2、定下心来苦钻研:心静决心大,吃苦耐劳不在话下。

3、师父保你度难关:师父保佑很关键。

4、争得好的成绩把书念:自身努力也很重要。

一五七　《雄心》:

雄心胜志坚。

热,无邪恶。

解释《雄心》:点化某弟子的毛病如下:

1、雄心胜志坚:虽然是雄心勃勃,但却意志薄弱。

2、热，无邪恶：虽然是没有邪恶，但头脑好发热。

一五八 《不要》：

不要对佛家疑猜怨。

解释《不要》：真理是不容置疑的。

不要对佛家疑、猜、怨：

1、对不符合佛家道理的事，可以问个为什么，然后悟之。

2、佛家道理深奥，用求索而不用猜测。

3、怨恨、怨求会降低自身佛性，而难以开悟。

一五九 《戒律》：

不贪不占心无邪念。

不许口出狂言互相伤残。

互助互爱共度难关。

无淫无色心里坦然。

解释《戒律》：守戒律心能正。

1、不贪不占心无邪念：和尚、居士、行者，都要一心秉正无邪杂，远离贪、瞋、痴。

2、不许口出狂言互相伤残：谦恭礼让，说话温情。

3、互助互爱共度难关：善待别人就是爱护自己。

4、无淫无色心里坦然：拒绝一切名目的，不正当的异性往来，就能坦荡正派。

一六〇 《八正道》：

下面将八正道、八功德、菩提咒和学习体会，一并列表如下，便于学习对照：

《八正道》	《八功德》	《菩提咒》	《学习体会》
1、正思维	智慧功德	悟以性为本	性以宽容为本
2、正　语	不疲倦功德	道以根为本	根以悟己为本
3、正　定	禅定功德	修以心为本	心以空静为本
4、正　命	知足功德	人以善为本	善以善待为本
5、正　业	无求功德	富以献为本	献以施舍为本
6、正　见	远离功德	自然以宇宙为本	人生以无怨为本
7、正精进	毕竟功德	生活以勤劳为本	勤劳以不念苦为本
8、正　念	不妄念功德	万物以正为本	正以压邪为本

大道至简，抻长啰嗦非大道。《八正道》就是高度凝练的语言总结出来的悟

佛得道之修炼大全，且已达完美完善的八条标准；若增一项则累赘，若减一项则缺腿。有人拿三十七道品来以假乱真，那是怕你得道成佛而拖你下水，任何人的理论也抵不上佛祖经典的宝贵。

如来佛为《八正道》曾另起了个别名叫《八功德》，《八正道》和《八功德》是完全相等并相对应的，二者并存，便于对照和加深理解。又因为长期以来，《八正道》的真解早已丢失，所以在公元二十世纪末，释迦牟尼佛的弟子太白金星，又写了一首《菩提咒》，使八正道的内涵，更趋于准确、明朗和大众化，其目的是引导人们正确理解《八正道》；从此《八正道》才又有了真解和正确排列顺序，恢复了佛法的本貌。

《八正道》是人生成功和修炼有成的专利。舍此，人的智慧无从产生，因而，人生的进化和成功也就无从谈起。

因《八正道》的详解，已涵盖在《心经与智慧》一书中，所以在此不做更多赘述。

一六一 《心》：

一条大道在眼前，

风吹雨打难上难；

有心摘桃怕扎手，

有心采蜜还嫌甜；

风吹雨打心不动，

用佛家的道理来悟咱。

解释《心》：心是思维意识之主宰，修心的问题还要靠心来主导。

《心》的 1、2 句是说修炼者的通常状态，3、4 句指出修心的两大难点，

5、6 句是佛陀传授的修心秘诀。

1、一条大道在眼前：这是一条由此岸通向彼岸，由苦海通向涅盘的大道，这是顺应大自然规律，按天理天规所走的正道。

2、风吹雨打难上难：然而若想追求真理就得付出辛劳代价。学经难、解经难、行经悟经更难，最典型的难有以下两种。

3、有心摘桃怕扎手：求正果须修心，修心就要自己觉悟自己、自己治理自己、自己解剖自己且需无休无止地不能中断，令欠志之人不胜畏惧。

4、有心采蜜还嫌甜：学佛经可离苦得乐，大道之理虽好比蜜糖，但采蜜太难令人嫌，何况理论和实践相结合可真是太不容易。嫌甜：含有一点幽默的自我嘲讽。

5、风吹雨打心不动：彼岸是目标，佛经是准则，凡是影响我修心养性的言语、行为、意念一律不去做，只是对孝道铁了心。

6、用佛家的道理来悟咱：佛学的道理完美又完善，对世间任何难题都可作出答案，八正道等理论可以指导咱开悟、帮助咱解难。

一六二　《正》：

好自为之不嫌烦，

千万不要把路拦；

若想悟人先悟己，

光明的大道在眼前。

大好的时光难分辨，

悟来悟去别嫌烦；

路要靠自己走，

希望你们随时随地把山搬。

解释：

1、好自为之不嫌烦：善待人、性柔顺、说话有理、办事稳准等，这些都是一成不变的长久方略，对于好事善事应永无休止地去做，就象“慈济”人那样：甘愿做，欢喜受。

2、千万不要把路拦：自己不为自己设坎，谁也拦不住路；佛陀千叮咛万嘱咐地教导说：“天下本无事。”

3、若想悟人先悟己：修炼人的原则在于正人先正己，把修悟自己永摆首位，而对别人则多看其长处。

4、光明的大道在眼前：多悟自己的毛病而痛改之，就会形成“得道多助”。心中光明，修炼的勇气便会增大。

5、大好的时光难分辨：然而在主观思想与客观情况不符时，如能用佛学道理调整自己，在多磨中将坏事变成好事，那就是将烦恼变革为菩提了。

6、悟来悟去别嫌烦：情况万变，道心不变，心不随环境所转，这是佛陀殷切的希望。

7、路要靠自己走：因果也好，功果也好，都缘于自己的作为，主观努力真的太重要了。

8、希望你们随时随地把山搬：人无完人，错误难免，早早改正自身毛病而觉悟，就占据了修行的主动权。心上的贪、瞋、痴、怨、求等大山虽无形但压力巨大，巧妙地用智能来排除之，便解除了隐患。

题解《正》：正路只有一条，不正即邪。什么正？心正。什么叫心正？多看自己的毛病，少悟别人的毛病；在修心中，不强调任何客观叫做心正。

《正》的第一句是讲行为正，第二句意念正，第三句方法正，第四句心路正，第五句心境正，第六句心态正，第七句心术正，第八句心思正。

如来佛的经文《心》与《正》，是二位一体的上下篇，是一首十分难得的奇妙宝贵真言。如能背诵下来念念不忘，不断加深解悟，不断认真实践，她一定可以护送咱们逃离苦海,并平平安安地抵达光辉胜利的彼岸!

一六三 《连》:

一寸光阴一寸金,
寸金难买寸光阴,
与佛紧相连,
随佛向前,
一身正气无邪恶,
修炼悟道是主缘。

解释题目《连》:连系、连接、连在一起,与自我心佛连在一块,才能与佛陀佛家相连。

1、一寸光阴一寸金:时间的宝贵在于,这正是行善和修炼的好机会。

2、寸金难买寸光阴:获得的智能是任多少金钱也买不来的。

3、与佛紧相连:自动自觉地时刻站在佛法、佛家、佛陀、菩萨的一边,用真理把自己武装起来就能有成功人生。

4、随佛向前:以佛心佛性引导自己做一切事情。

5、一身正气无邪恶:这样就逐渐形成正当思维方式,思维意念也形成良性循环。

6、修炼悟道是主缘:把人一生的缘法锁定在,以悟空生慧为主导的状态,其光明前程便未卜已知了。

一六四 《觉》:

自然环境不太佳,
求师保佑把家发,
一心做功别动摇,
早日成佛比比他。

解释标题《觉》:细心地觉察心态和体态的关系。

1、自然环境不太佳:纯净的心态,被污秽而易迷失的体态所包围。

2、求师保佑把家发:按照师父的教导去治理这个家。

3、一心做功别动摇:坚定不移地刻苦炼功学经。

4、早日成佛比比他:体随心意方可进入佳境;心态修得好可以成佛,体态迟早要分解。他,指别人。

一六五 《引渡》:

大江东去浪淘沙,
人生一世为了啥?
入佛修道才有家,

子孙后代乐哈哈。

解释标题《引渡》:引导渡脱而逃离苦海。

1、大江东去浪淘沙:大道之规律可以荡涤一切污秽。

2、人生一世为了啥:人是否应效法大道而修正自身的毛病呢?

3、入佛修道才有家:修养心性才能安身立命而有立足之地。

4、子孙后代乐哈哈:我修炼的美德还能造福后代而符合因果律。

一六六 《佛之家》:

人生一世他当家,
争争夺夺苦难拔;
今日修佛佛心定,
入佛修道才有家。

解释标题《佛之家》:自我佛性说了算数,才是佛当家。

1、人生一世他当家:他是满怀贪图欲望的识神肉体。

2、争争夺夺苦难拔:一旦元神和识神争夺领导权,人生坎坷将无休无止。

3、今日修佛佛心定:当下我已铁心修佛了。

4、入佛修道才有家:元神之佛当了家才能做主。

一六七 《浊》:

万花丛中一点开,
有珠无颜土里埋,
时间已经半寸金,
抬头望山好自在。
今生虽然有美酒,
重修重悟花才开。

解释《浊》:思想中的污垢。

1、万花丛中一点开:开心极少。

2、有珠无颜土里埋:元神被社会的染缸污染,使佛性泯没。

3、时间已经半寸金:人生过半。

4、抬头望山好自在:标准不高,不打算把怨求之山搬掉。

5、今生虽然有美酒:眼前利益不能迷住双眼。

6、重修重悟花才开:赶快树立远大理想,修心养性还来得及。

一六八 《除夕》:

新年到新年到,
老老少少心情好,

祝你们一年更比一年好。

全家老少团团坐，

幸福的生活要自己造，

祝你们全家和睦，

修佛的路上一年更比一年高。

解释《除夕》:辞旧迎新,展望未来。

1、新年到新年到:应有清楚的时间概念。

2、老老少少心情好:也喻每人的元神和识神团结一致。

3、祝你们一年更比一年好:幸福生活步步高。

4、全家老少团团坐:生活应有祥和气氛。

5、幸福的生活要自己造:辛勤努力有果实。

6、祝你们全家和睦:祝愿并赐福弟子。

7、修佛的路上一年更比一年高:这是中心要旨和佛的殷切希望。

一六九　《明言》:

走步要慢，

跑步要稳，

决定问题要准。

解释《明言》:明确忠告。

1、走步要慢:避免浮躁毛糙。

2、跑步要稳:稳中求快。

3、决定问题要准:客观全面的决断。

一七〇　《寻宝》:

路遥遥,做功早，

只是没把功当宝；

从头学还算好，

没有把宝抛掉。

性子急办事不好，

冷静过后到经文找。

解释《寻宝》:做功念经就是宝。

1、路遥遥,做功早:在漫长的修行路上,你起步比别人早。

2、只是没把功当宝:可惜,没有把炼功当作衣食。

3、从头学还算好:如今你又回归到修炼行列。

4、没有把宝抛掉:把无价之宝重新又捡了起来。

5、性子急办事不好:悟性欠佳产生急躁,心想事难成。

6、冷静过后到经文找:做功念经,可使人沉着冷静。

一七一 《诲》:

摇摇欲坠入我佛,
有时心诚有时模,
自从安心学经文,
大事小事能和我说。
身体有病心烦闷,
为何不和师父说,
自我烦恼无其数,
抛去烦恼看我佛。

解释《诲》:教导。

1、摇摇欲坠入我佛:善恶是非有点分不清。

2、有时心诚有时模:心诚被认识糊涂所抹杀。

3、自从安心学经文:圣经开启了智门。

4、大事小事能和我说:笃信佛就能近朱者赤。

5、身体有病心烦闷:心态决定体态,体态影响心态。

6、为何不和师父说:难道不相信母亲吗?

7、自我烦恼无其数:烦恼来自怨求和自弱。

8、抛去烦恼看我佛:自善其身才能自救自治。

一七二 《怨》:

手拿陵镜摸不着,
口中有宝咬不着,
心中有宝无处述,
有时苦来有时乐。

解释《怨》:给弟子指指修炼中的误区。

1、手拿陵镜摸不着:还没掌握自剖、自悟、自照镜子的修悟方法。

2、口中有宝咬不着:不能使经理通达而言行一致。

3、心中有宝无处述:似乎看懂了经文,然而说不清也做不到。

4、有时苦来有时乐:离苦得乐才能进入自由王国的净土。

一七三 《有志》:

天空云朵飘,
生活起浮摇,

人生往前看，
回首往事飘。
人小志气高，
前半生的打击可不小，
立志佛经找，
生活从头学。

解释《有志》:

1、天空云朵飘:天空有晴有阴。

2、生活起浮摇:人生难免出现麻烦。

3、人生往前看:有要强心,人方能前进。

4、回首往事飘:总结往日的教训,免得走回头路。

5、人小志气高:初生牛犊不怕虎,有闯劲。

6、前半生的打击可不小:有过苦难,有过教训。

7、立志佛经找:怎么办?从佛经中找动力吧。

8、生活从头学:下决心处处从善字做起吧。

一七四 《点星》:

闪闪红星心头坐，
有事无事常念佛，
人间有苦也有乐，
需要你自己去摸索。
坚强意志顶风做，
带好后人别无说。

解释《点星》:点化心灵。

1、闪闪红星心头坐:心勿离其道。

2、有事无事常念佛:念念不忘佛的伟大和佛学真理。

3、人间有苦也有乐:生活的规律如此。

4、需要你自己去摸索:能化苦为乐方为智者。

5、坚强意志顶风做:肯逆流而上是做人的亮点。

6、带好后人别无说:眼界高远才能达到爱己又爱人。

大人好好学习,孩子才能天天向上。

一七五 《豪》:

云中的花,云中的草，
风吹浪打不动摇。

心眼实为人好，

心中无求不发烧。

解释《豪》:正直善良谓豪迈。

1、云中的花，云中的草:情操高尚。

2、风吹浪打不动摇:坚韧不拔。

3、心眼实为人好:善良为本。

4、心中无求不发烧:无求才能内刚外柔。

一七六 《达》:

认师帮你渡难关，

静下心来把经文看，

遇到问题向前看，

出现问题别心烦，

多悟经文多实践，

早日赶上多发言。

解释《达》:经文能使行者通达开悟。

1、认师帮你渡难关:被菩萨解救了。

2、静下心来把经文看:除掉浮躁，经文就能看懂。

3、遇到问题向前看:多看光明。

4、出现问题别心烦:对是是非非不纠缠。

5、多悟经文多实践:写、悟、背、用，四管齐下。

6、早日赶上多发言:掌握悟性主动权，可以赶超别人。

一七七 《修我》:

人间的生活路漫长，

修佛的路上有短有长，

弟子失足师父揪心肠，

我们要挺胸大步紧跟上。

不要在人间的琐碎事情上反复教养，

尊敬师长人人赞，

你的火暴脾气一定要改掉，

平和待人，人人赞扬。

解释《修我》:悟己是永久的主题。

1、人间的生活路漫长:人生路长，生生世世路更长。

2、修佛的路上有短有长:入佛门时间不等。

3、弟子失足师父揪心肠:弟子如孩子,师父如父母。
4、我们要挺胸大步紧跟上:应自己掌握修佛主动权。
5、不要在人间的琐碎事情上反复教养:缺点毛病不可长期保留。
6、尊敬师长人人赞:这是美德,让人一目了然。
7、你的火暴脾气一定要改掉:无能、虚荣,必然会外刚内柔。
8、平和待人,人人赞扬:谦虚和蔼,反而高贵。

一七八　《教诲》:

彩云飘铃儿摇,
树大招风有人瞧。
你看那铁塔高,
风吹不动雨打不潮,
坚强挺拔不动摇。
只有师父能帮你,
过年更比今年好。

解释《教诲》:佛的宝贵指教。
1、彩云飘铃儿摇:有声有色。
2、树大招风有人瞧:不要以张扬来引发众人瞩目。
3、你看那铁塔高:高大榜样,高大形象。
4、风吹不动雨打不潮:在苦难和打击中,毫发无伤。
5、坚强挺拔不动摇:是英雄豪杰的风范。
6、只有师父能帮你:慈悲引导胜父母。
7、过年更比今年好:吉祥预告。

一七九　《光》:

顶星戴月奔四方,
为人朴实不嫌忙,
一心想把佛光照,
善人恶人都要帮。

解释标题《光》:光明从真理来,佛经是真理的化身。
1、顶星戴月奔四方:每个人的忙碌都有自己的目标。
2、为人朴实不嫌忙:待人淳朴诚实而善良,才能不辞辛苦。
3、一心想把佛光照:弘扬佛法才是你真正的初衷本意。
4、善人恶人都要帮:一视同仁的善待他人,是我们应遵循的原则。

一八〇　《心宽》:

一盏红灯一线天,

忧忧郁郁度日难，

心中的烦事无处诉，

有时苦来有时甜。

修佛只有佛心定，

如同一盏明灯展现在眼前。

解释《心宽》:这是开悟的前提。

1、一盏红灯一线天:佛家独有的光明。

2、忧忧郁郁度日难:脱离光明，路路难通。

3、心中的烦事无处诉:心中有师有佛法，就能化解烦恼。

4、有时苦来有时甜:自己没掌握主动权，有苦也难解开，有甜也未必真。

5、修佛只有佛心定:大事念念不忘，盯住不放。

6、如同一盏明灯展现在眼前:才能心明眼亮，有依有靠。

一八一 《得与失》:

斩断恶魔重新看，

路途遥远看不到边，

盼天盼地想把师父见，

今后还要加强炼。

有一失必有一得。

解释《得与失》:失不可多，得不可少。

1、斩断恶魔重新看:与邪魔一刀两断。

2、路途遥远看不到边:欠缺预料能力。

3、盼天盼地想把师父见:心中虽有师父。

4、今后还要加强炼:但与师父未心连心。

5、有一失必有一得:痛改前非脱胎换骨，将提高悟性。

一八二 《宝中窝》:

寿星撒种我浇水，

人间有苦也有磨，

祸去福来善事做，

把经文当成宝中窝。

解释《宝中窝》:依赖和归宿。

1、寿星撒种我浇水:佛祖和菩萨配合默契。

2、人间有苦也有磨:人生苦难皆难免。

3、祸去福来善事做:化解灾难得到幸福，靠的是行善。

4、把经文当成宝中窝:最大的善是化圣经为己见。

一八三 《抱雕》:

前途路遥遥,

有人指路无处找,

终日玩耍无所事,

何日把雕抱。

解释《抱雕》:抱是掌握,雕喻登天工具佛经。

1、前途路遥遥:得道的路程还远。

2、有人指路无处找:真理需要自觉领悟。

3、终日玩耍无所事:心思不在正路上。

4、何日把雕抱:掌握大道之理,应在当下做起。

一八四 《上》:

云飘万里鸟归巢,

喜气洋洋年过好,

经文是我们的传家宝,

背佛经走佛道,

一心向佛把功做好。

解释《上》:最上策。

1、云飘万里鸟归巢:不学云无根,要学鸟有归宿。

2、喜气洋洋年过好:年年必有好收获才罢休。

3、经文是我们的传家宝:没有比她再金贵值钱的至宝了。

4、背佛经走佛道:是人生最明智的选择。

5、一心向佛把功做好:佛是榜样我是禅。

一八五 《走泥丸》:

百花盛开齐争艳,

微表寸心走泥丸,

横眉冷对妖邪恶,

众徒喜庆观音圣百年。

解释《走泥丸》:心诚意切,泥丸意指元神。

1、百花盛开齐争艳:观音智商太高,任何事都看得开。

2、微表寸心走泥丸:孝佛之心,弟子一刻不忘。

3、横眉冷对妖邪恶:你这个寿星真是爱憎分明的典范。

4、众徒喜庆观音圣百年:众弟子敬仰观音的孝佛无量的伟大风范,齐来参拜。

一八六　《开阔》：

人为财死，鸟为食死；

你悟我识，光明而后半生之。

认识有长提高有速，

看问题还太执着，

遇到问题到佛经里找，

心胸开阔减少烦恼。

解释《开阔》：心宽才能体壮。

1、人为财死，鸟为食死：贪求没有实质性意义。（亡，有时代表一定境界。）

2、你悟我识，光明而后半生之：元神觉悟，识神配合，老年步入正道。

3、认识有长提高有速：有进步受表扬。

3、看问题还太执着：佛帮弟子找误区盲点。

4、遇到问题到佛经里找：这是唯一的绝妙招法。

5、心胸开阔减少烦恼：宽容是修悟的重点。

一八七　《修心》：

人间灾难多，

魔鬼还很多，

若想治邪恶，

切莫忘记我。

黎山能治病，

观音能治魔，

寿星能降幅，

魔礼把兽捉。

解释《修心》：这是重心。

1、人间灾难多，魔鬼还很多：内外勾结。

2、若想治邪恶，切莫忘记我：我是元神。

3、黎山能治病，观音能治魔：大慈悲。

4、寿星能降幅，魔礼把兽捉：法力高。

（以上几位，有黎山圣母、观音菩萨、南极仙翁和四大天王，是当时在场的菩萨。）

一八八　《嘱托》：

佛法为师，

悟法为令。

解释《嘱托》：佛祖在印度涅槃前的遗教真言。

1、佛法为师:坚定不移地以佛陀教法为严师。

2、悟法为令:一丝不苟地以觉悟佛法为指令。

一八九 《糟》:

鸟儿叫,树儿摇,

你的心情怎么那末糟,

还得用火烧,

娇、骄、焦。

解释《糟》:一个顽劣之徒的现状。

1、鸟儿叫,树儿摇:任性、怨求、叫苦连天。

2、你的心情怎么那末糟:肤浅、浮躁、气恼、驴性,占全了。

3、还得用火烧:缺乏大苦大难的煎熬。

4、娇、骄、焦:有娇气,又骄傲,有焦躁。

一九〇 《栋梁》:

办事要稳重,

莫把大梁当成柱。

解释《栋梁》:这是鞭策和追求目标。

1、办事要稳重:把慌张、毛糙、心乱变成稳重。

2、莫把大梁当成柱:不要小看了自己,要准备挑重担。

一九一 《可怜》:

可怜天下有多少知者不悟,

百年后回到师父身边,

我定要一一报答你们;

劝你们做长远打算。

解释《可怜》:指不思人生之进化者。

1、可怜天下有多少知者不悟:数以千万计者,皆重眼前利益。

2、百年后回到师父身边:回到菩萨身旁。

3、我定要一一报答你们:情深谊长、浓爱厚意。

4、劝你们做长远打算:悟在当下,为了永久。

一九二 《善恶有报》:

今天的寿辰过的实在是好,

风调雨顺由我保。

人间只有人间趣,

我们到人间走一遭;

你信佛他信道，

一心修佛走正道，

善恶本是自己铸，

多做善事我把果子抛。

解释《善恶有报》:孝佛是大善。

1、今天的寿辰过的实在是好:弟子的孝心显露无遗。

2、风调雨顺由我保:佛祖保弟子,元神保识神。

3、人间只有人间趣:苦海里的人,变苦为乐最有趣。

4、我们到人间走一遭:师佛关怀弟子。

5、你信佛他信道:佛道是一家。

6、一心修佛走正道:修佛道就能近朱者赤。

7、善恶本是自己铸:因果不昧,功果不昧,自作自受,问心无愧。

8、多做善事我把果子抛:果位靠行善积德来成就,也靠慈悲奖赏。

一九三 《来之不易》:佛祖即兴讲法。

长青寺来之不易,长青寺塑造了众弟子,

几年来取得了很大的成绩,我们要在玉皇王母、

洪钧老祖及诸位师父关怀下茁壮成长。

有了指路明灯就有了新的起步,能够茁壮成长。

长青寺造就了人才,发扬了光亮,普度众生。

并在这美好的日子里,祝观音菩萨圣寿无疆!

观音菩萨名扬四海,在台湾、新加坡等地广受爱戴。

一九四 《一致》:

必须团结不得分离,

一家有困难大家齐努力,

像我亲孩子一样不要耍脾气,

照顾好孩子家里没烦事,

工作才能顺利。

解释《一致》:积德是共同的目标。

1、必须团结不得分离:搞内部团结,是忠于佛家的一大标志。

2、一家有困难大家齐努力:关心别人就是关心自己。

3、像我亲孩子一样不要耍脾气:听佛祖老人家的话,做个孝顺的弟子。

4、照顾好孩子家里没烦事:孩子是父母的一面镜子,是人生的第一试卷。

5、工作才能顺利:因已无后顾之忧。

一九五 《佛典》：

鲜花虽好无人采，
桃果满树无人摘，
有山有水无人观景，
你说这个谜怎么猜?
我说此人心不静来体无态，
大小烦恼一起来，
坐下身来细细想，
一切的烦恼抛开怀，
你才有心观景吃桃把花采。

解释《佛典》：千头万绪，破旧更新，唯我独尊，刻不容缓。

1、鲜花虽好无人采：心花开放，是从艰难的修悟中得来。

2、桃果满树无人摘：功德硕果，是从辛勤的耕耘心田中获得。

3、有山有水无人观景：站得高而有水平，才有美好的前程。

4、你说这个谜怎么才猜：抓主缘炼悟空，就是谜底。

5、我说此人心不静来体无态：人心不齐是根源。

6、大小烦恼一起来：心烦意乱成为必然。

7、坐下身来细细想：心体二态自我解剖。

8、一切的烦恼抛开怀：实施望空一切，独尊般若。

9、你才有心观景吃桃把花采：二神能合一，是互利、互夸、互赖、和睦而美满。

一九六 《灵隐寺》：

灵山有宝心中坐，
如去如来皈我佛，
大江大河任你渡，
千山万水唯我塑。
人生一世时间短，
重塑我来后有果，
虽说江何不能改，
我定江山你看河，
阿弥陀佛。

解释《灵隐寺》：元神在体中做主持。

1、灵山有宝心中坐：追求真理一旦成功，便能化为智慧。

2、如去如来皈我佛：自然而然就走上了觉悟之路。

3、大江大河任你渡：在苦海中游刃有余。

4、千山万水唯我塑:脱胎换骨必将成为现实。
5、人生一世时间短:修路漫长时间紧迫。
6、重塑我来后有果:质的变化要在千锤百炼之后。
7、虽说江河不能改:苦海永远是智者的洗礼之地
8、我定江山你看河:我导航你驾船穿越苦海。
9、阿弥陀佛:念佛才有宽宏大量的动力。

一九七 《无忧无虑》:

跳出苦海如隔闸,
天南地北为了啥,
有心观花花不展,
你问我怎么看来怎么拿。
阳光明媚雾已散,
花儿有刺不怕扎,
只要有坚定的信心,
什么问题都压不垮。
抬头观佛星一盏,
低头看佛看不着啥,
心要宽,气派要大,
任何事情有我保你你还怕啥。

解释《无忧无虑》佛祖心中坐,人生有硕果。
1、跳出苦海如隔闸:我的人间净土与世上的苦海天各一方。
2、天南地北为了啥:只因为人生的意义全在于自我超越。
3、有心观花花不展:否则,心花会因忧虑而难以绽放。
4、你问我怎么看来怎么拿:从而,元神识神皆拿不准主意。
5、阳光明媚雾已散:其实真理的阳光,早已把迷雾驱散。
6、花儿有刺不怕扎:为了心花能开放,什么困难也挡不住。
7、只要有坚定的信心:关键在于有智慧和勇气。
8、什么问题都压不垮:那就无往而不胜了。
9、抬头观佛星一盏:按照佛的教导去办事,才是一片光明。
10、低头看佛看不着啥:离开明灯必然迷茫。
11、心要宽,气派要大:胸襟大度,敢说敢为,有责任心。
12、任何事情有我保你你还怕啥:元神做事胸有成竹,识神不必唯唯诺诺。也可理解为,能以佛祖和圣经为总后台,就将所向披靡,无所畏惧。

一九八　《现》：

我看我家一支花，

别人看见乐哈哈。

解释《现》菩提显现，自我超越。

1、我看我家一支花：心体两态统一后，心花怒放开不败，为成熟而自豪自夸。

2、别人看见乐哈哈：知足长乐善待他人，以乐观感染别人，广受爱戴口碑好。

一九九　《悟空》：

云海茫茫跑不清，

滔滔江水任人行，

有歌有舞无人赏，

若想潇洒求师悟空。

人间琐事千千万，

大海捞针看不清，

有心求佛无处找，

今日拜佛心才松。

解释《悟空》这是行者永久的主题。

1、云海茫茫跑不清：若被生活无情网缠住，就理不出个头绪。

2、滔滔江水任人行：苦海中的追求是放任自我。

3、有歌有舞无人赏：修佛的美景却与我不相干。

4、若想潇洒求师悟空：啊，是因为看不空，所以难解脱。

5、人间琐事千千万：在苦海里，到处皆是无聊的人生游戏。

6、大海捞针看不清：贪婪怨求毫无意义，充满盲目性。

7、有心求佛无处找：无缘则强求不得。

8、今日拜佛心才松：有缘珍贵无比，心安理得，舒畅幸福。

二〇〇　《皈依佛》之二：

人生如海雾茫茫，

大海无边浪猛长，

人生总有烦心事，

认师以后心明亮。

一生乌云迎头过，

打不着你来也打不着我，

师父保你一切顺利。

解释《皈依佛》：投入到佛的怀抱。

1、人生如海雾茫茫：做人必迷失。
2、大海无边浪猛长：苦海里时时有惊险。
3、人生总有烦心事：思想中的误区和盲点多。
4、认师以后心明亮：有娘以后，才觉得海阔天空而自强不息。
5、一生乌云迎头过：克服困难，有了动力。
6、打不着你来也打不着我：由于师佛的加持，元神识神已进入安全港湾。
7、师父保你一切顺利：大慈大悲恩重如山，激励我勇往直前。

二〇一 《仓》：

粮食有额无有情，
桃果满园不嫌多，
瓢泼大雨迎头过，
心中烦恼无处说。
师父保你摸不着，
心中无底怎么说，
有心见天天无日，
就是一个问题，
心中总是想有求无果。

解释《仓》怨求愁，不可装入心仓。
1、粮食有额无有情：有吃有喝难止欲望。
2、桃果满园不嫌多：生活再美难以知足。
3、瓢泼大雨迎头过：家家都有难唱曲。
4、心中烦恼无处说：我家的曲子最难唱。
5、师父保你摸不着：运用佛法才能沟通。
6、心中无底怎么说：如果基础水准太差，就感应不到师父的存在。
7、有心见天天无日：光明真理就是感觉太遥远了。
8、就是一个问题：根子找到了。
9、心中总是想有求无果：怨求有害，自除自救吧。

二〇二 《皈依佛》之三：

羊肠小道道唯你走，
迷失方向找不到头，
一心拜佛有诚意，
有缘相会在今日；
多做善事肯吃苦，

有些道路是自己走，
有些事情多请师父教，
悟明之后才逍遥。

解释《皈依佛》：与佛心心相通。

1、羊肠小道道唯你走：拜佛前无正道。
2、迷失方向找不到头：崎岖又迷茫。
3、一心拜佛有诚意：悟性提高了便思量找娘。
4、有缘相会在今日：终于盼来了缘分。
5、多做善事肯吃苦：吃苦行善就是从头做。
6、有些道路是自己走：如果不能从头做，苦难将倍增。
7、有些事情多请师父教：师父心头坐就有了依靠。
8、悟明之后才逍遥：艰苦磨练能开悟，继而获得大自在。

二〇三 《赠言》：

阳光明媚雾已散，
勤劳的结果就在眼前；
风狂迷不住眼，
浪大压不倒咱，
只是有些邪气想翻天，
可是有光有水侵不到咱。
求师保佑万事顺利，
今年你是大吉大利的年。

解释《赠言》：祝福也是慈悲赐教。

1、阳光明媚雾已散：盛法盛世的降临把乌云皆驱散。
2、勤劳的结果就在眼前：努力学法、护法、弘法已大显成效。
3、风狂迷不住眼：风吹不动成熟人。
4、浪大压不倒咱：浪压不垮钢铁汉。
5、只是有些邪气想翻天：周围环境不佳，形成对脆弱心的干扰令人难以接受。
6、可是有光有水侵不到咱：心有佛学水平就会辟邪，使之邪不侵正。
7、求师保佑万事顺利：只要能一心修道，就能得到菩萨的大力护佑。
8、今年你是大吉大利的年：果能大展宏图，我将更加谦虚谨慎。

二〇四 《点心》：

佛光普照万家灯火亮，
因人而宜修佛忙；

只求大树底下来乘凉，
这不随我意不随我长，
我们要在艰苦的环境里求成长。
解释《点心》:点化修心养性要点。
1、佛光普照万家灯火亮:盛法盛世的大好局面喜降尘世。
2、因人而宜修佛忙:扬长补短自强不息的修炼大比赛,正拉开帷幕。
3、只求大树底下来乘凉:如果只享受佛光,而不搞自治怎么行?
4、这不随我意不随我长:那将因为违背我本意而难有什么长进。
5、我们要在艰苦的环境里求成长:敢于上刀山下火海,方见英雄本色。

二〇五 《超度》:
宝塔高用目瞧，
烦恼琐事一边抛，
乌云压头头不低，
大海捞针能找到。
家庭的担子你一人挑，
有事多请师父教，
求平安无事才是宝。
解释《超度》:超越自我,要靠师度和自度。
1、宝塔高用目瞧:有远见时,修行标准才能高。
2、烦恼琐事一边抛:身边烦心事才能放得下。
3、乌云压头头不低:邪恶侵扰顶得住。
4、大海捞针能找到:困难再大有恒心。
5、家庭的担子你一人挑:战胜自我就能带动全家人。
6、有事多请师父教:打开心结,要靠菩萨这个后台老板。
7、求平安无事才是宝:千万记住,什么珠宝全不要,只要平安法宝。

二〇六 《求师入门》:
有朵鲜花心中开，
时愁时喜心中猜，
何时能把阳光见，
心中有苦花难开。
入佛修道是正道，
有事多请师父来，
求师保佑万事顺利，

跟师修佛幸福来。

解释《求师入门》:庙门不难找,不追求难入其内。

1、有朵鲜花心中开:独花自赏终有欠缺。

2、时愁时喜心中猜:迷惑不解的状况时常有。

3、何时能把阳光见:我苦于常常置身于阴暗处。

4、心中有苦花难开:用一肚子的苦水去浇花,是万万不成的。

5、入佛修道是正道:只有修炼悟道,才是千头万绪抓根本。

6、有事多请师父来:大海和母亲是保护神。

7、求师保佑万事顺利:依偎在菩萨母亲的羽翼下有平安保障。

8、跟师修佛幸福来:师父手里有幸福,那就是教我诚心诚意地来修佛。

二〇七 《缘梦》:

一条大道在眼前,
左右摆来左右猜,
人生本是一场梦,
有人在梦中想发财。
我们不求官不求财,
一心求师把门开,
入佛修道花才开。

解释《缘梦》:梦寐以求的大佛缘降临时,应如何去珍惜呢?

1、一条大道在眼前:当修佛之光明路呈现在眼前时。

2、左右摆来左右猜:凡人总有种种困惑和难解之迷而不能自拔。

3、人生本是一场梦:因为把苦海之空看得太实了,所以甘愿入梦。

4、有人在梦中想发财:并且把获得钱财,当作头等大事。

5、我们不求官不求财:明理的学佛人并不贪求官和财。

6、一心求师把门开:就是当了官,也一心追求进善门。

7、入佛修道花才开:心进了佛门,才好用真理去浇灌百花。

二〇八 《菩提经》:

这条道路唯你走,
百花盛开无忧愁,
心宽体壮无邪念,
一心跟师奔前程。
人间虽然是一场梦,
我在梦中把泥鳅揪,

醒来原来是一场空，

放下泥鳅洗洗手，

海阔天空有你份，

你是万木丛中的一棵松。

解释《菩提经》觉悟再提高的诀窍是彻底悟空。

1、这条道路唯你走:你是难得的修佛有缘人。

2、百花盛开无忧愁:任何事情都能看得开。

3、心宽体壮无邪念:心性豁达体魄健壮。

4、一心跟师奔前程:义无返顾地走菩萨道。

5、人间虽然是一场梦:在道理上明白人生如梦。

6、我在梦中把泥鳅揪:内心深处还有捞一把的念头。

7、醒来原来是一场空:清醒时才感到羞愧。

8、放下泥鳅洗洗手:金盆洗手告别贪求。

9、海阔天空有你份:心胸拓宽了后,能量智慧必能入帐。

10、你是万木丛中的一棵松:你可不要把大梁当成柱子和椽子。

二〇九 《教悟体》:

燕子一去不回首，

飞来飞去无人留，

海阔天空无你处，

安下心来要自修；

东奔西跑神耗尽，

翻来覆去心揪揪，

一心修佛跟师走，

江山已是万世秋。

解释《教悟体》:悟得心空性空的法则。

1、燕子一去不回首:比喻人从懂事开始,就懂得忙于索取和贪求。

2、飞来飞去无人留:像个没有正确人生目标的流浪儿。

3、海阔天空无你处:要想有一个能站住脚的地盘。

4、安下心来要自修:必先立下一个自我修炼的决心。

5、东奔西跑神耗尽:否则,就会因盲目追求而浪费精力和流失能量。

6、翻来覆去心揪揪:一旦成为恶性循环,将会造成心神的损伤。

7、一心修佛跟师走:心态生命的最佳出路,是走上觉悟之路。

8、江山已是万世秋:一生的成果可抵万世而硕果累累。

二一〇 《指路宝》:

天涯海角走佛道,
人间的苦难才能消,
自修自悟我指道,
这只油灯把你们照。
天涯海角路难找,
佛经就是我们的指路宝。
有玉皇恩师把你们教,
前程似锦幸福道。
祝玉皇恩师福如东海寿比南山,
越过越美好。

解释《指路宝》:修佛悟道之传家宝。

1、天涯海角走佛道:普天下的光明路只有一条。
2、人间的苦难才能消:走此路,苦海里的苦人才能解脱灾难。
3、自修自悟我指道:接受佛光的心神,能当家作主认正道。
4、这只油灯把你们照:便免除了识神在黑夜里摸索。
5、天涯海角路难找:最难寻觅的还是真理之源。
6、佛经就是我们的指路宝:然而,源头至宝恰恰在圣经里面。
7、有玉皇恩师把你们教:只有最高明的老师来慈悲教导。
8、前程似锦幸福道:幸福美满就会降临到孝徒头上。
9、祝玉皇恩师福如东海寿比南山:快磕头,快祝福。
10、越过越美好:恩师美满弟子沾光。

二一一 《功德无量》:

佛光浩荡云飘万里香,黎山圣母功德无量,
众弟子能有今天,感谢黎山圣母大慈大悲,
她的功德无量从不索取从不念苦。
我们长春寺能有今天,可以肯定的说是黎山圣母的功劳。
我们共同祝圣母福如东海寿比南山。

(黎山圣母是天上天下最慈悲的伟大母亲典范)

二一二 《引路》:

这只小燕从南来,
人小心细招人可爱,
风雨同舟口难开,

有心采云摸不到，

有心看星头难抬；

今日入佛佛心定，

师父保你只求顺利免去灾。

解释《引路》：指点迷津。

1、这只小燕从南来：年纪轻轻就经历了一些苦难的磨练。

2、人小心细招人可爱：有志不在年高啊亲爱的小佛友。

3、风雨同舟口难开：做人的道理需要边长边悟。

4、有心采云摸不到：若想提高还需登山峰。

5、有心看星头难抬：若要理想远大，一切从头来。

6、今日入佛佛心定：毕竟你找到家了。

7、师父保你只求顺利免去灾：只要炼平常心做平凡人，菩萨就放心了。

二一三 《入佛》：

一支鲜花迎风去，

左右摆来左右猜，

经不起风雨花残落，

有光无水花难开；

花开花落几时开，

迷雾之中老哥带，

求佛悟佛心要定，

早日鲜花满园开。

解释《入佛》：思想和意念应进入佛法的境界。

1、一支鲜花迎风去：一件事情来了。

2、左右摆来左右猜：患得患失。

3、经不起风雨花残落：不抓主要矛盾花必败落。

4、有光无水花难开：客观佛光平等，主观智慧不足，水平低不开心。

5、花开花落几时开：焦点在那里？

6、迷雾之中老哥带：求父兄长者指路吧。

7、求佛悟佛心要定：心诚才有定力。

8、早日鲜花满园开：智慧丰足才能大圆满。

二一四 《坚》：

家趁万贯不如佛当家，

勤劳吃苦人人夸，

自己有一身好本领，
天涯海角我能把种子撒；
人小志气大，
树这座大旗惟有他。
解释《垦》：耕耘心田，犹如在垦荒。
1、家趁万贯不如佛当家：钱是空，真理比金贵。
2、勤劳吃苦人人夸：美德俱真实价值。
3、自己有一身好本领：心正智慧多。
4、天涯海角我能把种子撒：天下行得通。
5、人小志气大：好苗子从小看大。
6、树这座大旗惟有他：志向高远不负重托和众望。

二一五 《补》：
逍遥自在无所求，
人生一世几度休，
晚年幸福相守到白头；
求就愁福是修，
求白了头也无人救；
福是修，师父保你后半生不愁。
解释《补》：抓紧修炼，可以弥补智慧的欠缺。
1、逍遥自在无所求：要追求真理，不学磨道之驴。
2、人生一世几度休：赶快作功、念经、搞修悟。
3、晚年幸福相守到白头：心体能合一，晚年有幸福。
4、求就愁福是修：用我佛修掉我魔。
5、求白了头也无人救：不做费力又伤己的事。
6、福是修，师父保你后半生不愁：追求幸福靠感恩菩萨。

二一六 《教语》：
雷雨交加雾难开，
周身有泥无人拍，
只求顺来不求名和利，
一心修佛有困难请师父来。
解释《教语》：育人的话语。
1、雷雨交加雾难开：经受着打击、苦难，然而却还是迷惑不解。
2、周身有泥无人拍：一身毛病，不能自悟。

3、只求顺来不求名和利:平安是福,名利不可贪求。
4、一心修佛有困难请师父来:你能抓大事,菩萨就能帮上忙。

二一七 《含》:
乌云遮头心不静,
残茶余饭度一生,
心慌意乱无处走,
何时能把泰山登?
有缘相会在今日,
一心修佛度一生,
周围的琐事一旁扔,
一心修佛孝师情。
解释《含》:小经文含大道理。
1、乌云遮头心不静:心结打不开。
2、残茶余饭度一生:智慧少时茶饭不香。
3、心慌意乱无处走:心乏氧难得平静。
4、何时能把泰山登:没有什么奔头。
5、有缘相会在今日:千载难逢的大佛缘降临。
6、一心修佛度一生:今后有了指望。
7、周围的琐事一旁扔:拒绝琐事缠身。
8、一心修佛孝师情:恩报苦修,是为了报答师父救命之恩情。

二一八 《批子》:
混世魔王攥手中,
终日潇洒有闲情,
有时看花花不展,
看不清路来摸不着情。
解释《批子》:元神强硬不起来就要挨批。
1、混世魔王攥手中:混日子,不肯改弦易张。
2、终日潇洒有闲情:吃喝玩乐没正事。
3、有时看花花不展:心随境转,难以开怀。
4、看不清路来摸不着情:不修道,人生必迷茫。

二一九 《我有宝》:
宝塔高用目瞧,
树大招风有人瞧,

翻江倒海无所惧，

无有私心就是宝。

解释《我有宝》：一身正气就是心宝、佛宝。

1、宝塔高用目瞧：标准和榜样认得准。

2、树大招风有人瞧：显示自己会有风险。

3、翻江倒海无所惧：天大的困难也压不倒。

4、无有私心就是宝：无私奉献，是修道人的至宝。

二二〇 《舵》：

飞雪迎春百花笑，

玉皇恩师日夜为我们操劳，

天下的大事唯有他知晓，

解南海度九霄，

排忧解难我们才逍遥，

他的功德高。

解释《舵》：带头人和榜样。

1、飞雪迎春百花笑：傲风雪迎来大开心。

2、玉皇恩师日夜为我们操劳：有大慈悲心。

3、天下的大事唯有他知晓：是非曲直，恩师都能一目了然。

4、解南海度九霄：管天上天下的大事。

5、排忧解难我们才逍遥：为人类清除迷障，弟子跟恩师沾光。

6、他的功德高：功劳和恩德数第一。

二二一 《指点》：

彩霞飞舞迎头照，

玉皇恩师寿辰的这个日子多么好，

二月二龙抬头小鬼消，

众人都歌颂，日子越过越美好。

有玉皇恩师的操劳保，

保佑天下无灾难，

你们的日子就会越过越美好。

解释《指点》：用榜样来点化众弟子。

1、彩霞飞舞迎头照：佛光已迫近众弟子。

2、玉皇恩师寿辰的这个日子多么好：大吉大利。

3、二月二龙抬头小鬼消：真龙天子伸张正义。
4、众人都歌颂日子越过越美好：好日子终于盼来了。
5、有玉皇恩师的操劳保：大保护神。
6、保佑天下无灾难：专门消灾消难。
7、你们的日子就会越过越美好：平安有保障。

二二二 《皈依》：

寒风刺骨风儿吹，
人小志大心底肥，
聪明有智慧就是胆子小，
人小志大有师保，你啥也不怕；
今日有缘来相会，
求师拜师这是缘分哪。

解释《皈依》：永远追随佛菩萨。
1、寒风刺骨风儿吹：苦海里的苦命儿皆如是。
2、人小志大心底肥：基础、缘份和志向，均属上乘。
3、聪明有智慧就是胆子小：缺乏敢字。
4、人小志大有师保，你啥也不怕：师父给壮胆。
5、今日有缘来相会：机缘好。
6、求师拜师这是缘分哪：千载难逢。

二二三 《入佛行善》：

千里行程不一般，
心情豪放认师难，
只要有坚定的信心，
大海捞针看得见。
多做善事肯吃苦，
积德行善记心间，
有事多请师父教，
勤下苦功搬倒山。

解释《入佛行善》：人生宗旨。
1、千里行程不一般：奔向光明。
2、心情豪放认师难：万分之一机率的幸运儿。
3、只要有坚定的信心：把自己托付给师佛。
4、大海捞针看得见：天下哪有难倒人的事？

5、多做善事肯吃苦:这是深扎根的基础功夫。
6、积德行善记心间:这是立人之本。
7、有事多请师父教:这是根本方法。
8、勤下苦功搬倒山:超越和完善自我。

二二四 《逍遥经》:

天南地北我当家,
高山大河踏脚下,
人间的一切烦恼云烟过,
我治江山你把门把。
一心修佛跟师走,
江山已是万世秋。

解释《逍遥经》:获得大自在之秘诀。
1、天南地北我当家:任何时空皆是佛性当家。
2、高山大河踏脚下:灾难痛苦无阻挡。
3、人间的一切烦恼云烟过:放得下,不被琐事所纠缠。
4、我治江山你把门把:元神与识神巧妙配合。
5、一心修佛跟师走:心劲用到正处,符合价值观。
6、江山已是万世秋:收获累累一世顶万世。

二二五 《弃》:

入佛门不容易,
看问题很稀奇,
走走走蹦蹦蹦,
周身全是傻气。
重担挑全靠你,
入佛门讲义气,
孝敬父母她第一,
切记一心修佛,
多做善事肯吃苦不懈气。

解释《弃》:逐渐抛弃俗旧观念。
1、入佛门不容易:千载难逢大缘份。
2、看问题很稀奇:世俗和净土千差万别。
3、走走走蹦蹦蹦:做人必迷失。
4、周身全是傻气:耿直的炮筒子。

5、重担挑全靠你:看清自己的位置和重要处境。
6、入佛门讲义气:积德比什么都重要。
7、孝敬父母她第一:孝顺是佛家的特色。
8、切记一心修佛:修心养性放在首位。
9、多做善事肯吃苦不懈气:持之以恒地打好基础。

二二六 《志大》:

她是一棵小白杨,
风吹含笑顶着长,
小小年纪志气大,
一生平安求师帮。

解释《志大》:青少年最宝贵的气质。
1、她是一棵小白杨:经风迎雨茁壮成长。
2、风吹含笑顶着长:能知足常乐富有活力。
3、小小年纪志气大:根子正眼光远是修行的有利条件。
4、一生平安求师帮:心中有师在,人生定成功。

二二七 《劝强》:

河水流稻谷香,
有吃有喝还得忙,
穿佛衣很坦荡,
吃苦耐劳把家当。
多发挥多创业,
慈悲二字记心上,
要奉献把重担扛,
要一心修佛把好字扛。

解释《劝强》:能用佛理劝慰自己,终成强者。
1、河水流稻谷香:在苦海里劳作有快乐。
2、有吃有喝还得忙:知足而不自满以勤奋为己任。
3、穿佛衣很坦荡:明佛理才能胸有朝阳。
4、吃苦耐劳把家当:这是作人的根基。
5、多发挥多创业:把经文化为自己的言行。
6、慈悲二字记心上:行善积德是心神的最好营养。
7、要奉献把重担扛:无私心不计较个人得失,就能发热发光。
8、要一心修佛把好字扛:做功念经好自为之,就能将大家托起。

二二八 《认师》:

阵阵冷风透心凉,

有吃有喝心总慌,

望天无日乱奔走,

今日皈佛如有娘。

解释《认师》:找到大救星。

1、阵阵冷风透心凉:不顺心不如意还有伤心曲。

2、有吃有喝心总慌:口有粮,心无粮。

3、望天无日乱奔走:无目标心没底,言行无规范。

4、今日皈佛如有娘:有依靠有保护伞,就有了指望。

二二九 《悟中晴》:

人生一场梦,

烦恼琐事纠缠不清,

如同雨后有雾雪中有松;

静下心来细细想,

全是一场空。

解释《悟中晴》:豁然开朗见青天靠的是悟。

1、人生一场梦:是生命进化的一个阶段。

2、烦恼琐事纠缠不清:是是非非来扰乱心神。

3、如同雨后有雾雪中有松:苦难后仍迷茫,强者怕被埋没。

4、静下心来细细想:静生慧而悟。

5、全是一场空:悟空了,益处无穷。

二三〇 《抛邪念》:

彩云飘用目瞧,

威风凛凛邪字抛,

心无念斗九霄,

上云天把师父保。

学经文悟性高,

勤上香身体好,

一心随佛求师保。

解释《抛邪念》:邪恶只在一念间,岂可保留邪念?

1、彩云飘用目瞧:世间辉煌的假象,唬不了我。

2、威风凛凛邪字抛:我坦坦荡荡,只走正善之路。

3、心无念斗九霄：抛弃了邪杂念，我的斗志高过蓝天。

4、上云天把师父保：水平高入云端，才能保住师父名节。

5、学经文悟性高：经文当家，悟性才能得以飞跃。

6、勤上香身体好：与师多沟通，身心健壮有保障。

7、一心随佛求师保：用心学佛修道，师父保你才有分量。

二三一 《撑》：

人间的事情说不清，
风风火火路难行，
有的想当官，有的想求财，
争来争去是一场空。
有缘无缘两相应，
有缘千里来相会，
无缘对面不相逢，
我们一心来修佛，
天大的事情由我撑。

解释《撑》：撑起一片修佛的天地。

1、人间的事情说不清：一旦入世太深，就难以自拔。

2、风风火火路难行：对争得眼前利益充满信心，也理直气壮。

3、有的想当官，有的想求财：对名、利、权，渴望得到。

4、争来争去是一场空：没有智慧，就没有一切。

5、有缘无缘两相应：缘分不是凭空而来，由双方条件决定。

6、有缘千里来相会：缘分犹如引力，是自然形成的。

7、无缘对面不相逢：如缘分不对头，相会将索然无味。

8、我们一心来修佛：应把心体合一的大缘分交给佛。

9、天大的事情由我撑：心就会把舵盘，掌撑得很稳当。

二三二 《腊梅花》：

她是一支腊梅花，
顶风顶雨含笑挺立拔，
她是慈母之心严父之意，
各路弟子都尊重她。
她把福降到人间，
把乐降到长寿寺，
她是你们慈祥的母亲，

严厉的父亲，

唯有她对待众弟子亲如一家。

她是我们永远学习的榜样，

祝黎山圣母生活快乐。

解释《腊梅花》:比拟高风亮节的母亲。

1、她是一支腊梅花:高贵的慈母,经受过大苦大难的洗礼。

2、顶风顶雨含笑挺立拔:佛心坚如磐石金刚,心花永开太高尚。

3、她是慈母之心严父之意:佛性纯正,温情待人,坚持原则以身作则。

4、各路弟子都尊重她:众口皆碑,威名德行布满天下。

5、她把福降到人间:智大福厚,分送众人。

6、把乐降到长寿寺:使弟子饱尝悟己悟空的快乐。

7、她是你们慈祥的母亲,严厉的父亲:宽严得当令人宾服。

8、唯有她对待众弟子亲如一家:把弟子当成儿女,盼着成才。

9、她是我们永远学习的榜样:因为美德集于一身。

10、祝黎山圣母生活快乐:慈祥老母,备受爱戴,福寿康泰。

二三三　《点》:

佛法无边，

回头是岸。

解释《点》:点化。

佛法无边:学悟真理是无止境的。

回头是岸:投入到佛法的怀抱,就会达到彼岸。

二三四　《忌》:

要解决怨求二字。

解释《忌》:这是行者之大忌。

要解决怨求二字:

1、怨生恨,流入心头变成病毒,接着丢失能量,伤了元神还伤身。

2、求的内容多种多样,贪求费心神,它能导致伤心、伤体、损寿。

二三五　《自制》:

雾海茫茫以佛为长，

大海滔滔能把身藏，

容忍二字细品尝，

做功莫忘把宝放。

解释《自制》:克制自己的脾气。

1、雾海茫茫以佛为长:对于迷路的船,佛就是灯塔。
2、大海滔滔能把身藏:胸怀海量,就能抑制张扬而低调做人。
3、容忍二字细品尝:吃苦忍辱容纳,是行者的美餐。
4、做功莫忘把宝放:有了正气和佛性,做功的效果倍增。

二三六 《收获》:

学经文有收获,
大事小事看得多,
生活中遇到烦恼从不说,
模仿他人把善事做。
只是身体欠佳,
赶快把气功做。

解释《收获》:即兴慈悲弟子经文。
1、学经文有收获:把头脑武装起来。
2、大事小事看得多:完全使用经文筑成的头脑,去看待事物。
3、生活中遇到烦恼从不说:不念苦,不厌烦,只想着如何化解放下。
4、模仿他人把善事做:用经文作指导,认真效仿他人的长处。
5、只是身体欠佳:把它也可看成是因果关系为好。
6、赶快把气功做:完全可以用佛功去解脱了它。

二三七 《无因无果》:

风尘仆仆入他乡,
今生今世悟他乡,
勤奋有志红霞意,
无因无果幸福度一场。

解释《无因无果》:不造因。
1、风尘仆仆入他乡:到国外新环境,要准备吃苦。
2、今生今世悟他乡:在他乡悟道、工作,是命运所致。
3、勤奋有志红霞意:勤奋和意志,能换得来智慧佛光。
4、无因无果幸福度一场:在真理哺育下,一生行善,一生平安幸福。

二三八 《寿诞》:

三月三,王母、寿星的寿,
喜庆的日子多么祥和无忧愁,
大雁展翅云中飞翔,
人间的生活无忧愁。

多么美，多么秀，

有王母的恩惠寿星的福，我们享受，

他带领我们修佛悟佛消忧愁。

祝王母、南极仙翁生日快乐，永远康寿。

【如来佛赞扬的是，因悟通《心经》后，已达阿耨多罗三藐三菩提，这种高等果位的王母、寿星的纯净丰采，并为这二位佛家的模范代表，致以亲切慈悲和由衷祝福。】

二三九 《福寿长》：

长青寺佛光普照，鲜花艳，供果香，

众徒喜气洋洋来祝寿。

你们抬头看龙飞舞，四条长龙绕身旁，

他就是龙，他就是长，普天下人的长。

带领我们树正义、灭邪恶、斗妖魔，

永远是我们心中的红太阳，

让我们共同祝福玉皇大帝福寿长。

【这是给玉皇大帝祝寿时，如来佛的慈悲动人之话语。】

二四〇 《美化》：

吴刚捧酒献嫦娥，

体态端正泰山去拜佛，

心诚要说他第一，

我推你来有困难和师父说。

千里之外有工作做，

勤勤恳恳不懒惰，

泰山顶上霞光照，

有师指点一切顺利心有佛。

解释《美化》：自爱、自剖、自治、自救，能美化心灵。

1、吴刚捧酒献嫦娥：吴刚喻识神，嫦娥喻元神，仆敬主，人气旺。

2、体态端正泰山去拜佛：主人带领仆从共立登山志，必能见到佛爷。

3、心诚要说他第一：佛鼓励鞭策一位弟子。

4、我推你来有困难和师父说：加持功力，指点迷津。

5、千里之外有工作做：有能力有智慧，才会被聘用。

6、勤勤恳恳不懒惰：有做人的美德。

7、泰山顶上霞光照：站得高，心灵中有闪光点。

8、有师指点一切顺利心有佛:能听师父的话,佛祖就放心了。

二四一 《迎春》:

新春到,新春到,
家家团圆多美好,
礼炮响老人笑,
和和睦睦把饺子包。
百花盛开喜鹊叫,
迎来了2009年,
佛道的地位提高了,
国富民强好日子越过越美好。
祝你们新的一年事事顺利,
全家和睦万事吉祥,
牛肥马壮人康乐。

解释《迎春》:迎接宇宙和人类的春天。

1、新春到,新春到:天上的春天真正来到,并把春风送暖到人间。

2、家家团圆多美好:学佛之家人心蠢动,修悟已经开窍了。

3、礼炮响老人笑:一家之主掌握佛法最重要。

4、和和睦睦把饺子包:经文是家庭和谐与教育子女的资本。

5、百花盛开喜鹊叫:人类有史以来,盛法盛世首次来临,令人欢心无比。

6、迎来了2009年:今春伊始,佛光普照,三界一统,天地巨变。

7、佛道的地位提高了:真理是和谐的重心,真理是佛道一家的灵魂。

8、国富民强好日子越过越美好:大好形势有目共睹,并会越来越好。

9、祝你们新的一年事事顺利:真理智慧和宽容善待,是顺利的根本保障。

10、全家和睦万事吉祥:家庭这个大舞台,是社会和谐的基础。

11、牛肥马壮人康乐:人心思善,才能引来环境的壮美。

洪钧老祖菩萨经文

一　《根》：

悟己根生，

失而难得，

得而悟徒，

言而失约。

功法无量，

悟岐生悔，

悟明得道。

解释题目《根》：根基，根深树大能成材；人的根底在修道。

1、悟己根生：自己觉悟自己，自己解剖自己，才能扎下道根而高瞻远瞩。

2、失而难得：失去了这个悟己的原则，难以获得智能和进步，难以扎根。

3、得而悟徒：假如从其它方面得了什么别的东西，那也肯定是徒劳无益的。

4、言而失约：这就叫做失去了佛法的约束，偏离了正道。

5、功法无量：修悟自己是无止境的，而那无边之佛法若能运用得好，修行者究竟会达到功德圆满。

6、悟岐生悔：侧重悟别人、修理别人或修悟方式有误，就会走入岐途而导致悔恨和懊恼。

7、悟明得道：只要坚持永远以悟己为重点的大方向、且方法对头，是可以觉悟、得道而成佛的。这就是此段经文传授的天机秘诀。

二　《波罗蜜经》：

情欲心不急，

欲耳烦闷把话提；

阳光照四海，

菩提树下把经文理。

雷雨交加心无意、

体无寒、意无急；

狂风吹眼无沙、舌无感、

耳无量、背无意；

邪恶本无体，

悟空心体气。

解释《波罗蜜经》:能到达彼岸的适用典籍。

1、情欲心不急:识神有了欲求时,元神不可急于随和。

2、欲耳烦闷把话提:因怨求而产生愁苦时,应该对照经文找答案。

3、阳光照四海:佛光本普照,在于是否能主动去探求。

4、菩提树下把经文理:以佛为榜样而努力学经文,才能进入觉悟境地。

5、雷雨交加心无意:在艰难困苦打击下,心坚定不动意。

6、体无寒、意无急:识神不退缩,意念不急躁。

7、狂风吹眼无沙、舌无感:风是引诱和侵袭,眼,明亮不迷,舌,不怕吃苦,

8、耳无量、背无意:耳,容纳一切,背,体不动摇。

9、邪恶本无体:邪恶乃弱者自招,排除邪恶靠觉悟。

10、悟空心体气:能看空一切时,元神、识神便可布满着能量之气。

三 《咒语》:

南来的大雁早筑窝,

北风吹来柳树和,

一片乌云迎头过,

有你有我一片祥和。

解释《咒语》:定律、真言、规则。

1、南来的大雁早筑窝:受过苦难的人,赶快学佛经,建造归宿。

2、北风吹来柳树和:寒风刺骨打击来临时,学柳树性喜条达,顺应自然。

3、一片乌云迎头过:只要有勇气,任何恐惧、威胁、痛苦、烦恼,都可战胜。

4、有你有我一片祥和:二神经受了同舟共济的磨炼,呈现出祥和局面。

四 《坦》:

人间的美景看不够,

你不贪不占好威风,

心平能把泰山装,

气大能把云朵顶,

只是有时脾气暴,

压下火来好修行。

解释《坦》:胸怀坦荡好修行。

1、人间的美景看不够:宽容的人眼光远,可以更多地享受人生。

2、你不贪不占好威风:无私则无畏,这是人生的大美德。

3、心平能把泰山装:对任何引诱都能坚守不动心,可拓宽心胸。

4、气大能把云朵顶：有了三宝，勇气则倍添，智慧高过云天。

5、只是有时脾气暴：暴躁是修行大障碍，任性是头号敌人。

6、压下火来好修行：除掉一号敌人，人生进入福、康、泰。

五 《桥》：

天地之间有座桥，

我在前边引路把你捎，

人生一世时间短，

多悟佛经有道道。

解释《桥》：桥喻道。

1、天地之间有座桥：想登天达彼，必须修炼道法。

2、我在前边引路把你捎：心神带领肉体。

3、人生一世时间短：在人生历史长河中，百年显得短暂。

4、多悟佛经有道道：佛经里蕴藏着，大道之理和般若法宝。

六 《佛家诗语》：

云朵无数人有数，

几时清楚几时无？

人间的苦难无处数，

邪恶有数莫重复。

人间的琐事千千万，

大河无水小河干；

若成正果，

安下心来把经文翻。

解释《佛家诗语》：诗语是美妙的。

1、云朵无数人有数：云朵喻缺点毛病，自己要有数。

2、几时清楚几时无：何时弄明白，何时克服掉？

3、人间的苦难无处数：苦海无边是真实写照。

4、邪恶有数莫重复：同类错误不能屡犯不思改。

5、人间的琐事千千万：是是非非无处不有。

6、大河无水小河干：大河喻元神，小河喻识神，水是水平。

7、若成正果：得正果是智者的目标。

8、安下心来把经文翻：得道成佛的保障，全在于彻悟经宝之真理。

七 《经典》：

佛经佛经学了才精，

悟经悟经悟中知精，

人人学佛经经中有精。

提高经文意，自修自炼，

经中有精。

解释《经典》：启发弟子珍惜佛宝。

1、佛经佛经学了才精：不是装潢门面。

2、悟经悟经悟中知精：以悟性领先，才能窥其精华。

3、人人学佛经经中有精：在学经面前人人平等，宜争先恐后。

4、提高经文意，自修自炼：认识真谛靠自我修炼积累。

5、经中有精：不把精华学到手，誓不罢休。

八 《寸土方》：

四海为家一日忙，

朝夕相处心中忙，

终日辛苦何时了？

修来修去寸土方。

解释《寸土方》：心也叫方寸。

1、四海为家一日忙：离开家到国外，整天奔忙劳累。

2、朝夕相处心中忙：心体在一起，防止伤到心。

3、终日辛苦何时了：如果天天都在入世赚钱上打圈子。

4、修来修去寸土方：可别忘了修方寸之心的主题呀。

九 《修道》：

天上下雨地下滑，

有人跑来有人绕，

左看右看只有我在雨中浇，

这种享受只有我自己知道。

前面有佛后面有河，

我只身往前走，

还想过河还想拜佛。

宝塔高小道绕，

若想上去得攀高，

天空热蚊子咬，

看你能攀几步高。

解释《修道》：如何来修道，老祖有绝招。

1、天上下雨地下滑：在艰难困苦的修行道路上。
2、有人跑来有人绕：有人绕道走，不愿接受磨炼。
3、左看右看只有我在雨中浇：只有我不甘心坚守在磨道上，当小毛驴。
4、这种享受只有我自己知道：修道人主动吃苦换来智慧，是最美的享受。
5、前面有佛后面有河：往前，出世随佛走；往后，入世追名利。
6、我只身往前走：怀有凡夫之孤独心的我，在徘徊，在盘算。
7、还想过河还想拜佛：在选择前程问题上，也难免三心二意。
8、宝塔高小道绕：修佛的标准高，艰难困苦多，也看不到实惠。
9、若想上去得攀高：若想到达宝塔，就得不辞辛苦勇于攀登。
10、天空热蚊子咬：修道的环境恶劣，阻碍干扰重重。
11、看你能攀几步高：这正是考验我修心强否的良机。

十 《我是我非》：
后面有我前面有佛，
我如云朵佛如舵；
谁能说清云有几朵，
看不清自己也别想把师父摸。
今天有人和我说：
路要靠自己走，
靠师父教导，
悟来悟去悟成佛。
解释《我是我非》：听师父的话谓是，离开佛经的教导谓非。
1、后面有我前面有佛：识神是仆人，跟着有佛性的元神走。
2、我如云朵佛如舵：我是附属于场态物质的色态物质。
3、谁能说清云有几朵：云喻识神的质量和毛病。
4、看不清自己也别想把师父摸：不能认识自己，就难与师父相沟通。
5、今天有人和我说：在事实中证明了一件事。
6、路要靠自己走：那就是，自己的历史要自己去写。
7、靠师父教导：在师父的栽培哺育下。
8、悟来悟去悟成佛：刻苦修行十八年，得道成佛在后边。
附经文《迷》：
左看右看数不清，
摇摇晃晃走进城，
远看照我无踪影，
近看如来记心中。

解释《迷》:通过修行解开此迷。

1、左看右看数不清:元神数量太多,数不清。

2、摇摇晃晃走进城:由命运所致,元神走进各个人体的神室之中。

3、远看照我无踪影:元神是微观物质生命现象,肉眼见不到。

4、近看如来记心中:当开悟时,慧眼打开,方识如来之佛性。

十一 《锁》:

人间谁如我?
我立高山唱凯歌。
蓝蓝的天,火红的我,
紧随师父意,
排去人间锁,
自修自俩炼修我佛。

解释《锁》:思想枷锁求师开。

1、人间谁如我:学佛行善当仁不让。

2、我立高山唱凯歌:悟已获得成功了。

3、蓝蓝的天,火红的我:大道哺育我智能增多。

4、紧随师父意:按照菩萨的旨意做。

5、排去人间锁:天下无难事。

6、自修自炼修我佛:永远抓住人生进化之大事。

十二 《踏》:

踏破人间迷,
勇往泰山顶,
白云为我家,
人间丑恶踩脚下。

解释《踏》:勇猛精进地修炼。

1、踏破人间迷:用佛经来武装的人,就能眼亮无迷。

2、勇往泰山顶:有水平,有勇气,敢攀高峰。

3、白云为我家:脱离贪欲污垢,必能清白而高尚。

4、人间丑恶踩脚下:只讲善待和积德,而将丑陋唾弃。

附名言:忍为贵,岂能坐视山空。

解释:

1、忍为贵:忍辱和宽容是高贵的品格。

2、岂能坐视山空:否则保留任性,那将失去智慧。

十三 《抛》:

展宏图佛光照,
人间的琐事有时是自己找;
抛去烦恼望逍遥,
得来的江山都是自己保。
珍珠翡翠满地跑,
宝物多了灾难到,
无求无过一身轻,
逍遥自在多美好。

解释《抛》:抛弃怨求,前程光明。

1、展宏图佛光照:内心若能树立雄心壮志,就是已经主动靠近佛光了。

2、人间的琐事有时是自己找:否则佛光不能占据心田,烦恼琐事便会齐至。

3、抛去烦恼望逍遥:若想得到逍遥,就要专心苦修,不给烦恼留位置。

4、得来的江山都是自己保:江山喻果位和成果,保护江山必须请佛法当家。

5、珍珠翡翠满地跑:假如追求无止境,把精力用在敛财上。

6、宝物多了灾难到:就会物极必反,这是因果关系。

7、无求无过一身轻:自悟自修毛病减少。

8、逍遥自在多美好:善于解剖自我就会逍遥。

十四 《抛浊》:

一语道出心头默,
几时修来悟不浊,
人间只有人间意,
高山过后心不浊。

解释《抛浊》:舍弃怨求。

1、一语道出心头默:心中的大事是什么?

2、几时修来悟不浊:就是不断清除思想垃圾。

3、人间只有人间意:修炼的意念不能断。

4、高山过后心不浊:攀登高峰眼光远,心性得净化。

十五 《空》:

天意、比翼、无意,
无我、悟我、弃我。
展翅高飞云中我,
大地一片无我座。

行人好比路边草，

我治江山为哪说？

大河自有一线天，

流来流去还有边。

我挺胸在雾中站，

一切邪恶踏下边。

千里求佛不嫌远，

周身的泥土用雾粘。

心中只有心中事，

一切邪恶抛在边。

解释《空》：本来空，看不空，看不空，也是空，必悟空。

1、天意、比翼、无意：大自然规律，万物运动变化，真理不为意志转移。

2、无我、悟我、弃我：肉体是暂时的，悟靠肉体配合，欲望皆抛弃。

3、展翅高飞云中我：修掉肉体的浊气，清纯的心才能经过提升到达彼岸。

4、大地一片无我座：苦海不是我久留之地。

5、行人好比路边草：人若不修悟，就像野草一样，一岁一枯荣地轮回。

6、我治江山为哪说：不修炼自己，只想整治社会外界和他人，是邪念。

7、大河自有一线天：修道悟佛是人生进化的唯一正路。，

8、流来流去还有边：苦海里的苦是无尽的。

9、我挺胸在雾中站：修悟恒心已定。

10、一切邪恶踏下边：百邪不侵。

11、千里求佛不嫌远：为修佛而乐意迎风斗浪，肯于追寻不止。

12、周身的泥土用雾粘：在排除外界引诱的同时，也将体内的污浊清洗掉。

13、心中只有心中事：修心养性是我唯一的宗旨，也是永久主题。

14、一切邪恶抛在边：用佛法占据心田的人，百毒不沾边，邪恶丢得远。

十六 《教诲》：

悟道悟道要悟空，

凡人之体要悟清，

心中常念道道道，

佛经之内把宝请。

解释《教诲》：点化关键环节。

1、悟道悟道要悟空：悟空最重要。

2、凡人之体要悟清：悟己最可靠。

3、心中常念道道道：念念不忘大道。

4、佛经之内把宝请:圣经藏珍宝。

十七 《悟我》:

我在人中站,

有高有矮有胖有瘦不一边。

话出口来要有责任感,

别人的困难要有我来承担。

语言简看问题浅,

我要刻苦学习从头钻。

多做善事多修炼,

多做善事不求别人赞,

讽刺挖苦莫嚼闲言。

自己的事情自己办,

做错了事情也不要觉得难堪,

自修自悟一人当先。

解释《悟我》:怎样悟我有利,老祖传授秘诀。

1、我在人中站:在人群中总要有个比较。

2、有高有矮有胖有瘦不一边:水平高低,胸怀宽窄,都是有区别的。

3、话出口来要有责任感:说话要体现修佛的水平。

4、别人的困难要有我来承担:能承担别人的苦痛而无怨言,可消自身业。

5、语言简看问题浅:我的思想肤浅、浮躁、有性、驴性。

6、我要刻苦学习从头钻:我要通过学悟经文,彻底改掉毛病。

7、多做善事多修炼:行善和修炼是一体的。

8、多做善事不求别人赞:行善是为了积德消业净化心灵,不是做给人家看的。

9、讽刺挖苦莫嚼闲言:对外界吹来的邪风要懂得回避,不介入,不分神。

10、自己的事情自己办:自修自强自剖自治,才是我的本分事。

11、做错了事情也不要觉得难堪:能闻过则喜、悟过则喜、改过则喜的,就是我。

12、自修自悟一人当先:报答师恩、苦修自身,是我永久的志愿。

十八 《只有》:

长寿寺开佛花,

众弟子如一家,

共同举杯来祝寿,

我们心中只有佛祖他老人家。

解释《只有》:独一份。

1、长寿寺开佛花:善者学佛,心花必开。

2、众弟子如一家:皆忠于佛家。

3、共同举杯来祝寿:弟子孝佛心诚。

4、我们心中只有佛祖他老人家:老祖钦佩如来佛,最了解佛祖的心。

十九 《谜》:

悟己青山在,

不怕海浪拍,

小鬼绕身走,

鲜花心中开。

事业如苦海,

烦恼心中埋,

若想得正果,

求师把门开。

解释《谜》:谜底是己度加师度。

1、悟己青山在:觉悟自己体壮心宽,修得青山长在。

2、不怕海浪拍:坚强挺拔,任何困难都能化解。

3、小鬼绕身走:毛病告别,邪恶走开。

4、鲜花心中开:轻安自在,心花开放。

5、事业如苦海:执着有害,世间的诱惑引我入苦海。

6、烦恼心中埋:烦恼可使人心生病,埋下隐患。

7、若想得正果:怎么办呢?得正果是人生主要目标。

8、求师把门开:菩萨师父的教导,是我赖依开悟的保障

二十 一次法会上,几位佛菩萨与佛祖共同探讨问题,就无明的危害性和众弟子修为的现状,每位菩萨各自讲了一句话,即一言以蔽之地概括了无明之危害,意在警醒诸位行者和弟子。题目叫《**解难**》:

洪钧老祖:树有根,人有脸,

太上老君:不穿衣服体态不端,

托塔天王:打肿脸也无颜,

弥勒菩萨:顺天而行步步难,

韦陀菩萨:一步一点望穿眼,

地藏菩萨:办事认真修佛难,

如来佛:佛光普照。

解释标题《解难》:为了激励众佛家弟子的修悟,佛祖和众大菩萨采用针刺

和谐谑的语调，来形象地、调侃地指出修炼中容易出现的毛病，听了后，真让有一种抓心挠肝、心灵震撼和痛心疾首等综合感觉，令人无地自容，从而痛定思痛，翻然改进。

1、树有根人有脸：树的健壮在于根，人的脸面值千金，同类的错误不能总是犯而不思改。

2、不穿衣服体态不端：赤裸着身子上午台或上街，太丑陋令人不敢看；应把经文当作衣裳穿，才能逐步缩短思想品德的差距。

3、打肿脸也无颜：自我粉饰，拉硬儿，楞往脸上贴金，怎能惑住明眼人？还是放下身段和架子比较好。

4、顺天而行步步难：随波逐流当一天和尚撞一天钟，在怨求中打发日子，那就应了一句中国古话："人无远虑必有近忧。"

5、一步一点望穿眼：修志未成，亦步亦趋，进退维谷，患得患失，那就是自心在折磨自身。

6、办事认真修佛难：执着而不糊涂，狭隘而不宽宏，钻牛角尖而不机灵，那就是自己在为难自己的纯真佛性。而专心认真地学习、工作和施善却是在培养人的美德。

7、佛光普照：怎么办呢？如何解决以上弊病呢？佛祖也用一句话做结语说"佛光普照"。教导我们要无条件地、全方位地、完全彻底地修悟自己。按大医王这一济灵丹妙药去自治，就能造就出一个全新的觉者。

弥勒菩萨经文

一 《弥勒真经》第十七章:

南无化影心中记,
立地成佛无处去,
若得果实能靠谁?
想来想去是个谜。

解释《弥勒真经》第十七章:弥勒经文之一。

1、南无化影心中记:皈依佛的信仰牢记不忘。

2、立地成佛无处去:可是慧眼未开,看不到真相,不明去向。

3、若得果实能靠谁:是靠师父,还是靠自己?

4、想来想去是个谜:有些迷惑,不可不解,靠行者自找答案。

二 《海量经》:

量雨虽无尺,
海水本可移,
若悟人间事,
抛开我自身。
画云如大海,
炼体悟自身,
炼空霞飞跃。
自身难变,
落地生根,
寻佛救我坐。

解释《海量经》:拓宽心胸的经典。

1、量雨虽无尺:雨下多大,本有计划和其数量。

2、海水本可移:大自然的沧桑变迁,也是会有的。

3、若悟人间事:但人间事物的变化,人的悟性如何提高。

4、抛开我自身:却是要从看空自我做起的。

5、画云如大海:追求眼见的美妙,犹如苦海一样不实。

6、炼体悟自身:实体是元神,觉悟自己最重要。

7、炼空霞飞跃:真正悟得空时,能量的华光才属于行者。

8、自身难变:自己盲修瞎练是自欺欺人。

9、落地生根:在苦海里必须深扎道根。

10、寻佛救我坐:要在佛经里找到自救的良策。

三 《含笑经》之七:

远看佛祖佛光普照,

近看我佛佛像一尊,

世间万物心中坐,

谁人指路孝我佛?

关于题目《含笑经》,是否可以这样理解:含笑是一种花名,开花时很芳香,香,象征品德好、受欢迎、评价高。表情含笑,能体现觉悟的喜悦和所具备的感染力,能笑口常开便是法喜。

1、远看佛祖佛光普照:胸怀宽广目光远大时,能感受到佛的光辉,沐浴在温暖的佛光下便能健康茁壮成长。

2、近看我佛佛像一尊:目光短浅时,佛性隐没,感应不到佛的教诲和期盼。没有佛法为动力就谈不上修心养性,生活也将会变得索然无味。

3、世间万物心中坐:心中只有琐事,容易造成胸无大志。

4、谁人指路孝我佛:心中哪还有孝佛的位置?孝自身佛与孝道、孝佛陀、孝佛家是一致的。

这首经文告诉我们看问题的角度不同,其感受和认知便不一样。这是一首典型而生动的学佛孝佛之精彩篇章,弥勒菩萨亲切教导我们:把孝佛陀和孝自身佛二者同样牢记心怀,就是修炼得道的最佳秘诀。

四 《含笑经》之四十二:

佛像几尊无处说,

大小有边不要摸,

勤来勤去把香敬,

心中常念阿弥陀佛。

解释《含笑经》:寻开心的法则。

1、佛像几尊无处说:有多少人能得道成佛呢?

2、大小有边不要摸:修佛,不要盯着别人的缺点毛病。

3、勤来勤去把香敬:只是专致的一心向佛就好。

4、心中常念阿弥陀佛:念阿弥陀佛可坚定修心,并拓宽容忍美德。

五 《迷》:

何为迷?

眼睛看不清,心想事不成,
有路无法走,这是迷。
若想解迷心稳定,
静下心来把是非提;
心急如火不能办事,
稳下心来要仔细;
狂人说话不要放心里,
自己琢磨有意义;
有些事情按照自己的思路办,
出现问题也没啥了不起,
要有信心,坚定意志,莫迟疑。

解释《迷》:做人必迷失,解迷才能开悟。

1、何为迷:什么叫做迷呢?有以下几种。

2、眼睛看不清,心想事不成:眼不明亮,只识表象,心中料事不客观。

3、有路无法走,这是迷:修行路上迈不开步,或不认路,都是迷。

4、若想解迷心稳定:元神是解迷的总开关。

5、静下心来把是非提:平心静气时,才能明辨是非。

6、心急如火不能办事:为了办事光着急,不如多想办法好。

7、稳下心来要仔细:心稳心细,运用智慧,就能提高勇气。

8、狂人说话不要放心里:狂妄的人说话的水分大,靠不住。

9、自己琢磨有意义:动脑筋,细分析,很重要。

10、有些事情按照自己的思路办:应学会独立思考和有创意。

11、出现问题也没啥了不起:思想准备充分,就有多种补救办法。

12、要有信心,坚定意志,莫迟疑:有佛学真理做后盾,便勇气倍增。

六 《心》:

心高不能和命争,
坦坦荡荡一路行;
一心秉正无所惧,
小人挡道我冲锋;
遇见烦事心要静,
静下心来心才得平;
宽宏大量心宽阔,
烦恼琐事一旁扔;
有心采花无心戴,

办什么事情也办不成；

出现问题心要平静，

心急如火事情也办不成；

总的说来心要正，

办完事情心也松。

解题《心》：心是生命之根本，是养心还是耗心，其主动权只在自己手里。

1、心高不能和命争：若是虚荣心作怪，心就不平衡了，这时需要意识到，识神又在想入非非，即产生了超越现实的追求。

2、坦坦荡荡一路行：此时，元神反而要顺应客观规律地冷静思考，去进行开拓胸怀、纯洁心灵的磨炼。

3、一心秉正无所惧：最重要的是让心栖止于菩提树上，以佛经佛理作口粮、当衣裳，便无后顾之忧。

4、小人挡道我冲锋：身内的小人如能因自治而平伏，身外哪还有小人？这样，元神便可带头冲锋而所向披靡了。

5、遇见烦事心要静：当人还未达到悟空境界时，烦恼是免不了的，而多多留意保护心是必要的。

6、静下心来心才得平：能调伏自我，达到心平气和是智者之举。

7、宽宏大量心宽阔：心若想得以平静自在，需要由宽容和忍耐来支撑。

8、烦恼琐事一旁扔：克服了狭隘之病，哪还会有烦恼？

9、有心采花无心戴：采花好比悟佛经，戴花好比悟落实，去实践佛理。

10、办什么事情也办不成：若言行不一，三心二意，就是想做成一件完美的事都不可能。

11、出现问题心要平静：出现矛盾时能心平气和，才显示出修心养性的真实功夫。

12、心急如火事情也办不成：性急和暴躁都会火上浇油帮倒忙，那将是成事不足败事有余了。

13、总的说来心要正：这篇经文说到底，讲的是：修心悟己数第一，应时刻牢记心正悟已多，这个佛家大道之理。

14、办完事情心也松：人生若能事事如意，心想事成，那就证明，你已尝到修心养性的甜头了。

佛祖之掌门大弟子弥勒菩萨的经文，具有很深的哲理，是佛陀教法的生动体现。根据以上解释的提示，请读者结合自己体会，重新再做一个更生动的解释，将心得留在自己修炼笔记上，用以把玩和当做一面镜子，你看好吗？

七 《任逆者强》:

头顶烈日汗湿衣裳,
周身发麻腿无力,
心急如火任务忙,
反复思考怎么办?
不要叫苦不怕湿衣裳;
学唐僧西天取经路途遥远,
火焰山边求师帮;
人要有志不要把天怨,
要顶着困难上,才能修性强。

解释《任逆者强》:若想修行强,就得吃苦忍辱,顶着风浪上。

1、头顶烈日汗湿衣裳:不怕风吹雨打日头晒。

2、周身发麻腿无力:也有筋疲力尽的时候。

3、心急如火任务忙:形势逼人,心潮翻滚。

4、反复思考怎么办:这时最需要用智慧去动脑筋。

5、不要叫苦不怕湿衣裳:做好吃苦流汗的准备很必要。

6、学唐僧西天取经路途遥远:想想榜样唐僧,艰辛多,路漫长。

7、火焰山边求师帮:在最困难的时候,才求师父佛祖慈悲帮忙。

8、人要有志不要把天怨:有志者,练就一身无怨无悔的本领。

9、要顶着困难上,才能修性强:在攻克一个难关时,修性便增强了一分。

八 《严》:

普天下唯有你们福气大,
师父指路贼人不敢爬,
自修自炼眼光放远,
抛弃我的体,保住我的意。

解释《严》:严格修悟自己是自爱。

1、普天下唯有你们福气大:千载难逢的大佛缘,降临到这一代人身上。

2、师父指路贼人不敢爬:我听师父的话,邪恶侵不着。

3、自修自炼眼光放远:看淡了名利,才有理想和目标。

4、抛弃我的体,保住我的意:看空自我,就能坚定修炼意志。

九 《以日为安》:

一时一刻无日忙,
逍遥自在反误伤。

久想平安日日修，
可怜天下有人求。
求就愁，愁坏了身体也难修。
有些事情不要求，
听其自然任你走。
走走走，只要有信心坚定意志，
我看是走也走不够。

解释《以日为安》：当下修炼就有平安。

1、一时一刻无日忙：在琐事和欲求中奔忙。
2、逍遥自在反误伤：不修心者，心反而会受伤害。
3、久想平安日日修：虽然早就有修心的愿望。
4、可怜天下有人求：但往往却被怨求挡住了去路。
5、求就愁，愁坏了身体也难修：求、愁，是得病的根源。
6、有些事情不要求：缘分以外的事勿求。
7、听其自然任你走：自然规律就是正道。
8、走走走，只要有信心坚定意志：大道之中有真理。
9、我看是走也走不够：在光明大道上，越走越欢。

十　《人》：

赤身而来，裸体而去，
一方水土谁容谁？难起提。
穿上衣是模你，
裸体像不由你。
随风吹到不得，
一身正谁无旗？
头顶磨压不得，
体不变心无意；
要自炼扛大旗，
一身正保你有出息。

解释《人》：探讨人的表象与实质。

1、赤身而来，裸体而去：元神寄居于识神中，最终要脱离识神。
2、一方水土谁容谁？难起提：人生的成功与被埋没，结果难说。
3、穿上衣，是模你：从表面看，人的形象大同小异。
4、裸体像，不由你：心灵中的智慧，却千差万别。
5、随风吹，倒不得：不修佛难扎根，易被吹倒。

6、一身正,谁无旗:如果能修成一身正气,可以扛旗做大事。

7、头顶磨,压不得:烦恼的包袱比石磨重,压在头上不得了。

8、体不变,心无意:心和体不改变修炼的初衷。

9、要自炼,扛大旗:自修自练,志向远大。

10、一身正,保你有出息:用心正来保障身正,前途无量。

十一 《引子》:

一江春水向东流,
高瞻远瞩展无秀。
大河有水小河流,
污泥浊水脚下流。
展望未来阳光秀,
大人小孩前世愁。
人间本是一张网,
我在网上把求丢。
前前后后无应果,
心怀坦荡无所忧。

解释《引子》:概括人生修炼之路。

1、一江春水向东流:如果认准了乾坤朗朗之大道。

2、高瞻远瞩展无秀:就会有远见卓识,而不被名利财所诱。

3、大河有水小河流:心态有智慧,体态才会有水平。

4、污泥浊水脚下流:否则,心态脆弱,体态也必会充满污浊。

5、展望未来阳光秀:总是把名利财,当做美好去追逐。

6、大人小孩前世愁:那是从前的业障太多。

7、人间本是一张网:名利色情和贪瞋痴,组成一张无情网。

8、我在网上把求丢:如果我没有贪求心,这张网将自行消失。

9、前前后后无应果:我只积德不造业因。

10、心怀坦荡无所忧:心明眼亮宽仁大度,人生必定成功。

十二 《根》:

口出狂言为恶,
手脚不利为邪,
有贪有欲为恶,
有色有图为丑。
天空一片云朵展,

善事恶事自己分辨，
学习佛经要从我做起，
先看自己彩霞一片。

解释《根》:除掉自身邪恶,方能扎下道根。

1、口出狂言为恶:背离真理的大话,就是伤人的恶语。

2、手脚不利为邪:占小便宜、行为不端,是邪念得逞。

3、有贪有欲为恶:有贪欲索取之意念,就会产生恶变。

4、有色有图为丑:淫荡和图谋,是心灵丑陋的体现。

5、天空一片云朵展:生活环境中出现是非或引诱。

6、善事恶事自己分辨:站在佛学角度拿起智慧的武器衡量。

7、学习佛经要从我做起:悟己、责己、剖己,是首要的原则。

8、先看自己彩霞一片:悟己则能量增大,迟早必达光彩照人。

十三　《串子》之三：

人间道路无尽头，
忙来忙去直发愁。
有甜有苦无口味，
上山下山路难修。
擦亮眼睛往前看，
天下本是一碗粥。

解释《串子》:相互连贯的佛理。

1、人间道路无尽头:欲望是无止境的。

2、忙来忙去直发愁:求和愁是紧相连的。

3、有甜有苦无口味:苦和甜交替进行。

4、上山下山路难修:把修道当成了负担。

5、擦亮眼睛往前看:如果站在佛学角度看。

6、天下本是一碗粥:就会把追求看得淡了。

十四　《串子》之四：

无粥求粥乐悠悠，
有粥还嫌粥不稠。
有人盼着星眨眼，
星星照我一身羞。
我们仔细想一想，
人间哪能不白头？

解释《串子》之四：

1、无粥求粥乐悠悠：然而，从无追求有。

2、有粥还嫌粥不稠：一旦有了，还追求更高。

3、有人盼着星眨眼：希望得到高度评价。

4、星星照我一身羞：可惜丑陋满身遮不住。

5、我们仔细想一想：咳，倒不如想清楚。

6、人间哪能不白头：难道这一生就混到老吗？

十五 《安》：

安以渡之安，
安以心齐安，
安虽无我意，
以渡太平年。
江水虽清无船过，
要想过江唯我意。

解释《安》：人生安泰的窍门。

1、安以渡之安：自度自治自救，才能康泰平安。

2、安以心齐安：元神和识神二者一条心，就平安。

3、安虽无我意：识神没有欲求的意念。

4、以渡太平年：这是人生太平无事的保障。

5、江水虽清无船过：时光大好，能被人利用才是天人合一。

6、要想过江唯我意：安全达彼，取决于心灵的意志。

十六 《吉》：

悟他悟我勿逍遥，
悟正悟反勿自高，
悟天悟地勿邪门，
悟正悟反体态耗。
人间如同一棵草，
老老少少都需要；
心急莫把宝吃掉，
前进的路上无处找。

解释《吉》：若想吉祥，照着以下法则去做。

1、悟他悟我勿逍遥：他识神，我元神，二神自悟不停。

2、悟正悟反勿自高：从不同角度认识自己，切忌自满。

3、悟天悟地勿邪门:天地是大道规律,离开正道必入邪。
4、悟正悟反体态耗:在是是非非中下功夫搞分辨,耗体又耗能。
5、人间如同一棵草:苦海里的人都一样。
6、老老少少都需要:人人需要进化和增添智能。
7、心急莫把宝吃掉:佛经是修行之宝,贵在学而致用。
8、前进的路上无处找:若将佛宝束之高阁,就等于丢掉了灵魂。

十七 《积德》:

阳光照重担挑,
有钱无钱也逍遥,
钱本是身外物,
道本是自己找;
师傅领进门,
悟性自己挑,
一心秉正搞事业,
前途无量由我保。

解释《积德》:积德、消业、增慧、涅槃,四者相连。
1、阳光照重担挑:心靠佛法照耀,勇气倍增,为善不让贤。
2、有钱无钱也逍遥:有钱服务于佛法,无钱照样悟佛法。
3、钱本是身外物:过于追求身外空物,那是贪欲作怪。
4、道本是自己找:修炼得道,是最值得苦苦追求的目标。
5、师父领进门:老师只管把关和慈悲。
6、悟性自己挑:自己管恩报苦修获得般若。
7、一心秉正搞事业:珍爱自己的人,会把修心养性当作事业。
8、前途无量由我保:若想有前途,师父育元神,元神保识神。

十八 《因果关系》:

月儿高照王母仙翁一身爽,
有钱无地怎能把家当。
人间的是非都是因果报,
行善积德福寿长。
我们有师一身清,
无师积德也有账。
形形色色的因果报,
何时能修得佛光照。

你们是苦尽甜来一身爽，

要珍惜今天的硕果来。

解释《因果关系》造善因有善果，造恶因有恶果。

1、月儿高照王母仙翁一身爽：王母娘娘和南极仙翁，像明月那样皎洁光亮。

2、有钱无地怎能把家当：可你们，只有理论，没有悟已扎根，元神做不了主。

3、人间的是非都是因果报：不应强调客观，应该追查业因。

4、行善积德福寿长：这是人有福报的根源。

5、我们有师一身清：菩萨了解弟子，且能为之把关。

6、无师积德也有账：普通人都有一个，记录善恶的无形账本。

7、形形色色的因果报：所有出现的问题，都可以用因果理论去追索根由。

8、何时能修得佛光照：不断地积德行善努力修悟，总会有佛光普照的那一天。

9、你们是苦尽甜来一身爽：将苦变甜靠佛法和佛缘。

10、要珍惜今天的硕果来：用勤学苦练来报答师父的慈悲，报答佛祖的恩典吧。

药师菩萨经文

一　《禅》：

一生修炼几多难，
佛门大开无有边；
雕虫小技无所益，
一生难过几道关。
滔滔江水无重渡，
心中泛滥难入眠；
人生只有禅中卧，
安然体态心中宽。

解释标题《禅》：禅心即是净土，一个人得到禅心，达到禅境时，生活的无情网便会自动消失，无情网消失便标志已脱离苦海，脱离了苦海就等于达彼。这就是说：有了禅，此岸即是净土；有了禅，此岸即是彼岸。

1、一生修炼几多难：人的一生从哇哇坠地开始，就已经踏入苦海，八种苦和无数坎坷波折在等待着这个人生。

2、佛门大开无有边：佛法广大、内容丰富，是获得智能的源泉，唯有依靠她才能不断觉悟，将人生之苦修成甜；虽然佛家不拒绝任何人而大开其门，但许多人还是摸不着头绪，不得其门而入。

3、雕虫小技无所益：有一种重要倾向是人们追求信赖神通，喜欢那些摸得着看得见的小技俩，往往它能蒙住一些人的双眼将你引入邪路，待到醒悟为时已晚，甚至可能将失去修炼的良好时机。

4、一生难过几道关：真正有志气的人应该勇敢地闯过名、利、色、情和贪、瞋、痴等难关，这个工作量虽大，但却极有价值。

5、滔滔江水无重渡：磨炼的良机若是屡屡错过，那就太可惜了；时间空过，年纪渐大而老，大好时光如流水，一去将不复返。

6、心中泛滥难入眠：最糟糕的是，你若不主动修悟自我心性，那暴躁、狭隘、嫉妒、虚荣、骄傲等性情将会肆虐泛滥、横行无忌，有此，心神哪会得到安宁？

7、人生只有禅中卧：若想自己拯救自己，最好就是将心性安顿在禅的平静安全港湾；若能达到心空性空时，才算是达到了纯粹禅的最理想境界。

8、安然体态心中宽：心若宽宏得象大海一样，才能在广阔天地中自得其乐，这完全有赖于识神，即肉体我的真诚合作，心体完全统一在佛性之下，人生才会是平安美好的。

据说此首禅宗著名的经文,曾受到伟大佛祖的高度评价和赞扬,因为她生动地展现了佛陀伟大教法的普照光芒。

二 《缘》:

你争我斗看得浅,
朗朗的天空也无边,
愚人自有愚人意,
走过大河走险滩;
我们抬头举目看一看,
自己的身上都有残,
只要能把扁的看成圆,
大河小河都有边;
来到我处看一看,
缘分难舍莫狂言。

解释标题:《缘》:缘由、缘故、缘份。心与体有缘合一,人与人有缘相聚。缘起缘灭是大自然的基本法则之一。

1、你争我斗看得浅:心与体,人与人的争斗都是因为认识太肤浅的缘故。

2、朗朗的天空也无边:那样的话,尽管大道再光明,乾坤再朗朗,但好象也难以令人解开愁肠。

3、愚人自有愚人意:愚人因为乏智,往往以眼前个人利益为重而固执已见。

4、走过大河走险滩:接连不断地自己造恶因,自己受恶果,真是毫无价值且苦不堪言。那是因为对科学真理的认识肤浅而缺乏预见能力。

5、我们抬头举目看一看:如果能换个角度站在高处开阔一下眼界。

6、自己的身上都有残:看清了自己思想深处的阴暗面,才会为自己的内心丑陋而羞红了脸。

7、只要能把扁的看成圆:只要有慈悲心且冷静客观,看谁都不会不顺眼。

8、大河小河都有边:大小困难和坎坷都会迎刃而解。

9、来到我处看一看:站在佛菩萨的角度看。

10、缘分难舍莫狂言:,不但家庭是缘分,与一切人相处都是缘分,没有这些缘分,就无法检验自己的修炼水平是好是坏。只有一心结善缘,狭隘思想才会自动告别,贪、瞋、痴之三毒也会自行地蔫退了。

缘分和因果往往是相联系而交织在一起的,该有的缘份舍不掉,因果的关系脱不掉,因为大自然的规律是我们无法抗拒的,所以只能在刻苦自我磨练中服从规律、顺其自然,进而拯救自我、充实自我、变革自我、更新自我。在这首经文中,充分体现出佛陀教法的精微。

三　《云朵踩》：

有朵鲜花自己栽，
心情好来乌云开。
满天风雨雾打来，
心情愁来头不抬。
有些事情不能随着主观意，
所以我看还得修还得悟还得炼，
炼得一身轻如鸿毛云朵踩。

解释《云朵踩》：有智慧，有水平，上云天。

1、有朵鲜花自己栽：心花能否绽放，由自己的心情和水平来决定。

2、心情好来乌云开：顺利和平静时没有干扰，便云开雾散。

3、满天风雨雾打来：逆境来时，自己思想被外界环境所控制。

4、心情愁来头不抬：没有克服困难的斗志和免疫力。

5、有些事情不能随着主观意：美好的愿望代替不了现实。

6、所以我看还得修还得悟还得炼：怎么办呢？只有下决心刻苦磨炼这一条路。

7、炼得一身轻如鸿毛云朵踩：能修掉无明时，自然一身清纯、慧比天高。

四　《悟》：

你知我知佛知共知，
知彼知己方见天。

解释《悟》：悟通主客观等状况。

1、你知我知佛知共知：你，识神。我，元神。佛，佛性标准。

2、知彼知己方见天：彼，识神、别人和客观标准。己，元神的悟性程度。

五　《圆》：

跃海丹舟药师殿，
滚滚江水一线天。
人间有欢也有怨，
我治妖魔他扶天。
你看江河无有边，
我看江河在眼前。
修成正果多么难，
要有决心敢攀岩。

解释《圆》：心体康泰谓之圆满。

1、跃海丹舟药师殿:跨越苦海修心靠经文之船,才能到达医心之圣殿。
2、滚滚江水一线天:人生解谜之路,只有修心养性这一条。
3、人间有欢也有怨:有善有德是真欢,有邪有非人生怨。
4、我治妖魔他扶天:心来治妖魔,体来把好环境之关。
5、你看江河无有边:修炼没到位时,对解脱苦海心没底。
6、我看江河在眼前:修炼得道时,对前程一目了然。
7、修成正果多么难:智慧的不断积累,才能得成正果。
8、要有决心敢攀岩:关键在于树立雄心壮志。

六 《四序》:

天上打雷要下雨,
无奶的孩子总叽叽,
几番周折几番急,
下起雨来路有泥。

解释《四序》:要避免以下四个步骤。
1、天上打雷要下雨:雷是下雨的征候和信号,这一句是比喻。
2、无奶的孩子总叽叽:奶是营养能量,叽叽是饥饿,喻缺少智慧。
3、几番周折几番急:人若不修炼缺乏能量,必受折腾。
4、下起雨来路有泥:摆脱不了苦难的纠缠,人生处处被动。

七 《无过》:

无奶的孩子把家当,
勤勤恳恳心儿爽。
从不索取不求报,
一心勤奋把家当。
天要下雨无处藏,
无奶的孩子心豪爽。
自我修自我炼,
只求平安一世忙。

解释《无过》:只要一心修炼,就能完善自己。
1、无奶的孩子把家当:从智能低下起步,决心当下开始修悟。
2、勤勤恳恳心儿爽:坚持做功、背经、创写笔记之三宝,心情永爽。
3、从不索取不求报:索取和求报会损德,行善不求报增德。
4、一心勤奋把家当:勤奋修炼、劳动,是当家做主的前提。
5、天要下雨无处藏:苦海里的苦是必然的,无法躲避。

6、无奶的孩子心豪爽:然而,我能以苦为乐,化苦为甜。

7、自我修自我炼:全身心地抓大事,只讲修炼不讲别的。

8、只求平安一世忙:忙于修炼,才是人生平安的保障。

八 《状》:

药师佛:天空万里彩霞飞舞,长春寺弟子不远万里来祝寿。

阿弥陀佛:人海茫茫一线天,长春寺的佛光铺满天。

达摩:怨天怨地怨神仙,修性修体修得太远。

如来佛:自我无言。

解释《状》:在一次祝寿会上,佛菩萨的即兴经文。

1、药师佛:天空万里彩霞飞舞,长春寺弟子不远万里来祝寿。(心诚)

2、阿弥陀佛:人海茫茫一线天,长春寺的佛光铺满天。(福份)

3、达摩:怨天怨地怨神仙,修性修体修得太远。(普遍存在的问题)

4、如来佛:自我无言。(有几个肯于自我解剖的?)

九 《福灯照》:(二月二龙抬头,借玉皇大帝的寿辰之机,慈悲弟子几句话。)

天下唯我寺电闪云儿散,光芒四射佛光普照喜降人间,

佛祖引路,玉皇恩师掌舵,王母把酒添。

你们幸福你们美满,师父的恩情重于山。

祝玉皇恩师生日快乐,越过越美满。

阿弥陀菩萨经文

一 《何时皈我佛》:

雾也清,路也明,
心情舒畅一身轻,
阳光照,月儿明,
佛家的大道说不清。
师父把灯照,
路靠自己行,
别让烦事锁双腿,
掉进泥潭谁也看不清。
经文是指路灯,
佛祖看你行,
大步小步不一样,
自悟自塑自心明。

解释标题:《何时皈我佛》:肉体皈心神,心神皈佛性,然后才能皈依佛陀和佛家大业。

1、雾也清,路也明:有了圣经真理,迷雾消散,大道显现,我们也从闷葫芦里解脱了出来。

2、心情舒畅一身轻:心态好,源于修道,体态则随心态而走,便吉祥而轻灵。

3、阳光照,月儿明:阴阳和合之光明大道,摆在了我们面前;心与道相合才能知其美妙。

4、佛家的大道说不清:无边的佛法,靠我们修悟和实践才能体会其中奥秘。

5、师父把灯照:佛菩萨的经文已经摆在眼前,并照耀行者(修行人)的心灵。

6、路靠自已行:菩萨慈悲如母亲,但每个儿女心中的意念,却有善与恶之分别。

7、别让烦事锁双腿:学佛经就是为了不断清除自身的烦恼琐事而树立大志。

8、掉进泥潭谁也看不清:琐事纠缠人而使之生烦恼,往往害死人,令人丧失道心、隐没智能。

9、经文是指路灯:经文就象黑夜里的明灯。

10、佛祖看你行:佛祖对每个众生都能明察秋毫、知其心迹。

11、大步小步不一样:修心强、方法对,前进幅度就大。

12、自悟自塑自心明:从盲目到自觉,从茫然到心中有数,那是要经历多少艰难卓绝的磨炼才能换得来呀。

阿弥陀佛世界，药师佛世界，还有许多四面八方的佛家大小世界，构成了一个完整统一的佛家大世界，这个佛教大家庭的全体成员，对家长佛祖的崇敬、依赖、拥戴都是一致和由衷的，这是佛家大智能群体的一个显著特征，在《何时皈我佛》这段经文中有："经文是指路灯，佛祖看你行"的句子，就显得特别实在、自然、亲切而令人感动。谁都明白，道是最可亲最伟大的。然而，大道虽好却难见其踪影；幸好道的化身亭亭耸立、光芒四射、有形有相、圣言惊人。是大道成就了观自在，是佛陀成为道的化身，众生敬仰佛祖就是敬仰真理敬仰道。

二 《养身经》：

疾病缠身日难熬，
空气干燥需水浇，
师父教你静心养，
烦恼琐事神消耗。
静下心来仔细想，
有些病魔是自己找。
排除烦恼心清高，
异想天开可不得了；
若想养身有诀窍，
佛经就是你们的传家宝。

解释《养身经》：身体健康的根本原则。

1、疾病缠身日难熬：如果被病魔纠缠不休，那是天天受煎熬的日子。

2、空气干燥需水浇：水涨才能船高，水火既济才能安康。

3、师父教你静心养：菩萨慈悲，传授心静且能养病的招法。

4、烦恼琐事神消耗：忠告弟子，耗能最大要数烦恼。

5、静下心来仔细想：一切都放下，让心静下来总结一下。

6、有些病魔是自己找：才能明白，病魔皆生于自心的道理。

7、排除烦恼心清高：烦恼和清高是健康的两大敌人。

8、异想天开可不得了：脱离实际的打算和追逐，更加危险。

9、若想养身有诀窍：还是回到养身的根源上来吧。

10、佛经就是你们的传家宝：那就是万能的佛经啊。

三 《修心经》：

心宽体壮路逍遥，
心烦心闷路难找；

遇到问题要冷静，

有些困难得压不倒；

心要静遇事不躁，

遇到琐事静心找诀窍。

解释:《修心经》:防止心神受伤害的法则。

1、心宽体壮路逍遥:心胸宽阔如大海,体魄健壮如牛,方能成为最潇洒的人哪。

2、心烦心闷路难找:心烦粗暴,心闷急躁,怨、求、恼、怒一身性,吃亏在于狭隘呀。

3、遇到问题要冷静:矛盾无处不在、无时不有;能客观冷静对待,便是化解矛盾的良方啊。

4、有些困难得压不倒:炼成钢强铁汉时,任何困难都压不倒了。

5、心要静遇事不躁:悟空宁静,心如止水;以不变应万变,以一念代万念,远离了急躁肤浅。

6、遇到琐事静心找诀窍:头脑热时尽量不决断、不处理事物,冷静下来后,运用佛法多想几个方案,只有能进能退,说话准、办事稳,才会将琐事处理得有条有理呦。以上准则便是修心的经典。

这首经文将佛菩萨的慈悲之心,体现得淋漓尽致,同时显示了佛陀教法的伟大光辉,经文中特别告诉人们:在逆境中创建顺境的秘诀是"拓宽心胸"。

四　《钢铁汉》：

抬头看天星一盏，

无风无浪无雨天。

生活顺利也觉苦，

不如有事压心烦。

应该懂得幸福来之不易，

要靠自己的双手把土填。

人间有句俗话叫知足乐，

我们应该把苦当成甜。

磨炼磨炼多磨炼，

炼成一个钢铁汉。

解释《钢铁汉》:修炼需要硬骨头精神。

1、抬头看天星一盏:大道朗朗。

2、无风无浪无雨天:环境宜人。

3、生活顺利也觉苦:不懂知足的人,是自己造苦。

4、不如有事压心烦:体会不了心静平安的美妙。

5、应该懂得幸福来之不易:没有大佛缘,哪来的幸福?
6、要靠自己的双手把土填:可是,如果自己不知苦修,成果哪能从天降。
7、人间有句俗话叫知足乐:有平常心的平凡人,就能懂得知足。
8、我们应该把苦当成甜:从苦中寻找甜,就能增长智慧。
9、磨炼磨炼多磨炼:勇敢地面对磨炼。
10、炼成一个钢铁汉:不达百炼成钢决不罢休。

五 《梦》:

嫦娥奔月很消遣,
心中的苦处跟谁谈。
虽然人间苦难多,
修炼的道路一马当先。
你过大河我搬天,
楞楞角角修泥丸。
虽然空中雾漫天,
顶着风浪也觉暖。
树立信心随佛缘,
我看天还是那么兰。

解释《梦》:人生如梦,修炼是真。
1、嫦娥奔月很消遣:嫦娥奔月实际上,并不如想象那样轻松。
2、心中的苦处跟谁谈:她没有靠顿悟得道,显示出修炼的大差距。
3、虽然人间苦难多:有师佛慈悲经文,再苦也不怕。
4、修炼的道路一马当先:要领先,就必须吃苦忍辱搞自剖和自救。
5、你过大河我搬天:你是识神,我是元神,俱有大志向。
6、楞楞角角修泥丸:将泥丸,这个心性的棱角,完全磨掉。
7、虽然空中雾漫天:客观环境虽不好。
8、顶着风浪也觉暖:佛学动力温我暖。
9、树立信心随佛缘:坚定信心跟佛走就会心胸宽广。
10、我看天还是那么兰:把自己溶于,大道朗朗的蓝天之中。

六 《满街香》:

墙内开花满街香,
泥泞的路上求吉祥。
迎着风浪也敢上,
无边无沿无处藏。

解释《满街香》:人品高贵人人敬。

1、墙内开花满街香:修行成功了的人,人缘好,口碑好。

2、泥泞的路上求吉祥:能战胜困难,吉利祥和自来。

3、迎着风浪也敢上:风浪更能激发起我的斗志。

4、无边无沿无处藏:运用无边佛法,去化解一切困苦。

七 《前》:

悟己茫茫,

人已为仓;

天伦之乐,

入佛修道才是正张。

解释《前》:前程只在悟己悟空。

1、悟己茫茫:开悟自己还是遥遥无期的事。

2、人已为仓:入世深,万物心中装。

3、天伦之乐:真正之乐,是师徒之乐。

4、入佛修道才是正张:念念不忘三宝,迟早能开悟。

玉皇大帝菩萨经文

一 《球》:

我把球儿抛,娃娃看着笑。
它能随风跑,也能把泥搅,
摇晃摆不定,它能带你笑,
可是主意还得自己找
顺风摆来顺风摇,周身有泥无人要,
风儿一刮它就跑,脚儿一踢找不着。
你说此物好不好,细细的想来细细的嚼,
拿不准主意顺风倒,我看这样的人不算好。

解释《球》:欲求好不好呢?

1、我把球儿抛,娃娃看着笑:扔掉欲求,幼稚者会耻笑你。

2、它能随风跑,也能把泥搅:市面上兴什么就追逐之,遂沾染一身毛病。

3、摇晃摆不定,它能带你笑:常变换求的内容,得到了就欢喜。

4、可是主意还得自己找:这种快乐虽是临时的,带来的苦恼却无穷。

5、顺风摆来顺风摇,周身有泥无人要:不修练没有根,人缘差威信低。

6、风儿一刮它就跑,脚儿一踢找不着:与其随波逐流,还不如抛弃它。

7、你说此物好不好,细细的想来细细的嚼:欲求本是修炼和做人的障碍。

8、拿不准主意顺风倒,我看这样的人不算好:如果还想保留它,值吗?

二 《幸福》:

鲜花开供果摆,
长春寺幸福在。
求师保佑不忘怀,
佛祖慈悲幸福撒满怀。

解释《幸福》:有了最高榜样的力量,才能有大福大贵。

1、鲜花开,供果摆:学佛修道久了,换取了心花常开,继而可获得果位。

2、长春寺幸福在:有佛心的和尚最幸福。

3、求师保佑不忘怀:心中常想师父在。

4、佛祖慈悲幸福撒满怀:主动接受佛祖慈悲的人最为有福。

三 《霞》：

你们好比一只鸟，

飞来飞去乐逍遥。

独自展来独自望，

哪有江山一丛豪。

众鸟叼柴火焰高，

飞到天边也能把家找。

齐心合力敬我佛，

祝长春寺的弟子步步高。

解释《霞》：应该追求的目标。

1、你们好比一只鸟：人的心灵自由自在。

2、飞来飞去乐逍遥：在自己的天地里无拘无束。

3、独自展来独自望：自修自练独来独往。

4、哪有江山一丛豪：然而，单丝不成线哪。

5、众鸟叼柴火焰高：如果大家团结一条心，力量将倍增。

6、飞到天边也能把家找：心相通就永不失散。

7、齐心合力敬我佛：以佛法为令，就会产生凝聚力。

8、祝长春寺的弟子步步高：那将是师徒共同向往的景象。

四 《四学歌》：

一学经文智囊开，

二学经文慧眼开，

三学经文心体泰，

四学经文佛门是大开。

解释《四学歌》：四种修悟的层次。

1、一学经文智囊开：通俗点说，智囊就是佛性，佛性得到经文的宝贵开启，那是增长智能的吉祥兆头。

2、二学经文慧眼开：慧眼，是指心灵智能之窗口，已被佛经道理打开，心明眼亮是因为智能已产生了飞跃，看问题已达深、透、真、准的程度，远离肤浅而超越了常人。

3、三学经文心体泰：心是指元神系统，体是指识神系统，人的这两个系统如能圆满协调，就叫做人佛合一，也可说已达“心宽体壮”了。

4、四学经文佛门是大开：学佛经到了纯熟时，不但在佛学理论上已达融会贯通，在行为上也已达言行一致、表里如一。‘佛门’可解为慈悲善门，‘大开’可理解为，已达慈悲为怀了。

这篇经文为我们生动的描绘出，学习佛经的层层深入状况和其美好的光明前景，鼓励我们众生在孝自身佛方面，要义无反顾地以佛经为动力、以佛陀为榜样而循序进取。

五 《捍》：

扬眉吐气揽天下，

妖魔鬼怪为我压，

一身正气揽天下，

悟来悟去把自己夸。

人间的丑恶何时了？

放下屠刀修佛吧。

解释题目《捍》：捍卫，捍卫佛法、正气和真善美。

1、扬眉吐气揽天下：理直气壮，信心百倍地用佛心、佛性去主宰、承揽人生之大方向。

2、妖魔鬼怪为我压：怨求、烦恼和邪恶一律失宠，并被道心治得服服帖帖地而不敢兴风作浪。

3、一身正气揽天下：元神充满能量，人生充满智慧，标志着修心养性功夫，已达到得心应手的程度。

4、悟来悟去把自己夸：悟性和觉悟与日俱僧，迎来了心态和体态的高度谐和统一；元神会夸奖识神配合得好，识神也会由衷地钦佩元神智谋高。

5、人间的丑恶何时了：然而，修炼的难度毕竟是非常之大，思想上和行为上的丑陋习性，时常会寻机顽强自我表演，不肯轻易退出五彩缤纷的人生舞台。

6、放下屠刀修佛吧：只有运用智慧去启迪思想而开悟和自治，才能将心神真正依止于佛法，并主动去迎受严峻的考验和磨炼。如果邪恶之屠刀不能坚决放下，那将必定伤人又伤己。

在这首经文中，佛陀教法的伟大灿烂光芒，得到了异常精彩的展示，使人的心灵受到震撼而感悟。

我们三界六道的总司令官玉皇大帝，经过长期的刻苦修炼，在悟通至高真理《心经》的同时，已达阿耨多罗三藐三菩提的高级佛果。这位天上的伟大国父，悟透了如来佛的《心经》后，智慧和能量剧增，成为神佛和众生的光辉榜样，因而受到佛祖的高度赞赏。在十多年前，是玉皇大帝庄严宣布：盛法盛世正式开始，换汤换药史无前例，善恶有报成为宗旨，佛光普照三界大吉。在一次祝寿会上，佛祖曾即兴说过如下一段话：

歌声美鲜花艳，众徒心齐来祝寿，

大好的山河，唯有国父保护咱。

身穿龙袍脚踏一片天，拨开云雾看人间；
他把福降到人间，把邪恶来驱散，
他是一国之父一天之王，带领我们众弟子把江山。
在这个大喜大庆的日子里，我们共同祝福国父，
生日快乐，福如东海寿比南山。
这就是如来佛的伟大慈悲法语。

六　《称赞》：
佛光照万家灯火亮，
鞭炮齐鸣响云霄，
我佛慈悲因人而宜修佛忙，
长青寺的供果香飘万里百花争艳。
希望你们在修佛的路上，
悟性一天比一天增强。
（这是玉皇大帝在一次法会上的即兴相机说法记录）
解释《称赞》：鼓励弟子们修佛的积极性。
1、佛光照万家灯火亮：佛家真经，已从天外传了下来。
2、鞭炮齐鸣响云霄：盛法盛世的福音，给人间带来了欢愉。
3、我佛慈悲因人而宜修佛忙：佛祖真经，引发了众生修炼的积极性。
4、长青寺的供果香飘万里百花争艳：人间佛道，呈现出一派新气象。
5、希望你们在修佛的路上：玉皇恩师对佛子道子，寄以厚望。
6、悟性一天比一天增强：希望弟子们的悟性，能适应盛法盛世的新形势。

七　《领》：
身穿龙袍，
脚踏一方，
唯我独尊，
独领风骚。
解释《领》：当头做领，身先士卒。
1、身穿龙袍：佛性做我的主，我为三界做主。
2、脚踏一方：我用道心去维护大自然的规律。
3、唯我独尊：修炼自己，当仁不让。
4、独领风骚：我带领众生，共同追寻佛光普照的那一天。

八　《寿礼》：
百花盛开无忌讳，

孝徒拜寿歌声美，
大风大浪由我顶，
坎坷的路上由佛祖推。

解释《寿礼》:战胜自己心花开放,是孝师的最高礼物。

1、百花盛开无忌讳:掌握了佛法,就能心花永开,无拘无束。

2、孝徒拜寿歌声美:人心思齐,歌也美,人也美。

3、大风大浪由我顶:排除艰险我带头。

4、坎坷的路上由佛祖推:佛祖是大家的总后台。

九 《赏春》:

大雁南来春儿到，
百花盛开喜洋洋，
我寺紧随佛祖走，
潇洒迎春又一年。

解释《赏春》:弟子的修炼如春潮常在,令人赏心悦目。

1、大雁南来春儿到:弟子从艰难中解脱出来,被佛法之春风所沐浴。

2、百花盛开喜洋洋:望空一切、看开一切,才能喜从中来。

3、我寺紧随佛祖走:庙里的和尚,全都赤心向佛祖。

4、潇洒迎春又一年:有如来佛的慈悲加被,今年修佛收获将更大。

十 《永不休》:

风雨交加日当头，
天灾地陷我不愁，
大风大浪我领你们度，
海阔天空永不休。

解释《永不休》:永无休止,提升悟性。

1、风雨交加日当头:困难当前,正需要我们马上去冲锋陷阵。

2、天灾地陷我不愁:学佛才有承受力和应变力。

3、大风大浪我领你们度:有国父我带你们冲阵。

4、海阔天空永不休:永远的主题是悟忍辱、炼宽容、筑大器。

十一 《悟自》:

祥和的日子越过越美好，
我们年年有今日多求师父保，
你修佛我修道都是一个心愿，
早日把自身的污泥消。

解释《悟自》:高调悟自己,低调悟别人。

1、祥和的日子越过越美好:如果想追求吉祥和睦和美好,就必须抓住悟己这一环节才成。

2、我们年年有今日多求师父保:保持一贯的好情绪,靠的是孝师之心。

3、你修佛我修道都是一个心愿:天上天下的智者,都在向真理靠拢。

4、早日把自身的污泥消:这是追求人生进化的唯一正道。

十二 《灯》:

霹雳一声震天响,
世界出现了红太阳,
他领导你们修佛悟佛走佛道,
他是我们心中的榜样。
艰难起步一直到今天,
千山万水爬行而过,
步步艰难谁能理解,
替天行道超度众生,
给你们带来了福,消除了祸,
她是一盏明灯,
永远照耀着我们永不退色。

解释《灯》:这是颂扬如来佛的经典篇章,必将万古流芳。

1、霹雳一声震天响:盛法盛世的春雷,经历了千百万年,终于响彻在天外。

2、世界出现了红太阳:这都是红太阳领咱创造的奇迹,如今初显现。

3、他领导你们修佛悟佛走佛道:佛祖以道和真理之化身来现身说法。

4、他是我们心中的榜样:人类最高榜样的力量是无穷无限的。

5、艰难起步一直到今天:世世代代艰难卓绝,如今才见亮。

6、千山万水爬行而过:吃大苦、忍大辱,呕心沥血。

7、步步艰难谁能理解:所经历的千难万险,不可思议、不堪想象。

8、替天行道超度众生:心中只有佛道和众生。

9、给你们带来了福,消除了祸:我们学佛修道之人是具体受惠者,真是福大造化大。

10、她是一盏明灯:一盏令人向往和景仰的灯塔。

11、永远照耀着我们永不退色:大救星的风范,恩德无边无量。

王母娘娘菩萨经文

一 《根》:

慧眼金根无处视,
逍遥自在白了头,
一刹难得几时过,
深深地领会心怀开。
只有经文能渡我,
大事小事能看开,
他好像玲珑宝塔灯光闪,
前进的道路无阻碍。

解释《根》:扎根深才能树大叶茂。

1、慧眼金根无处视:产生的大智慧,和深深扎下的道根虽珍贵,却看不见。

2、逍遥自在白了头:修炼还没开始,宝贵的光阴却荒废殆尽。

3、一刹难得几时过:磨练能持之以恒,才有增智可贵的那一刻。

4、深深地领会心怀开:当人开悟时,才知道争分夺秒修道的伟大益处。

5、只有经文能渡我:靠任何别的学问来自度,都将是竹篮打水一场空。

6、大事小事能看开:有圣经来武装,世间没有看不开的事情。

7、他好像玲珑宝塔灯光闪:是指路灯,是北斗星,是人生唯一的无价宝。

8、前进的路程无阻碍:掌握了佛宝,智慧得以递增,人生必定成功。

二 《婵》:

人间几度沧桑几度光,
掌握好尺度莫慌张,
敢于自我剖腹与邪恶斗,
哪有拿刀敢于自我伤?
看别人的缺点容易,
自我剖腹心不长。
墙外开花墙内香,
满篮子的鲜花还嫌脏,
手拿陵镜自我看,
高矮漂亮自寻尝。

解释题目《婵》：意思是美好，修悟自己解剖自己能美心、美容，是谓美好。婵在此亦可当禅字讲。

1、人间几度沧桑几度光：人的一生有许多大的转折和苦难，有时就像沧海转化成桑田那样巨变，然而在人生中能获得多少光明和真理呢？

2、掌握好尺度莫慌张：只有能掌握好善恶行为的尺度，才能心安理得而从容不迫。

3、敢于自我剖腹与邪恶斗：获得智能和不断觉悟的最佳办法是：向自身的毒瘤贪、瞋、痴开刀，坚持不懈地与邪恶杂念做斗争，直到将其根除净。

4、哪有拿刀敢于自我伤：然而，有自我解剖勇气的人真是太难见到了，有谁肯呢？真是寥寥无几、难能可贵。

5、看别人的缺点容易：俗话说，旁观者清。然而，喜欢挑剔别人的毛病，那是由人的天性弱点所决定。

6、自我剖腹心不长：一旦涉及到自身的缺点和错误时，就会采用文过饰非、强词夺理、轻描淡写等高招来自护其短。

7、墙外开花墙内香：客观环境好，不能误认为是我有本事而往自己脸上贴金，更不能把别人的成绩错算在自己的功劳簿上。

8、满蓝子的鲜花还嫌脏：因为自视清高，往往抹杀了别人的优点和贡献，而一旦抓住别人一点小辫子就不肯放手。

9、手拿陵镜自我看：镜子不是照别人的，镜子的功能是专门用来照自己的，在照镜子中可以看清自己的真相和毛病。也可以把经文当做镜子。

10、高矮漂亮自寻尝：长期认真修悟佛法，就能修悟成一面心灵之镜，从镜子里会真实地反映出，一个人的缺点和优长，只有能客观地品尝、看待自己，才能建立起自我美德的家园；一个人只有一心不二地悟已，才能逐渐形成美好的“婵”之人生境界。

这首经文深刻、实在，是伟大佛陀思想的生动发挥和表述，堪称学悟佛法的典范，不愧是佛陀的好学生。每个行者不妨把此经挂在墙上，背下来并牢记心中，把她当成我们一言一行的座右铭。诸位觉得这个建议提得还好吗？

三　《谅》：

地藏王菩萨的经文，
从深到浅细钻研，
能悟出人间的丑恶，
自得其果因果篇。
六道轮回自我塑，
地狱畜牲后果难，

反复看来反复念，

今后的日子还很远，

要把经文当衣衫，

自修自悟早与师团圆。

解释《谅》：体谅领会菩萨深意。

1、地藏王菩萨的经文：因为实在，受人重视。

2、从深到浅细钻研：悟深悟透很必要。

3、能悟出人间的丑恶：能分清善恶的界限，以利于规范自己的言行。

4、自得其果因果篇：弄懂因果关系，才能只积德而不造恶因。

5、六道轮回自我塑：轮回是各有其标准的，人应掌握其选择的主动权。

6、地狱畜牲后果难：为了避免走三恶道，就要及早制定自己的修行规划。

7、反复看来反复念：从中汲取一些修炼悟道的方法和动力。

8、今后的日子还很远：人的生命漫长，修路也漫长。

9、要把经文当衣衫：经文是人生灵魂的师长，须臾不可离。

10、自修自悟早与师团圆：只有达到菩萨的要求，才能报恩于师佛。

四　《惰》：

一人抬山头不抬，

众人抬山能移开。

心齐如一莫分歧，

大事小事用心猜。

天蓬元帅投猪胎，

修来修去糊涂胎。

有心移山志要坚，

大海捞针细细地踩。

上山要有顶峰意，

生活之中苦中取乐笑开怀。

解释《惰》：思想懒惰悟难开。

1、一人抬山头不抬：一人力量有限。

2、众人抬山能移开：众志成城。

3、心齐如一莫分歧：用佛性统一二神。

4、大事小事用心猜：分清大是大非，远离是是非非。

5、天蓬元帅投猪胎：历史教训。

6、修来修去糊涂胎：怎敢忘怀？

7、有心移山志要坚：学个愚公移山。

8、大海捞针细细地踩:这是验证决心和悟性的好办法。

9、上山要有顶峰意:储备不登巅峰决不罢休的毅力和意志。

10、生活之中苦中取乐笑开怀:勇于变革苦,才能有真乐。

五 《一滴水》:

人需氧水浇田,
事物事情有牵连。
你们如同大海一滴水,
发扬光亮别嫌烦。
走一步看一看,
一步深来一步浅,
人间也有琐碎事,
压得你们看不到天;
光明不是自己放,
勤劳的汗水洒满园。

解释《一滴水》:缩小自己。

1、人需氧水浇田:各取所需。

2、事物事情有牵连:任何事都不是孤立的。

3、你们如同大海一滴水:溶于大海,每滴水都有价值。

4、发扬光亮别嫌烦:低调做人不张扬为好。

5、走一步看一看:仔细修炼每一步。

6、一步深来一步浅:生活不会平静,思想准备充分。

7、人间也有琐碎事:琐碎事要能放得下。

8、压得你们看不到天:否则就是沉重包袱。

9、光明不是自己放:学会不显示自己。

10、勤劳的汗水洒满园:勤奋学习劳作,是在种植善因。

六 《舍》:

成群的绵羊山里来,
大树小树得分开。
人间有张无形网,
有时开来有时埋。
要树立坚定的信心,
人生几时自信才。

解释《舍》:舍掉入世贪求之凡夫心,才能胸有大志。

1、成群的绵羊山里来:众生都是从苦难中进化过来的。
2、大树小树得分开:能否长成材料,全靠主观努力。
3、人间有张无形网:名利色情之网。
4、有时开来有时埋:有了贪嗔痴,则网自动打开。
5、要树立坚定的信心:修悟的信心,靠用佛法自己树立之。
6、人生几时自信才:靠坚持不懈的努力,则信念和成果将同至。

七 《勉》:
龙袍龙心龙体态,
一盏天下佛光来。
挥舞长鞭骑骏马,
保佑天下福康泰。

解释《勉》:衷心地勉励国父。
1、龙袍龙心龙体态:威风来源于心体二态的合和。
2、一盏天下佛光来:用佛灯照亮了十方世界。
3、挥舞长鞭骑骏马:心中有佛,悟性一日千里。
4、保佑天下福康泰:国父的责任是,护持引领,天下苍生。

八 《望空》:
人无邪念方是本,
人有杂念一场空,
望空一切。

解释《望空》:悟空。
1、人无邪念方是本:人靠除邪,来塑造正直秉性。
2、人有杂念一场空:如保留杂念,修炼将只是走走过场。
3、望空一切:所以要看空万事,放下一切,看开一切,化解一切。

九 《不回答》:
天气有云雾也大,
长寿寺的供果满天下。
恩恩怨怨抛弃它,
修成正果为了啥?
这个我不回答。

解释《不回答》:启发弟子要自己搞明白。
1、天气有云雾也大:社会上的垃圾现象层出不穷。
2、长寿寺的供果满天下:天下佳庙修炼的果实累累。

3、恩恩怨怨抛弃它:不在是是非非琐事上纠缠不清。

4、修成正果为了啥:行者的主要矛盾是什么?

5、这个我不回答:你做到心中有数了吗?

十 《彼己》:

了解自己的人才是英雄,

能够解剖自己的人才是勇士,

知彼知己才能百战百胜,

谦虚礼让和睦待人才是人的美德。

解释题目《彼己》:己是元神,彼是识神和佛性,'彼己'是说这三者各自的水平程度和相互关系如何。

1、了解自己的人才是英雄:只有客观认识自己,才能有效地善待自己,能自爱、自悟、自治,方能显出英雄本色。

2、能够解剖自己的人才是勇士:自我剖腹除掉毒瘤,卸掉身上背着的包袱,轻装上阵而知足乐观,是超越自我的大智大勇行为。

3、知彼知己才能百战百胜:能修炼达一身佛光、一身智慧时,才能战胜自我和征服邪恶而心想事成、万事如意。

4、谦虚礼让和睦待人才是人的美德:有功德的人虚怀若谷、坦荡宽容,以慈悲和佛光普照的内涵去感染人,这是最令人羡慕的,这是知彼知己后才能建立起来的美好功德。

佛菩萨王母恩师的妙语,是对菩提和彻悟的赞美,同时这些美德标准,也正是我们行者反观自照的准则,经文中生动、深透地体现了佛陀的伟大教法。

细心的朋友一定会看得出来,王母娘娘菩萨的经文《彼己》,是高度赞扬佛祖的美妙篇章:能透彻了解自己的大英雄只有佛祖;真正彻底解剖自己的最大勇士,也只有佛祖;全方位知彼知己、佛法无边、无往而不胜的永久战神,唯如来佛独领风骚;谦恭和蔼、慈悲大度、平易可亲、一身正气,更显出与大道相吻合的最高榜样之德能者,就只有是全佛家的宗祖。

有如此高超透彻观察力的天上之国母,在悟通《心经》之后,能修成佛果,得阿耨多罗三藐三菩提,也就是顺理成章、自然而然的事了。

十一 《修佛》:

桃子苹果和鲜花,

美酒点心还有茶。

欢欣喜庆又一年,

我们团结在佛祖身边快快成长吧。

解释《修佛》:巧妙活泼地点化弟子。

1、桃子苹果和鲜花:桃子,逃离苦海。苹果,得正果。鲜花,心花常开。

2、美酒点心还有茶:美酒,美满。点心,点化心灵。茶,自查自剖。

3、欢欣喜庆又一年:用修炼的成就当做欢庆贺礼。

4、我们团结在佛祖身边快快成长吧:王母认准了:佛祖最崇高伟大。

十二 《空》:

细雨绵绵共婵娟,

几度时光无邪念。

人间美酒喝不尽,

大雪飘飘还有缠。

问君何时能领悟,

雪上加霜无缠绵。

解释《空》:本来空,看不空;看不空,苦难重重。

1、细雨绵绵共婵娟:在苦海里,把追逐贪欲当作美好去认识。

2、几度时光无邪念:然而,入世贪图必生风险,岂可不防?

3、人间美酒喝不尽:在苦海里,追求名利财和享乐,是无止境的。

4、大雪飘飘还有缠:外界的打击和内心的痛苦,皆隐含在生活之中。

5、问君何时能领悟:什么时候能把悟道悟空,当作人生的主题呢?

6、雪上加霜无缠绵:真正开悟了的弟子,才能机智地排除重重困难。

十三 《安》:

水涨船高顺风飘,

生活越过越美好,

全家身体都康泰,

若想上楼一层更比一层高。

解释《安》:平安靠三宝。

1、水涨船高顺风飘:做功念经写笔记,能务这三宝,水平自然得提高。

2、生活越过越美好:没有杂念欲求,只追求真谛,人生无忧愁。

3、全家身体都康泰:因能自持三宝,带动全家皈佛,康泰便可同至。

4、若想上楼一层更比一层高:修无止境,只要不停步,就能步步登高。

十四 《嗯》:

天下本无事,

莫把他当英雄。

苍蝇无处有,

心乱也得行。

解释《嗯》:暴躁令人嗯心。

1、天下本无事:万事皆空,为何要无事生非呢?

2、莫把他当英雄:粗暴急躁狭隘,绝非英雄所为。

3、苍蝇无处有:总会有不如意的杂事来干扰。

4、心乱也得行:把心乱修成心静,才是真功夫。

十五 《恨晚》:

人要正来无邪念,
大海滔滔永不烦。
海深水浅无我意,
度到河岸还嫌难。
有吃有穿心还烦,
你说叫我怎么办?
河水清天空兰,
这座山需要自己搬。
幸福不是从天降,
靠自己的双手幸福代代传。

解释《恨晚》:尽早觉醒多主动,悔恨太晚损失重。

1、人要正来无邪念:正与邪本来是经纬分明的。

2、大海滔滔永不烦:可苦海里的人们,会不厌其烦地去追逐名利。

3、海深水浅无我意:又会把深深入世,说成是环境所逼。

4、度到河岸还嫌难:对于修炼达彼,却叫苦连天。

5、有吃有穿心还烦:饱食终日,喜用烦恼来陪伴自己。

6、你说叫我怎么办:自己无目标没恒心,一片茫然。

7、河水清天空兰:朗朗大道明摆在那里。

8、这座山需要自己搬:自己有决心有见识便可自治。

9、幸福不是从天降:不依赖外界碰好运,不异想天开。

10、靠自己的双手幸福代代传:自己动手丰衣足食,自己动脑智慧添。

十六 《五一节》:

五一节是历史造,
有哭有笑有烦恼,
人间的生活差距难找,
做善事有好报。

不求名利不求报，

只求来世平安到。

解释《五一节》：节日里说的经文。

1、五一节是历史造：节日的诞生有其来历。

2、有哭有笑有烦恼：三恶道苦，行者乐，凡夫有烦恼。

3、人间的生活差距难找：攀比烦恼，知足常乐。

4、做善事有好报：积德消业往往是看不见的良性报应。

5、不求名利不求报：求名利难修行，求就愁，愁就病。

6、只求来世平安到：平安进入三善道，平安达彼更好。

南极仙翁菩萨经文

一 《南极仙翁真经》第一二四款:

我有宝,他有宝,

悟迷之罪也。

你悟空,他悟空,

无能之害也。

本领自己找,

心有力志不成也。

回头看世展前程。

解释《南极仙翁真经》:寿星菩萨的代表作。

1、我有宝,他有宝:元神的宝是佛性,识神的宝是跟随元神的法性。

2、悟迷之罪也:否则免不了要吃苦受罪。

3、你悟空,他悟空:人人都需要悟空。

4、无能之害也:否则能量不足是自己害自己

5、本领自己找:用悟己去追求智慧。

6、心有力志不成也:唯我独尊才能立志。

7、回头看世展前程:向前是贪欲入世,肯回头是修佛悟道。

二 《道得经》:

十八层地狱你看不见,

妖魔小鬼铁篱栏,

满腹冤屈无人管,

恶摄本相连。

人间好事千千万,

看得明白做起来难。

解释《道得经》:大道无形,志在必得。

十八层地狱你看不见:人只有观察宏观事物的功能。

妖魔小鬼铁篱栏:妖鬼是微观物质生命现象。

满腹冤屈无人管:他们作恶下地狱,还觉冤枉。

恶摄本相连:恶业如影随形,印记在元神这个电脑磁盘之上。

人间好事千千万:可以行善的机会很多。

看得明白做起来难：首先要自善其身，然后才有可能行善利人。

三 《坎字经》：

一折：《悟之遥》：

大海波涛路泥遥，

浪打飞雪雾已消，

何时才明了？

解释一折《悟之遥》：开悟的路程遥远。

1、大海波涛路泥遥：在苦海里迷茫之路很漫长。

2、浪打飞雪雾已消：一旦佛宝得到了，便云消雾也散。

3、何时才明了：可是开悟，却仍然不那么简单。

二折《悟明了》：

万事逍遥困虫找，

先人指路不费脑。

得到的果实长不牢，

何时何日把果消。

解释二折《悟明了》：能化解一切烦恼，才算明了。

1、万事逍遥困虫找：随波逐流不要强，只好昏昏沉沉地过日子。

2、先人指路不费脑：虽然经文在手，但没在修悟上下功夫。

3、得到的果实长不牢：既使懂得一些佛理，也只能算作口头禅。

4、何时何日把果消：应该追求学悟结合和言行一致。

三折《悟得道》：

花好月圆团团坐，

唯师念经你禅坐。

苦炼经文细理解，

翻山越岭走险坡。

顺者逆，逆者昌。

解释三折《悟得道》：不畏艰险有望得道。

1、花好月圆团团坐：入佛门这个唯一的正路真好。

2、唯师念经你禅坐：按师父的指示去苦修。

3、苦炼经文细理解：用经文来破解心中的迷惑。

4、翻山越岭走险坡：对于修行路上的千难万险，需要面对，不可绕行。

5、顺者逆：能顺其自然者，必定选择逆水行舟。

6、逆者昌：真正迎风斗浪不畏艰险者，才能见到昌盛的美好景象。

四 《意念经》之一：

抬头举目星无数，

若问人间几时愁，

悟来悟去悟白头，

自身难解自身修。

意要坚、心要正、

体要宽、眼要尖，

灵魂深处无杂念。

解释题目《意念经》：应该如何用佛法的原则，来把握自我的思维意念呢，请看以下道理。

1、抬头举目星无数：看得高远看得深邃，便可体悟到朗朗宇宙一片宽敞，星星高洁奉献光明，那是象征和显示佛光普照的。

2、若问人间几时愁：什么时候能用朗朗天道，化开心中的忧愁呢？

3、悟来悟去悟白头：时光紧迫悟性缓慢，这一对矛盾应如何有效地解决呢？很多人悟了一辈子，也没悟出个头绪。

4、自身难解自身修：只要是能跳出来，客观地认识自我，才能在艰难卓绝地苦修领悟中，达到不断地突破和超越自我。

5、意要坚、心要正：修心强，不间断也不动摇；心正多悟己，心邪才多悟别人。

6、体要宽、眼要尖：心胸拓宽得象大海一样；说话准、办事稳，待人处事能运用佛法之智能。

7、灵魂深处无杂念：熟读佛经，扎深道根，心性真达空静了，杂念妄念便根除了。

经文前四句是第一段，大意是：佛光虽普照，拯救靠自己。

经文后三句是第二段，大意是：经文有秘诀，悟字要当头。

从经文的内涵中透露出，菩萨对佛陀思想理论的理解已达高层次，从而生动地为我们讲述了，如何把握自我思维意念的方法和原则。

五 《意念经》之二：

心邪要把泰山搬，

明知有宝挖不见，

忽然一声雷声响，

自葬自身难见天。

我坐帆船你掌栏，

明知有险雾满天，

狂风暴雨船已翻，

我明知救人有艰险，

排除杂念把他拦。

解释《意念经》二：

1、心邪要把泰山搬：把神通、速成看得过重，谓之非。

2、明知有宝挖不见：向身外去求，大方向搞错了。

3、忽然一声雷声响：走火入魔有恶报。

4、自葬自身难见天：自己的一念之差，戕害了自身。

5、我坐帆船你掌栏：假如让识神当家。

6、明知有险雾满天：元神对风险早有预感。

7、狂风暴雨船已翻：果然欲求让我吃了大亏。

8、我明知救人有艰险：当元神醒悟了过来时。

9、排除杂念把他拦：方知道，必须由自己来当家作主才成。

六 《十二结》：

无怨无恨不结仇，
无贪无淫无所求，
无腐无邪无结仇，
无官无禄一身修。

解释：标题中的'结'字是障碍的意思，如一条绳子打了结，要解开它才好用。比喻思想中的疙瘩解不开，就成了修行路上的拦路虎，如不解除它，便无法前进，且时刻存在被虎咬伤的危险。

1、无怨无恨不结仇：有句话叫恶语伤人，那么什么能伤己呢？怨恨。有怨恨就生气，生气心态便不平衡，心态不平衡就会影响体态的不平衡，这样便会心体同时得病，这不就是因为有怨恨而伤自己了吗？怨恨到一定程度便会上升为仇敌，与人结仇对自己便会有更大的伤害和危险性，这是自己为自己前进设置的障碍。

2、无贪无淫无所求：贪是贪图名利贪图安逸，贪天功为已有等；淫是指非法不正当的异性关系，即外遇或邪念；不该得到的东西想得到叫做求，佛经上说："有求就有愁，愁坏了身体也难修。"

3、无腐无邪无结仇：腐是腐败和铺张浪费，不正当的人事和钱财往来及不良恶习行为等；邪是邪念邪恶行为，不光明正大不走正路，与正确的伦理道德相违背等；前面第一句的仇是自己不与别人结仇，这句的仇是指别人没对自己有仇恨。

4、无官无禄一身修：这一句是修行的高标准，既不图名也不图利，既一无所有又一无所求；全身心地投入到悟己修佛的高尚境界之中，将正宗化缘者和身心出了家和尚当作学习的榜样。

这首佛学经文讲的内容很重要，如果我们所做，真正达到了这首经文的要求，就离得道水平很近了，佛陀的经文，菩萨的经文，我们只要能理解并做到了一首,就可能在修行路上大功告成,大家仔细想想,看看是不是这么回事?比如本书中的佛经《因果关系》、《观》、《彼己》、《禅》、《捍》、《静功绝窍》、《谈孝道》等都是一样,就是把一句经文真正学懂了并能做到,也是很了不起的,比如"心勿离其道,神勿离其窍"、"望空一切"等,确实能将其理解消化,就达到了高僧大德水平。再如《八正道》,凡是能真正将一两个正道修习好就十分不简单了,那就已站在修炼人众之上了。当然经文与经文之间的内在联系十分密切,都是相辅相成的。熟读经文、广学经文与深钻经文结合起来,才是悟得高、悟得深、悟得透、悟得真,这样以来,心性的修炼才会产生量变到质变的飞跃过程。

七 《勿念我》:

人在世间一身正,
好运恶运枉自行。
银山美酒心无念,
狂风暴雨心坦然。
若有人指你心不烦,
静下心来细体验。
我若心亏不自量,
一心秉正心坦然。
自己硕果自己品,
不要让他人顶雨寒。
自己走的路要自己修,
前程似锦莫怕寒。

解释《勿念我》:看空自我缩小自我。

1、人在世间一身正:善良勤俭,严以责己者为正。

2、好运恶运枉自行:什么样的运气降临,我都能把握得好。

3、银山美酒心无念:对于吃喝享乐,我不动心。

4、狂风暴雨心坦然:天大的灾难和打击来临,都能从容应对。

5、若有人指你心不烦:对来自外界的指责,皆能虚怀若谷。

6、静下心来细体验:细心采纳其合理部分。

7、我若心亏不自量:自责是首要的,悟己是领先的。

8、一心秉正心坦然:不做亏心事,为人坦荡大方。

9、自己硕果自己品:有了成绩要感恩,有了过错自认账。

10、不要让他人顶雨寒:推功揽过不怨求,不迁怒。

11、自己走的路要自己修:亲手铺路修路,没有妄求妄念。

12、前程似锦莫怕寒:锦绣前程,必靠艰苦奋斗去获取之。

八 《看我》：

我如一片云，
雷闪就下雨，
风吹我不动，
四季我长存。
有人看我笑，
有人看我烦，
谁都需要我，
我也在自练。
有人看我远，
风打云不散；
自修要自炼，
钢铁化成丹。

解释《看我》：看看我这个元神是怎么做的。

1、我如一片云：我修炼得就像云朵那么柔顺。

2、雷闪就下雨：佛法指令来了，我就照办。

3、风吹我不动：邪风吹来我稳如泰山。

4、四季我长存：季节和环境的风云变幻，都动摇不了我的佛心。

5、有人看我笑：修炼得好的时候，别人喜欢我。

6、有人看我烦：修炼得差的时候，就连识神也都不痛快。

7、谁都需要我：因为元神是中心，识神是情报员和员工。

8、我也在自练：修心养性是我的本职工作。

9、有人看我远：当我修成远见卓识时。

10、风打云不散：便有极强的定力和承受力。

11、自修要自炼：这是我的主要功课。

12、钢铁化成丹：最终要炼成一个，无比纯真、无比坚硬的金刚之体。

九 《雄》：

人海茫茫我第一，
大河小河有争议。
梧桐树下来修炼，
各怀心腹口不一。
上山如同蹂云梯，
要想做人不容易
不要争，不要斗，

草坪之中找蚂蚁。

天上的星星数不清，

谁人挡道拦路行？

不要把江山看得那么重，

要把荣誉当球踢。

我行我素无其果，

不要把自己看成是第一。

解释《雄》:是不是英雄,由大家评定才算数。

1、人海茫茫我第一:在茫茫苦海中,自己感觉比谁都高明。

2、大河小河有争议:对人间琐事和是是非非,也要论长道短拔个尖。

3、梧桐树下来修炼:梧桐树代表享乐,即没有吃苦的思想准备。

4、各怀心腹口不一:二神不统一,这是你争我斗的典型表现。

5、上山如同踩云梯:智慧的高山就像天梯一样,难见其踪影。

6、要想做人不容易:最难做到的是,人的品格高尚。

7、不要争,不要斗:见识肤浅的人,只看重是是非非。

8、草坪之中找蚂蚁:总是以挑剔别人的毛病为己任。

9、天上的星星数不清:大道就像天上的星星一样明亮。

10、谁人挡道拦路行:私心杂念,就是行者的拦路虎。

11、不要把江山看得那么重:江山,我的面子、地位、身价等。

12、要把荣誉当球踢:去掉虚荣,低调做人不张扬为好。

13、我行我素无其果:保留自身无明和任性,不如恩报和苦修好。

14、不要把自己看成是第一:低调悟人,高调悟己,放下身段,才好修行。

十　《炼》:

旷旷地野无地容，

美酒佳宾喜盈盈，

若问我徒为何笑？

先打板后体刑。

解释《炼》:正果来源于苦炼。

1、旷旷地野无地容:人间一场空,不是归宿之所。

2、美酒佳宾喜盈盈:可是修炼却有了好收成。

3、若问我徒为何笑:学《心经》跟佛走,慧眼打开了,前景无限好。

4、先打板后体刑:因为我懂得了,自我严酷要求,才是回归彼岸的保障。

十一 《舍》:

凌霞一点照,

悟来悟去悟明了,

有人观佛求灯照,

抬头望灯如大雕,

解释《舍》:归宿,依赖佛经就有好归宿。

1、凌霞一点照:看到经文放射出的霞光了。

2、悟来悟去悟明了:悟懂了经文就是衣裳的道理后,方知不穿衣必丑陋。

3、有人观佛求灯照:盼望佛祖赐恩,打开弟子的心扉。

4、抬头望灯如大雕:啊,原来佛经威力,犹如猛雕一样势不可挡。

十二 《注》:

海水清来湖水香,

心静一身做功忙,

修得自身好硕果,

不管凡间丑事长。

解释《注》:注重修炼元神,带动一切。

1、海水清来湖水香:海水喻元神,湖水喻识神,香喻人缘好。

2、心静一身做功忙:心禅与苦练功是相辅相成的。

3、修得自身好硕果:专注修炼获智的成果。

4、不管凡间丑事长:外界再多的任何丑陋,都无法干扰我。

黎山圣母菩萨经文

一　《悟观论道》:

四海为家路难清,
人若有志无论令;
仇恨难解心不静,
火烧心头意难清;
人生一世几时静,
莫叫粉尘把眼蒙;
寒风过后自感爽,
私心杂念丢脑旁。
人生一世谁无苦?
嚷嚷叫叫也难帮;
只有自己肯努力,
别人帮你有分量;
经文之中含义广,
大家一定要自悟,
不要扔到脑后旁。

解释《悟观论道》:观察力在悟中生,道在修炼和论证中成。

1、四海为家路难清:在苦海里奔波,难以找到正路。

2、人若有志无论令:有志不在年高,只在悟性。

3、仇恨难解心不静:怨恨的思想来源于,不自强不悟己。

4、火烧心头意难清:急躁火暴,可以使人心灵不清醒。

5、人生一世几时静:应好好盘算一下,自己有几多安静的好时光?

6、莫叫粉尘把眼蒙:不要以为世间万花筒是真的。

7、寒风过后自感爽:能坚持修炼,才可以化寒风为清爽。

8、私心杂念丢脑旁:这时,要有意识地体解悟空的原理。

9、人生一世谁无苦:在苦海里,苦是必然的。

10、嚷嚷叫叫也难帮:如果叫苦连天,只能增添烦恼。

11、只有自己肯努力:求人不如求己,决心大不如当下做。

12、别人帮你有分量:再求师父慈悲,才能内外结合。

13、经文之中含义广:再没有比经文,更宝贵和更有营养智慧的学问了。

14、大家一定要自悟：自悟生智，靠别人无根。

15、不要扔到脑后旁：悟己，才是人生是主题、座右铭和修悟至宝。

二 《处人诀窍》：

朋友相处还是真诚好，

邻里相处要护保，

阖家相处要和睦，

和小人相处要尊敬不要太深交。

同志之间相处要互相忍让，

说话和气对父母要孝道。

解释《处人诀窍》：与人相处的基本常识。

1、朋友相处还是真诚好：真诚待人换真心。

2、邻里相处要护保：邻里关系处好，可以助长亲和力。

3、阖家相处要和睦：家庭是个大舞台，人品皆在和睦中养成。

4、和小人相处要尊敬不要太深交：这是智慧交人秘诀。

5、同志之间相处要互相忍让：人的性体各异，皆需相互包容。

6、说话和气对父母要孝道：温情和蔼是孝道的基础。

最大的孝道就是战胜自我、完善自我。

三 《静功诀窍》：

心勿离其道，

神勿离其窍。

不为形役，

不为物引，

不为色幻，

不为体牵。

悟岐道悔邪也，

定其邪功。

解释题目《静功诀窍》：这是强调修炼准则的。静就是禅，禅就是道。人的整个身心及全部时空都要铸成禅境，就能达到修炼的理想效果。

1、心勿离其道：道字是指善，善是道的性质和体现。道也是客观事物的规律。

2、神勿离其窍：是说要有禅心，心要宁静。窍指祖窍穴，也叫玄关秘窍，在两眼之间。

3、不为形役：形是指人心尊贵，不能为官大名高所奴役，而应保持善良的平常心，这才是道。

4、不为物引:是说不被钱财珠宝和享乐所引诱,而应保持心的廉洁清净。

5、不为色幻:是说不要被姿色迷惑而丧失理智。

6、不为体牵:是说不要被各种情所烦扰,包括亲情、友情及诸种恩恩怨怨,而应跳得出来。还有不造因也不负债等。

7、悟岐道悔邪也:是说不要因邪念走弯路而招至悔恨,对此决不能掉以轻心。

8、定其邪功:要坚定不移地时刻把握住自己,在正与邪的原则问题上含糊不得。

菩萨的教诲亲切而实在,一针见血,是我们人生的座右铭。在经文中体现了佛陀教法的精微及其珍贵的实用价值。

四 《性形分说》:

性本善,形本脱,
性难忍,形本错,
性无根,形浑浊,
性是体来形是壳,
多修性,少悟形,
一身正两袖清风,
谁无性,水贪形,
靠自己,
不要靠他人毁一生。

解释《性形分说》:心性是一家,形体是一家,二者对照一下。

1、性本善,形本脱:元神本有善根,识神是临时组合,迟早还要分解。

2、性难忍,形本错:心性天生不喜忍辱,识神的贪欲也是天生,皆应修掉。

3、性无根,形浑浊:性是心的本质表露,可把有性修成无性;识神自带污垢。

4、性是体来形是壳:元神是生命本体,识神是临时陪伴。

5、多修性,少悟形:为永久的心性多下功夫,为阶段性的形体少下功夫。

6、一身正,两袖清风:心体合一而正派,勤俭质朴而无怨求。

7、谁无性,谁贪形:炼得性空,人生成功;贪图外表,人品不好。

8、靠自己:元神是可以说了算的。

9、不要靠他人毁一生:自己的前程,万不能托付给识神。

五 《悔》:

天空彩霞飘,
只看彩霞不看道,
彩霞过后往前瞧,
才知迷失道。

人间的烦恼几时消，

看一看是不是自己找。

少添烦恼多行善，

路要靠自己走，

烦恼要靠自己消。

回首往事一场梦，

悟明之后才逍遥。

解释《悔》:若怕后悔,现在就改弦易张。

1、天空彩霞飘:世间遍布引诱迷惑。

2、只看彩霞不看道:眼前利益遮盖住大道之理。

3、彩霞过后往前瞧:风光之后,真相显露。

4、才知迷失道:已是走投无路了。

5、人间的烦恼几时消:缺少智慧时,只能增加烦恼。

6、看一看是不是自己找:是自己丢失了修悟的黄金时间。

7、少添烦恼多行善:还是用善行来替代怨求和懒惰为好啊。

8、路要靠自己走:打起精神上路吧。

9、烦恼要靠自己消:用勤劳智慧,去消除和化解烦恼。

10、回首往事一场梦:站在未来的角度看人生。

11、悟明之后才逍遥:便会激励自己勇于开悟立志,并见于行动。

六 《失》:

若想识字从头学，

先写一来后写撇，

若想帮人从头做，

先当学生后讲学。

有人当官太师椅坐，

多吃多占还嫌不够说。

丢了大鱼小鱼也捞不着，

一心秉正多难做。

那要看你的胃口装的多不多。

廉政本要众人说，

失的多来，收获得从头说。

解释《失》:勿因小失大。

1、若想识字从头学:用写字识字来喻人生。

2、先写一来后写撇:不懂笔顺怎么能写好字?

3、若想帮人从头做:若想弘法,自己先从行善行孝做起。

4、先当学生后讲学:想当好老师,都是要从当好学生先做起。

5、有人当官太师椅坐:自高自傲,只会降低自己。

6、多吃多占还嫌不够说:贪欲可以丢掉佛性。

7、丢了大鱼小鱼也捞不着:丢失了人格和智慧,最终必将两手空空。

8、一心秉正多难做:按佛法办事走正路才是智者,虽难,却有价值。

9、那要看你的胃口装的多不多:贪欲者丢智捡愚。

10、廉政本要众人说:众人的眼睛是亮的。

11、失的多来,收获得从头说:得失之账要先算好才行。

七 《性》:

性:有的暴,有的燥;
性:有的顺,有的柔。
两山之间有座桥,
你站桥头稳如哨,
我站山头不知高,
狂风吹我无处躲,
你站桥头乐逍遥,
唯我知音难寻找。
天下有谁心不摇,
若能把握自己的性,
只有知彼知己方知晓。

解释《性》:把心性的棱角修掉,人才能平安。

1、性,有的暴,有的燥:粗暴急躁是谓有性。

2、性,有的顺,有的柔:顺达柔和是谓无性。

3、两山之间有座桥:桥喻修道。

4、你站桥头稳如哨:修道者心体的安全系数都高。

5、我站山头不知高:不修者不识高低,丢失安全保障。

6、狂风吹我无处躲:树大招风,苦难加倍,无依无靠。

7、你站桥头乐逍遥:修桥者悟性倍增,心里坦然而不耗能。

8、唯我知音难寻找:不修者没有修炼体会,难与别人沟通。

9、天下有谁心不摇:意志坚定者还是少数。

10、若能把握自己的性:时刻注意把握心性不被污染。

11、只有知彼知己方知晓:元神炼好了,识神也会跟上来。

八 《愁》:

天上下雨无干草,
无布无米日难熬;
哪知今天风云测,
昨天应该把你找。
生活之中有逆境,
踏着风浪往前跑,
有风有雨我不怕,
风浪之中挺立拔。
一生之中愁几展,
莫把自己当碾盘。

解释《愁》:求就愁,修能解愁。这是一首变韵经文。

1、天上下雨无干草:苦海里的苦是普遍的,并时常降临。

2、无布无米日难熬:生活上、心灵上,常常陷入被困扰状态。

3、哪知今天风云测:苦难的来临,都是有缘由的。

4、昨天应该把你找:不学佛,没有预知能力,就谈不上免疫力。

5、生活之中有逆境:苦难的来临对任何人都一样。

6、踏着风浪往前跑:迎着困难顶风冲上前,才是最佳选择。

7、有风有雨我不怕:我的个性,比风雨还顽强,偏爱迎风斗雨。

8、风浪之中挺立拔:我就喜欢在风浪里,得到洗礼。

9、一生之中愁几展:能排除怨求愁,神情就得到一次舒展。

10、莫把自己当碾盘:否则如牛负重,像碾盘那样,承受无休止的压力。

九 《教》:

心烦欲己座,
大海无彩波。
遇事心胸要宽阔,
烦事抛后要打坐。

解释《教》:教你一个好办法。

1、心烦欲已坐:,心乱而想不通时,最好能打坐思过。

2、大海无彩波:心胸达到宽阔如海时,就不会在意小的得失。

3、遇事心胸要宽阔:平时把心炼宽了,遇事就不会狭隘。

4、烦事抛后要打坐:打坐增智,能解脱烦恼琐事。

十　《度》：

天上下雨人心烦，
苦难的日子何时完？
过了今天还有明天，
每时每刻需要自己把住鞭。
天晴过后云雾散，
靠自己的双手把地翻。
辛勤的劳动能见天，
丰收的果实粮满园。

解释《度》：按师父的指示搞自度，开悟方有保障。

1、天上下雨人心烦：下雨喻苦难降临，心烦的原因是层次尚低。
2、苦难的日子何时完：总盼着苦难早点结束。
3、过了今天还有明天：若想过好今后的每一天。
4、每时每刻需要自己把住鞭：元神掌好舵，识神巧配合。
5、天晴过后云雾散：做功念经智慧生，云雾自动离散。
6、靠自己的双手把地翻：记住从前的教训再也不敢荒废心田了。
7、辛勤的劳动能见天：勤奋地劳动，勤奋地修悟。
8、丰收的果实粮满园：求得思想工作双丰收。

十一　《托》：

人人爱家也爱田，
悟来悟去乌云散。
我们要一手拿书一手拿镰，
共同塑造一个好家园。
生活中有苦才有甜，
渡过苦日才能看到天。

解释《托》：把身心托付给修炼，平安才有了保险。

1、人人爱家也爱田：有心计的人，热爱生活，热爱修炼。
2、悟来悟去乌云散：修悟可以使人的头脑常清醒。
3、我们要一手拿书一手拿镰：用经文指导自己的行动。
4、共同塑造一个好家园：二神能统一，就能身心协调。
5、生活中有苦才有甜：能变革苦，甜的意义才大。
6、渡过苦日才能看到天：我们所求的是，最终的结果好。

十二 《嘱》:母亲的话

长青寺来之不易,

众弟子携起手来把佛经当成座右铭,

把师父当成父母永不掉队。

十三 《表态》:感恩和报答。

首先感谢诸位恩师的恩典,感谢佛祖的大慈大悲,有些话我受之有愧。明年从头做起,请佛祖及诸位恩师放心,我们定要带好队,早日把长青寺的弟子锻炼成:风吹浪打不动摇,海枯石烂心不焦,大风大浪也敢过,刀山火海不动摇的强者。问大家有没有信心?众答:有!

十四 《劝善》:

你是心中有酒无有菜,

时光漫长不好耐。

心中有苦无处述,

烦躁起来头不抬。

怎不能抬起头来想一想,

开个玩笑也能把苦闷排。

抬头看师心明亮,

烦恼苦闷抛开外。

解释《劝善》:劝你行善,人生能改变。

1、你是心中有酒无有菜:喜欢与别人攀比,不能知足常乐。

2、时光漫长不好耐:追求久久达不到,难以忍耐。

3、心中有苦无处述:想求又求不到,苦水只好咽肚里。

4、烦躁起来头不抬:不修悟,烦躁难排除。

5、怎不能抬起头来想一想:包袱沉重,能使思想僵化,何不丢弃?

6、开个玩笑也能把苦闷排:灵活运用语言,也能产生乐趣。

7、抬头看师心明亮:想起师父的教导,心情可以畅快。

8、烦恼苦闷抛开外:能用经文解除烦恼时,信心和动力将不约而同至。

十五 《消》:

凌空星普照,

有师才有众徒消,

整日总想求师保,

你们问心看大雕。

解释《消》:运用佛经可消业。

1、凌空星普照:外星菩萨,关心地球上的弟子。

2、有师才有众徒消:师父的教导,是弟子消业的动力和指南。

3、整日总想求师保:弟子盼望师父慈悲。

4、你们问心看大雕:师父说,用心学佛经才是上策啊。

十六 《论真假细则》:

人生如海雾茫茫,真真假假苦断肠。

若能弄清是非道,以下几句要记牢:

阿谀奉承不能当宝,顺情说话跟着跑,

是非真假难分辨,明明是狗他偏说是猫,

天南海北夸海口,夸夸其谈显雄跃。

若见此人无非议,悄悄离去不要跟着跑。

有人说谎心不跳,你要仔细分析,辨别是非有诀窍:

反复问他为什么,说谎的人一定会露马脚。

现在是好人难行坏人挡道,千万要小心别上套。

解释《论真假细则》:增强辨别能力的方法。

1、人生如海雾茫茫:苦海里本是迷雾满天。

2、真真假假苦断肠:假象多于真相,令人屡屡上当受骗不迭。

3、若能弄清是非道:应该学会分辨是非的能力。

4、以下几句要记牢:下面传授一点秘方。

5、阿谀奉承不能当宝:认清它,这属于虚伪。

6、顺情说话跟着跑:这属于拍马屁没有原则。

7、是非真假难分辨:矛盾混淆不清。

8、明明是狗他偏说是猫:挂羊头卖狗肉。

9、天南海北夸海口:这是没有根底之人所为。

10、夸夸其谈显雄跃:以虚荣伪装自己欺骗别人。

11、若见此人无非议:不必跟此人再议论是非。

12、悄悄离去不要跟着跑:再不走就会吃亏。

13、有人说谎心不跳:习惯成自然,渐成习性。

14、你要仔细分析:在脑子里多打几个问号。

15、辨别是非有诀窍:我的诀窍如下。

16、反复问他为什么:提问题让他回答。

17、说谎的人一定会露马脚:不怕他不露出破绽。

18、现在是好人难行坏人挡道:那是因为在人世间,真理还没有当令的缘故。

19、千万要小心别上套:切忌,不可大意,以免中诡计。

观音菩萨经文

一 《八卦彩云经》:第十六章之五

悟岐必邪,

悟诚必真,

悟道得道,

邪恶也悟也。

善有善报,

恶有恶报,

悟成能辨别,

炼体压邪恶。

解释《八卦彩云经》:八卦是规律,彩云是能量。

1、悟岐必邪:离开佛学准则,就会走上邪路。

2、悟诚必真:诚实地按佛法修悟,就能通达真理。

3、悟道得道:大道之理,在修炼中可以得到。

4、邪恶也悟也:找到邪恶的根源,用以警示自己。

5、善有善报:种善因必得善果。

6、恶有恶报:恶因自有恶报应。

7、悟成能辨别:开悟以后,对好事坏事都能一目了然。

8、炼体压邪恶:健全的元神之体,有辟邪的功能。

二 《明点》:第十六章之九

明点两眉间,

悟邪心不善。

南无挂嘴边,

妖魔靠不到咱。

解释《明点》:喻元神。

1、明点两眉间:元神在眉心里面。

2、悟邪心不善:心正才能做善事。

3、南无挂嘴边:皈依佛祖之言,永不离口。

4、妖魔靠不到咱:邪恶无空子可钻,妖魔无机可乘。

三 《十二悟》:

悟实悟立悟难清,

悟忍悟体悟时辰,

悟天悟地悟本性,

悟耐悟神悟本功。

解释《十二悟》:全方位地悟。

1、悟实悟立悟难清:实,诚实实在。立,深扎根。难清,悟空。

2、悟忍悟体悟时辰:忍,忍辱忍苦。体,性体身体。时辰,缘分。

3、悟天悟地悟本性:天地,自然规律。本性,善根善待。

4、悟耐悟神悟本功:耐,韧力耐力。神,元神。本功,九转玄禅定功。

四 《念慈经》:

欲耳摇头坐,

慈善归我佛。

欲耳佛心坐,

善字难分说。

解释《念慈经》:念念不忘慈悲自身佛。

1、欲耳摇头坐:欲望啊,我不理你,专注打坐。

2、慈善归我佛:慈悲善良,能壮大我的佛性。

3、欲耳佛心坐:欲望啊,只停留在佛性和善心上。

4、善字难分说:自善其身做得纯熟时,才能谈得上行善。

离开佛法准则,就不可能有真善。

五 《悟空六则》:

意:意念无邪本属正,

身:体有灵气方能正,

舌:舌感交加并无苦,

眼:眼观四海清明亮,

鼻:鼻感浊气并无涕,

耳:耳听秽言无非议。

标题解《悟空六则》:悟空的六条标准和原则。

1、意念无邪本属正:人的思想意念是领先的,人若想走正路,必须排除妄想邪念。

2、体有灵气方能正:身体首先要主动与意念配合,勤劳向善,脚踏实地走正路。

3、舌感交加并无苦:能吃一切苦,苦中求乐才是真甜。

4、眼观四海清明亮:胸怀宽广眼光远大而是非分明,便会心善看什么都顺眼。

5、鼻感浊气并无涕:嗅觉敏锐而承受能力强,以难得之糊涂去领悟万事皆空之理。

6、耳听秽言无非议:因为有智能、定力强,听任何话都不烦心(包括恶言恶语、造谣污蔑),已达无边无量的承受能力。

识神修练得好,就能从名利色情的追求中觉醒,只有这样才能与元神同心同德齐心协力地修道修佛,才能将贪、瞋、痴之三毒逐渐从思维意念中清除掉。也只有把六识修炼得没有杂染,人生才有真正的光明前途。也才能自利利他、利于家庭、利于工作事业、利国利民。如能如此理解这段经文并付诸实践,就比较接近菩萨经文的本意和佛陀的伟大教法。

六 《贤孝经》:

凡事要想他人难,
莫把自己当神仙,
多办善事不求报,
一心秉正把心安。
看他如同亲兄妹,
遇事不烦,不求报,心坦然。
玲珑宝塔攥手边,
遇到烦事心不乱;
有心想把他人帮,
不要怕泥水湿衣衫。

解释《贤孝经》:孝自身佛,才能孝师父和善待众生。

1、凡事要想他人难:心善有佛性之人,总是先为别人着想。

2、莫把自己当神仙:智者具有平常心,从不盲目自满。

3、多办善事不求报:只讲奉献,不讲索取。

4、一心秉正把心安:这样能长养一身正气,又可心安理得。

5、看他如同亲兄妹:真心的爱护亲戚朋友,以心换心。

6、遇事不烦,不求报,心坦然:慈悲为怀,坦荡无求。

7、玲珑宝塔攥手边:玲珑宝塔喻果位标准,严以责己心方正。

8、遇到烦事心不乱:平心静气地对待琐事,放得下不受干扰。

9、有心想把他人帮:帮人要有真心,帮识神也要有耐心。

10、不要怕泥水湿衣衫:元神不怕艰难困苦,识神才能勇敢上阵。

七《谈孝道》：

尊师敬长为孝，

扶老携幼为孝，

全家和睦为孝，

以效仿他人为孝，

谦虚礼让为孝。

万事从头做，

行步如踩垛，

孝道我先行，

谁人不敢说。

解释:题目《谈孝道》,孝为百善之首,孝道的内容有哪些,挑主要的谈谈。

1、尊师敬长为孝:尊敬老师、父母及长辈,并包括首长等,这都属于孝道的内容。

2、扶老携幼为孝:关怀老人慈爱晚辈,特别爱惜幼童,这种大爱大善,最能培养人的孝道之心。

3、全家和睦为孝:因自己带头孝道,换得来的全家和睦,是真正实行了孝,如果家庭还存在不和睦的因素,那必是因为我孝道的火候还欠缺,而修炼得还不到家之故。

4、以效仿他人为孝:别人有长处我不但要赞扬,更要学习效仿,远离嗔怪和挑人家毛病;这样做不为别的,只为了实行孝道啊。

5、谦虚礼让为孝:谦虚礼让能体现人的美德,也是功德,并符合于道的高贵品格。

6、万事从头做:什么叫从头做?以善为本,以孝道为出发点就叫从头做,这一点男女老少皆不可例外。

7、行步如踩垛:垛是柴火垛,在柴火垛上行走比较艰难。城墙上凸凹形的短墙也叫垛口,若在上面行走更难。比喻人若想行孝,需要下点功夫吃点苦。

8、孝道我先行:凡是合乎孝道的事,我不讲任何条件,不强调任何客观地去实行,我要给别人打个样儿看。

9、谁人不敢说:得道多助,孝道也多助。只有奉献没有私利的行为,人人都欢迎而倍受敬重。能运用佛法战胜自我,就是最高地孝父母、师父、佛祖。

前五句是讲行孝标准,后四句讲当下该怎么做。

观音菩萨在人间有崇高的威望,她为众生播撒的慈悲太多太多。就象佛祖表扬的那样:观音菩萨心,八方净土情,普渡邪与恶,洒满人间情,塑徒有功。观音菩萨牢记佛陀的教导,把全身心都献给了众生,很多学佛人都有亲身体验,可以说是有口皆碑。她的爱徒证严上人,就是观音老母一手调教出来的人间菩萨,她创建的慈济功德会,在全球影响很深远,因此佛祖称赞观音菩萨塑徒有功。

八 《论浮》:

着装打扮别过头,

工作务实别贪头;

为人办事心要诚,

见钱眼开心起锈。

庄严仪表莫回首,

字里行间有学头。

说话要准,办事要稳,

别学狂人万事愁。

解释《论浮》:有浮躁的内心,就会有其外表。

1、着装打扮别过头:干净利索质朴,不追求外表华美。

2、工作务实别贪头:工作求精细,不干面子活,无虚荣。

3、为人办事心要诚:把实心实意待人,当作人生原则。

4、见钱眼开心起锈:贪财毕竟是降低人格的坏习气。

5、庄严仪表莫回首:堂堂正正落落大方,不走回头路。

6、字里行间有学头:经文里,充满了智慧和能量。

7、说话要准,办事要稳:言必信,行必果,处理问题没有后遗症。

8、别学狂人万事愁:遇到问题只知发愁,那也算狂妄的一种表现。

九 《行》:

光明大道在眼前,

有人向东有向南,

有妖有魔佛打坐,

人流如大海奔向前。

数不清的障碍何时消?

靠你靠我自己奋斗向前。

解释《行》:行为受思想意志支配。

1、光明大道在眼前:只有修炼进化,这一条光明路。

2、有人向东有向南:人们却忙着入世和奔向轮回路(东为生地,南同难)。

3、有妖有魔佛打坐:正路和邪路是分明的。

4、人流如大海奔向前:大多数人奔向生死流转的苦海。

5、数不清的障碍何时消:不修炼的人,只能增加业障。

6、靠你靠我自己奋斗向前:元神和识神齐心努力,自己主动奋斗才能向前。

十 《逆》：

狂风暴雨吹打咱，
炼金哪能只靠烟？
乌云遮头心不乱，
谗言碎语压不倒咱；
痛苦琐事无所义，
烦恼痛苦抛一边。
顶天立地是好汉，
妖魔鬼怪也不敢沾；
若能炼成钢铁志，
狂风暴雨勇往直前。

解释《逆》：在逆境中去完善人生，才是修炼的正路。

1、狂风暴雨吹打咱：迎着风浪上，是最佳的修炼姿态。

2、炼金哪能只靠烟：烟雾熏陶非根本，不如烈火炼真金。

3、乌云遮头心不乱：威胁压力再大，动摇不了我的佛心。

4、谗言碎语压不倒咱：对于讽刺打击，有足够的承受力。

5、痛苦琐事无所义：一旦受到伤害后，尽快放得下、看得开。

6、烦恼痛苦抛一边：无怨无悔，就能避免伤心和苦恼。

7、顶天立地是好汉：顶天是掌握了真理，立地是道根扎得深。

8、妖魔鬼怪也不敢沾：内心无邪恶，外魔难侵入。

9、若能炼成钢铁志：钢铁意志，是修炼成功的关键条件。

10、狂风暴雨勇往直前：任何逆境，都阻挡不住一心觉悟的步伐。

十一 《法》：

你学我学他学，
人人学佛经。
有人认为高，
有人认为是宝。
有正确的态度，
才能学好佛经。

解释《法》：佛法就是行动的指令。

1、你学我学他学：争先恐后地学。

2、人人学佛经：都知道圣经里面有珍奇宝贝。

3、有人认为高：有见识的人，知道佛经至高无上。

4、有人认为是宝：有慧眼的人，知道真谛之宝贵。

5、有正确的态度:懂得心正悟已多的人。

6、才能学好佛经:能学好佛经,将是必定无疑的。

十二 《导》:

肉眼看海兰一片,

心胸宽阔办事不难。

得失相对比比看,

那个是获那个是寒。

解释《导》:引导诱导。

1、肉眼看海兰一片:慧眼未开时,没有穿透力。

2、心胸宽阔办事不难:宽容,是修心养性的要点。

3、得失相对比比看:得到宽容,失掉狭隘。

4、哪个是获哪个是寒:那可是最划算的买卖,寒是损害。

十三 《养心经》:

友谊幸福花,

香满长寿家。

心齐如一体,

眼望未来家。

解释《养心经》:养心的经典是什么呢?

1、友谊幸福花:元神和识神统一和睦、亲密无间。

2、香满长寿家:人人都能开心花才算圆满。

3、心齐如一体:心体配合的巧妙。

4、眼望未来家:是达彼的最佳标准。

十四 《折子》:

严寒炼悟性,

炎热炼心胸。

手中拾宝莫当宝,

自己悟宝视真经。

解释《折子》:是古代经书的一种名称。

1、严寒炼悟性:修炼的动力靠悟性启动。严寒,压力大,条件差。

2、炎热炼心胸:头脑不冷静,其根源在于狭隘。

3、手中拾宝莫当宝:自己能学经、背经时,还要防止流于口头形式。

4、自己悟宝视真经:悟深悟透并做得恰当时,才算真正掌握了佛法。

十五 《修》：

前世缘份今日修，
这条大河水长流；
你来我往人不静，
今日修佛解千愁。

解释《修》：把修炼当作人生主题，从当下做起。

1、前世缘份今日修：什么事情都有其缘份，修可促使善缘降临。

2、这条大河水长流：元神是不灭的，修炼是无止境的。

3、你来我往人不静：元神和识神，不可轮流坐庄，应统一在佛性之下。

4、今日修佛解千愁：今生任务重大，要立志彻底解决悟性问题。

十六 《观》：

凌云霞光一点照，
普渡众生把步摇，
有心指徒心无数，
求佛祖快放雕。

解释《观》：看准佛祖传宝的大好时机。

1、凌云霞光一点照：真正佛法的传播，正在开启。

2、普渡众生把步摇：普度众生的行动，业已迈步了。

3、有心指徒心无数：菩萨指导弟子，心中还缺乏章程。

4、求佛祖快放雕：请求佛祖赶快按系统，全面传授佛经吧。

雕，喻登天工具佛经。

十七 《悟体》：

雁来益寿友谊在，
合家欢乐幸福来，
若要传经心要诚，
做功只能来免灾。

解释《悟体》：元神是本体。

1、雁来益寿友谊在：鸿雁捎书，使心体二态团结亲密。雁来喻用佛经沟通。

2、合家欢乐幸福来：人人增长智慧，全家幸福空前。

3、若要传经心要诚：心诚才能认识和吸收真经。

4、做功只能来免灾：做功念经增智，使灾难无法形成。

十八 《气功》：

气功炼体又炼性，

体壮心阔好悟经，
办事千万别任性，
心中烦闷把师请。

解释《气功》：禅定的功夫。

1、气功炼体又炼性：体质健壮，佛性增强。

2、体壮心阔好悟经：为修悟佛经，创造了有利条件。

3、办事千万别任性：任性与佛性正好相反，任性可以把好事办坏。

4、心中烦闷把师请：有想不开的事出现，应马上翻开佛经求救之。

十九 《清》：

紧随师父意，
刻苦学圣经，
善事唯我做，
吃苦一身清。

解释《清》：清除了杂念妄念，正念才能安家落户。

1、紧随师父意：善于理解师父的本意。

2、刻苦学圣经：在学习佛经上狠下大功夫。

3、善事唯我做：用经文指导自己行善积德。

4、吃苦一身清：能吃大苦，才能清除掉身心之垃圾。

二十 《悟明》：

茫海苍苍有霞光，
人生在世谁无恙，
虽有琐事压心上，
一切看开心情畅。

解释《悟明》：悟明人生归宿之大事，才算抓住了根本。

1、茫海苍苍有霞光：人间布满迷雾，只要肯修悟必有光明。

2、人生在世谁无恙：家家、人人都有难唱曲，有难行的独木桥。

3、虽有琐事压心上：行者与凡人，对待琐事的态度大不一样。

4、一切看开心情畅：牢牢依靠做功念经写笔记之三宝，心情必得畅快。

二十一 《无限美》：

天容非我，
地容非狱，
我悟你识，
彩霞无限。

解释《无限美》:元神带头修,识神来配合,就会获得美满。

1、天容非我:天堂的菩萨帐下,不需要一个充满怨求的我。

2、地容非狱:人世间不需要有一个浑身毛病,只配下地狱的我。

3、我悟你识:元神把识神带好,为师争气,为佛争光。

4、彩霞无限:其人生将是丰富多彩,美好向上的。

二十二 《入佛》:

人间如同一张网,

压得你们整天忙,

若想出网求师帮,

早入天堂把福享。

解释《入佛》:人生之正道。

1、人间如同一张网:名利色情好比无形网。

2、压得你们整天忙:我们不知不觉在被奴役。

3、若想出网求师帮:离开佛经就入网,求救于佛师能出网。

4、早入天堂把福享:思想早进佛门,创造人间净土。

二十三,《觉》:

谁能统天下,

卧胆父子兵,

心如铁血欲浓,

海阔天空扎营练兵。

解释《觉》:觉醒的程序如下。

1、谁能统天下:统治人生非元神莫属。

2、卧胆父子兵:元神和识神这对父子,都有吃苦遭难的准备。

3、心如铁血欲浓:心有志向,体就有热情。

4、海阔天空扎营练兵:心胸宽阔,才能有练得兵强马壮的用武之地。

太上老君菩萨经文

一 《炼字经》之五:

炼志有义心则灵,

炼容有悔旺气生。

炼宽能把海流过,

炼气气在体内把浊气提。

解释《炼字经》:修炼的方略。

1、炼志有义心则灵:志,恒心。义,德行。二者结合为吉利。

2、炼容有悔旺气生:面容谦卑。悔,悔悟。二者结合为受生。

3、炼宽能把海流过:把心胸练得像大海一样宽阔。

4、炼气气在体内把浊气提:气,能量。元气充足,排挤浊气。

二 《炼字经》之六:

修修炼炼几时起,

修修炼炼有时提。

若想过山得修路,

若想过海把帆起。

炼要有意悟要珍惜,

靠别人摘瓜叫人瞧不起。

自己摘瓜也不要挑大的,

你看我说的有没有道理?

解释《炼字经》:说说修炼之要领。

1、修修炼炼几时起:从什么时候起,下定一个修炼到底的恒心呢?

2、修修炼炼有时提:修炼需要不断地提高认识。

3、若想过山得修路:打比方,拉着智慧之车,先修智慧之路。

4、若想过海把帆起:佛经就是行者航海的风帆。

5、炼要有意悟要珍惜:在修炼中,意志最重要,悟性最宝贵。

6、靠别人摘瓜叫人瞧不起:修炼应主动积极,不可有依赖性。

7、自己摘瓜也不要挑大的:谦恭礼让才是修炼人的本色。

8、你看我说的有没有道理:老君菩萨进一步,启发你动脑筋。

三　《炼意》：

心中有火莫着急，
办事要准不泄气。
风来无阻这叫炼意，
大风大浪迎头去。
遇到困难不要理意，
刀山要敢上火海也要敢闯，
炼出一身新本领，自己也得意。

解释《炼意》：意志，需要下功夫长期打磨才能炼成。

1、心中有火莫着急：静下心来查找火源而灭之。

2、办事要准不泄气：事在人为，有设想才容易成功。

3、风来无阻这叫炼意：外界的邪风，能锤炼人的抗压能力。

4、大风大浪迎头去：困难挡不住修道悟佛的强者。

5、遇到困难不要理意：困难皆有克服的办法，活人不怕死困难。

6、刀山要敢上火海也要敢闯：知彼知己有应变能力的强者，什么都不惧。

7、炼出一身新本领，自己也得意：修佛上了一层台阶，自信心得到增强。

四　《佛家十二咒》：

心空望无一切，
炼体难成正果，
贪欲反复成泡影。
谦虚使人诚实，
勤劳使人坚硬，
望小人不要指责。
欺骗他人如毁自己，
自大一无是处，
善良能容天子。
邪恶有损自己，
孝道本是万人称，
元神识神一起悟来一起行。

解释题目：咒字在此可解为准则、道理。

1、心空望无一切：当悟性达到万事皆空境界时，对一切事情都会感到是顺理成章的，没有不顺眼和不顺心。

2、炼体难成正果：假如只炼心不炼体，就可能失去保障或早夭；假如只炼体不炼心，将来体又带不走，心却没炼好怎成正果？应该是以炼心带动炼体。

3、贪欲反复成泡影：如果不能正当对待名利色情而苦苦追求，一旦求到了，也要将像肥皂泡一样虚幻而破灭。

4、谦虚使人诚实：谦虚便好学，有了真才实学就会诚心向善向道，避免了浮躁和肤浅。

5、勤劳使人坚硬：勤劳的人讲实际，幻想少，承受能力强。在劳动中，心体都将经受最有益的磨炼。

6、望小人不要指责：指责小人等于和小人一般见识，包容别人反而互惠互利。

7、欺骗他人如毁自己：欺骗他人要违背良心，这与以智能待人处事是截然不同的，这叫做损人害己。

8、自大一无是处：自大会降低自身能量，况且，自大必自满，智能因而无从增长，岂不吃亏！

9、善良能容天子：心善便能包容天下万事，有善便无烦恼，可见善良是人生第一宝啊！（天子：喻万事万物）

10、邪恶有损自己：自身有邪恶必然降低自身能量，而有了邪恶还是将会去整治别人，因为作用力等于反作用力，最终受损害的还是自己，这也叫做果报，恶有恶报。

11、孝道本是万人称：真正孝顺父母、师长的人即是至善，说话有理办事有准，谦虚礼让，必定有口皆碑。

12、元神识神一起悟来一起行：心坚定、体听命（六识）共同增长佛性，这叫做心齐如一，能心齐就是觉悟得道了。

这首经文《佛家十二咒》，基本上是从另一个角度解释佛陀的《八正道》。经文中体现了大菩萨与佛陀心心相印的高水准。

五 《隐》：

有形有物看不到，
抛开遮布把阳光照。
今日有心把泰山找，
何日抬头乐逍遥。
眼前的高山隐约现，
好比大海中的船儿摇。
心中有鬼隐隐痛，
有些灾难是自己找。
何日见天天不亮，
雨过天晴阳光照。

解释《隐》：只有佛法，可把隐藏的业因清除掉。

1、有形有物看不到:造因造业虽看不到,却是真实存在。

2、抛开遮布把阳光照:需要有透过现象看本质的慧眼。

3、今日有心把泰山找:登上泰山,能高瞻远瞩。

4、何日抬头乐逍遥:可惜这还只是口头和纸面上的理想。

5、眼前的高山隐约现:似乎总有高山大石挡去路。

6、好比大海中的船儿摇:犹如一叶扁舟在海风里摇荡。

7、心中有鬼隐隐痛:后悔当初以怨求当家。

8、有些灾难是自己找:原来是自己戕害了自己。

9、何日见天天不亮:不积德不消业怎能见到光明?

10、雨过天晴阳光照:长期坚持做功念经行善,终究会见到太阳。

六 《悟》:

荣华富贵路有止,

淡淡一笑白了头,

可怜天下贫穷人,

行善有根莫误迟。

解释:标题《悟》:觉悟、醒悟。这首经文的韵脚在一、四两句上。

1、荣华富贵路有止:荣耀、华美、富足、显贵,不应成为人生的追求大目标,因为这些眼前利益不会天长地久。

2、淡淡一笑白了头:因为人生很短暂,所以对那些名利和是是非非等,应该看得很淡才好,如果太认真了岂不可笑?

3、可怜天下贫穷人:最贫穷的人应该属于那些心胸狭隘而没有智能财富的人。

4、行善有根莫误迟:抓紧在有生之年多施善、行善待,这才是自渡自悟、自我拯救的最佳选择。

菩萨在经文《悟》中的教诲情深意切、语重心长,生动体现了菩萨与佛陀心心相印的真挚情感。

七 《诚》:

罪恶一闪心头埋,

大事小事化成灾,

只要自己无邪恶,

哪管他人把你踩。

一颗明珠土里埋,

有人看来有人猜,

只要你认为这不是你的物,

别人的东西你不要理睬，
心要洁眼光要放远，
心中无邪恶，这样做才算明白。

解释《诚》：以诚待己、待人、待事。

1、罪恶一闪心头埋：如果离开诚和善，邪念就会乘虚而入。
2、大事小事化成灾：灾难往往从邪恶一闪念开始。
3、只要自己无邪恶：一心秉正无邪念。
4、哪管他人把你踩：别人想欺负你也无从下手。
5、一颗明珠土里埋：对于金银财宝。
6、有人看来有人猜：人们都很在意。
7、只要你认为这不是你的物：一旦确定与己无关时。
8、别人的东西你不要理睬：我会毫不动心的走开。
9、心要洁眼光要放远：心灵纯净最宝贵。
10、心中无邪恶，这样做才算明白：就要远离邪恶，一身清白。

八 《留》：

众徒齐心把师保，
江河震荡天地摇，
震不动徒儿的心，
邪不侵正佛光照。
悟经文走佛道，
前程似锦阳光照。

解释《留》：留得佛性在，不怕邪来扰。

1、众徒齐心把师保：战胜自我，能保住师父的名节。
2、江河震荡天地摇：对于外界的侵袭和压力。
3、震不动徒儿的心：弟子因定力强而不受干扰。
4、邪不侵正佛光照：那时我运用佛光排斥了外邪。
5、悟经文走佛道：能把师父的教导当座右铭。
6、前程似锦阳光照：光明前程的到来，会如愿以偿。

九 《悟正》：

入佛门要悟空，
修邪念改恶行，
佛门大开难入行，
随人意随人行。

找不到庙门，

怎么能看清今后的里程。

解释《悟正》：非正即邪，不可大意。

1、入佛门要悟空：望空一切。

2、修邪念改恶行：首先把自我先看空。

3、佛门大开难入行：否则，思想进不了佛门。

4、随人意随人行：佛性变成了凡夫意

5、找不到庙门：找不到修悟的门路。

6、怎么能看清今后的里程：失去了目标必迷茫。

附：《指教篇》：

道法归一，人法合一，佛道合一，玉皇佛祖合一。

长青寺皈依佛祖、皈依玉皇。

你们多么荣幸，我心情激动无比。

人要有思想，要有追求，若想提高自己，佛经就是理。

永随师父皈依佛祖和玉皇。我们的心如同太阳，

照耀着自己，也照耀着别人；以喜为宗旨，以和谐为意。

我祝大家在学佛的路上步步提高，

祝玉皇恩师永远幸福快乐。

（以上是老君菩萨，在一次法会上的即兴相机说法，对弟子们予以极其亲切和深情的指教。）

十　《壮》：

云游四海何为家，

桃花满园还有差，

坎坎坷坷风云雾，

紫金城里把根扎。

解释《壮》：自修自悟自治自胜，才能壮大起来。

1、云游四海何为家：人生难以找到回归之路。

2、桃花满园还有差：生活富裕了，却难知足。

3、坎坎坷坷风云雾：各自都有难唱曲，并有误区盲点。

4、紫金城里把根扎：最好的选择是，注重修炼紫禁城里的皇帝——心。

韦陀菩萨经文

一 《一解化十秋》:

凡事莫让小人咒,

心胸宽阔把性修,

人间的事情如初步走,

进进缩缩走白头。

一切事情从头做,

先修自己后悟佛,

有些事情悟得清,

要想做好还不行,

得学会看开看透奔前程。

解释《一解化十秋》:解决思维中的狭隘而达心胸宽阔,这种收获可不一般,相当于完成了十年的修炼功夫。

1、凡事莫让小人咒:不树敌小人无咒,如小人难交则以和为贵,自己的怨求心也是小人,并是自悟自修的重点。

2、心胸宽阔把性修:性能柔顺,谦恭礼让,又懂善待,是心宽的标志,对修行十分有利。

3、人间的事情如初步走:修炼者犹如儿童学迈步,深一脚浅一脚,充满盲目性,修了很长时间往往还是走不上正路。

4、进进缩缩走白头:人都老了修炼却还没有什么头绪,怎能会不令人全身心的悔恨和懊恼呢?

5、一切事情从头做:莫不如重打鼓另开张,丢掉头脑中的陈规旧习,从零起步,采取以佛经为准则的科学态度,再不能让虚荣和自满挡住前进路了。从头:从善开始。

6、先修自己后悟佛:不全力自修,而幻想得正果那是次序颠倒、意念差错,不能先认识自己,怎么能认识佛?

7、有些事情悟得清:理论上学懂了,只是成功的一半,然而,还要防止纸上谈兵。

8、要想做好还不行:理论与实践的统一需要下苦功,否则将事与愿违,在学习佛经中,写、悟、背、用是需要同步共进而不可脱解的。

9、得学会看开看透奔前程:修到心无挂碍,心花开放时,主客观协调一致了,才能大步向前,而勇猛精进、心想事成。

只因菩萨能以佛陀为榜样而认真效仿,才能创作出这样生动感人的篇章。

二 《牵马》:

佛祖挥鞭我牵马,
高山大河踏脚下,
风吹浪打体不动,
有心无意不开花。

解释《牵马》:当好主人的仆从。

佛祖挥鞭我牵马:我给佛祖当马前卒,就像体给心当仆人一样听话。

高山大河踏脚下:有佛当家,我也跟着体面光彩。

风吹浪打体不动:体由心来做主,就能八风吹不动。

有心无意不开花:心来想,意志来做,必能事成而心花大开。

三 《担》:

一人独揽家中烟,
苦去甜来油中盏,
山高路远雾中行,
树这座大旗还靠咱。

解释《担》:鼓励弟子挑重担。

1、一人独揽家中烟:你像个以悟佛领先的一家之主。

2、苦去甜来油中盏:努力克服困难,过上小康就知足吧。

3、山高路远雾中行:在人生迷茫之路上,应有充分的思想准备。

4、树这座大旗还靠咱:立下雄心壮志,争当一名悟佛解谜的先锋。

四 《如来佛》:

佛祖圣诞日,众徒齐拜寿,
鲜花礼品香,我替众徒把歌唱。
佛祖大慈大悲降福人间,
佛光普照众徒,佛法无边,
众徒把歌唱:如来佛(六次)。
众徒心意长,不远万里把寿拜,
愿佛祖普渡众生,佛光普照众徒把歌唱,如来佛(六次)。

【以上是为佛祖诞辰祝寿,韦陀菩萨领唱颂歌时的歌词记录。】

白云老祖菩萨经文

一　《化》：

一气化三清，
三清雾中行，
人妖互变应，
怎能看天晴。
雾中有水，
水中有清，
人生难解雾，
仙境自然成。

解释《化》：道可生化万物，人可度化自身。

1、一气化三清：先天大道形成万物，由微粒化合组成各种物质。

2、三清雾中行：万物在变化，人在迷和醒之间去认识世界。

3、人妖互变应：人有善有恶，变幻无穷。

4、怎能看天晴：没有什么固定不变的人与事。

5、雾中有水：事物因条件而转化；人能走出迷雾，必然提高水平。

6、水中有清：修得好则清白，不修好则混浊。

7、人生难解雾：人的误区盲点，需下大功夫才能释然而解开。

8、仙境自然成：想觉悟达仙境，那就按天地自然规律之善行去做吧。

二　《显》：

滔滔江水从我过，
万紫千红显硕果。
谁人能把云朵踩？
冰山的雪莲采不来。
人群有高也有矮，
树大招风土里埋。
若想采莲先修足，
不搭仙梯上不来。
不要显出你和我，
鲜艳的明珠早晚会露出来。

解释《显》:刻意显示则平庸,自然显露则高贵。

1、滔滔江水从我过:人间的苦难,如能顺利的从我脚下通过。

2、万紫千红显硕果:显现出来的是,光彩照人的大智慧硕果。

3、谁人能把云朵踩:谁的水平能提高到云天那么高。

4、冰山的雪莲采不来:就像采集冰山上的雪莲一样,需要高深的功能。

5、人群有高也有矮:在人群里不显示就平凡谦和。

6、树大招风土里埋:好显示者,往往居高而不胜寒,反而易被埋没。

7、若想采莲先修足:所以先炼悟已生根为好。

8、不搭仙梯上不来:自己可顺着自修的梯子往上攀。

9、不要显出你和我:主观上的异想天开,是虚而不实的。

10、鲜艳的明珠早晚会露出来:客观上有大智慧,并不需要故意去显示。

三 《由》:

事有根债有主,
周游四海无处走,
何为根何为目?
脚踏八方体不周。
人间本是一张网,
飘来飘去无处游,
东走走西瞅瞅,
瞅白了头也无根由。

解释《由》:找到缘由,觉悟有望。

1、事有根债有主:悟性发迹不起来,那准是造的业债多了。

2、周游四海无处走:走到天涯海角,业因也不会自动消失。

3、何为根何为目:为了得道的大目标,首先弄清扎深道根的必要性。

4、脚踏八方体不周:否则,三心二意见异思迁,成了无根之苗。

5、人间本是一张网:如果被名利色情牵着鼻子走。

6、飘来飘去无处游:那就会迷失方向。

7、东走走西瞅瞅:假如不能及早醒悟。

8、瞅白了头也无根由:也许混到白头,虚度终生,也还啥也不明白。

四 《放》:

思想深处把根扎,
迷迷糊糊找不到家,
问君何日来掌舵,

有朝一日心中垮。

水中的草儿长不大，

孝子哪能不回家？

海阔天空无你处，

一步一摇快把根扎下。

解释题目《放》:放开思想、放下包袱、放下执着、放开手脚修悟自己。

1、思想深处把根扎:是说我们的思想入世太深，被名、利、色、情所绊住了手脚，被贪、瞋、痴所统治的太深太久了，多少世代都摆脱不了这七种邪恶的愚弄和伤害。在思想理论上，人们常常不自觉地喜欢先入为主而背离科学真理。

2、迷迷糊糊找不到家:人虽有佛性，但早已被埋没;虽然有原来的面貌，但因已忘了本，早就面目全非了，所以连自己的家都找不到了。就好象无家可归而可怜巴巴的流浪儿。

3、问君何日来掌舵:君指心、元神，佛性。一个人放荡不羁惯了，就象认贼作父似的，甘愿深陷苦海，哪知回头是岸？况且想要学着做好人的决心迟迟下不了，明日复明日，明日何其多?

4、有朝一日心中垮:不见棺材不落泪、不见阎王不信有，这是人们常常抱持的思想习惯，它已超越了科学允许限度。心不当家，人必败落。

5、水中的草儿长不大:没有科学的高标准如何长进？跟武大郎学徒卖烧饼能有多大出息和油水？水中不是草生长的好环境，水也借喻苦海。

6、孝子哪能不回家:人归根结底是由道所生，孝道是人的天职，比方说一个人，就算是对天下的所有父母都能孝敬，唯独对生养自己的亲生父母忘却了孝敬而不闻不问，任凭慈母天天倚门盼归也没有良知感应，这难道不是天大的滑稽事吗?

7、海阔天空无你处:人间有一张无形的天罗地网，苦海便恰恰包在这个网之内，这个苦海再广大，再显得明亮宽敞而迷人，这个万花筒似的美境，却万万不是久留之地。

8、一步一摇快把根扎下:只有在逆流而上的艰难困苦中扎下了道根，才能从生活之无情的天罗地网中解放出来，这叫做君子求道不让贤。

经文的前四句是严重警告，后四句是循循善诱。可见菩萨大德对佛陀的科学思想是极其崇敬的，菩萨与佛之间也是心心相通的。

五 《根本》:

悟以根为苗，

邪以本为树。

解释《根本》:自悟扎根有本钱。

1、悟以根为苗:以宽容悟己扎根者，是走正路的苗头。

2、邪以本为树：认为名利神通是本份者，那是走邪路的症候。

六 《望》：

登山要比走路难，
望着这山看那山，
迷失了方向看不到边，
山山相连无有边，
千万不要看这山再望那山。
回过头来自己想，
人间的道路如高山，
有风有险也有泥潭，
只要自己认清路，
天下没有走不完的山。

解释《望》：望高望远，坚定走修炼之正路。

1、登山要比走路难：人世如登山，比修道还艰难。

2、望着这山看那山：贪求是无止境的。

3、迷失了方向看不到边：那就是掉进了人世间的无底洞。

4、山山相连无有边：到处都是引诱和风险。

5、千万不要看这山再望那山：此路不通，应禁行。

6、回过头来自己想：告别贪欲就能静下心来想清楚。

7、人间的道路如高山：那种高山是令人惧怕的。

8、有风有险也有泥潭：一旦陷进去，便难以自拔。

9、只要自己认清路：如果认准了乾坤朗朗之大道。

10、天下没有走不完的山：越过苦修重重高山，换得来的是丰硕智慧和正果。

七 《刹》：

天上有雨下不完，
泥泞的道路心中烦，
罪恶只是一闪念，
给后人留下了沉重的深渊。
进了迷宫如同海洋一片，
左走右走摸不着边，
忽然眼前明了路，
迷宫的道路就在眼前。

解释《刹》：掌握了佛法后，开悟只在刹那间。

1、天上有雨下不完：雨喻苦难，接连不断。
2、泥泞的道路心中烦：走路艰难，加重了心情的烦乱
3、罪恶只是一闪念：离开佛法，就会产生危险的念头。
4、给后人留下了沉重的深渊：自己造了因，给全家带来了阴影。
5、进了迷宫如同海洋一片：人若迷失，受苦将无边无沿。
6、左走右走摸不着边：犹如盲人骑瞎马，找不到目标。
7、忽然眼前明了路：只有回归佛法点燃心灯，道路自然显现。
8、迷宫的道路就在眼前：人在解迷后方知，运用佛法开悟竟如此灵验。

八 《改弦易张》：

人间花似锦，
可是留在人间的时间不长，
我们心要正无邪念，
入佛道修佛忙。

解释《改弦易张》：看空眼前，放眼未来。
1、人间花似锦：人间虽是苦海，但也有美景万千。
2、可是留在人间的时间不长：这是修炼场所，并非久留之地。
3、我们心要正无邪念：心正就是悟已悟空，邪念将自动逃走。
4、入佛道修佛忙：这是与贪欲怨求，正相反的道路。

九 《心乱》：

你抬头看宝塔高不高，
你低头走烦恼苦闷把心搅，
一直走你不回首，
摇得塔儿只想摇。
雷雨交加雾满天，
浇得你泥土湿衣衫，
有心回去坐一坐，
不怕别人耻笑咱。

解释《心乱》：做人必迷失，强者可独醒。
1、你抬头看宝塔高不高：挺胸抬头绕着佛光走，才能对悟已有高标准。
2、你低头走烦恼苦闷把心搅：低着头必然入世争斗，也只会是前景黯淡。
3、一直走你不回首：假如我行我素坚持到底。
4、摇得塔儿只想摇：你的修心和目标都会动摇。
5、雷雨交加雾满天：人在迷茫中，将耗能不断，苦难加重。

6、浇得你泥土湿衣衫：满身心都增添了污秽泥垢。
7、有心回去坐一坐：在苦难打击下，有点醒悟。
8、不怕别人耻笑咱：当下能开悟就不算晚，并且允许识神和人家讥笑咱。

十　《领》：

佛光照法儿高，
人间情求师保，
不求官不求财，
师父保你高高高。
悟不清佛经找，
口难开师父告，
只求把神笔越写越好。

解释《领》：把领悟佛法，当成主旨。
1、佛光照法儿高：佛来撑腰，赐给动力，办法必丰。
2、人间情求师保：人间的平安顺利，请求师父保佑。
3、不求官不求财：不贪求名利权，把注意力放在修炼上。
4、师父保你高高高：弟子自己能争气，师父保你才有分量。
5、悟不清佛经找：佛经是标准尺，是灯塔，人生的动力尽数在此。
6、口难开师父告：要想讲话有理，且能抓住重点，只有师父最懂行。
7、只求把神笔越写越好：一心专注，在书法上多下苦功，争取成为大行家。

十一　《念恩》：

河深海深不如师父的恩情深，
有缘千里来相会，
大树底下好乘凉，
有师父来引路，
刀山火海也敢上。
师父慈悲我们恩情重，
我们孝敬师父一马当先。
抬头看佛光照，
低头想千丝万缕缠不倒咱，
多求师父帮多求师父教，
我们共同向前。

解释《念恩》：与弟子谈心的即兴指点。
1、河深海深不如师父的恩情深：这种形容很贴切，正好说到弟子心里头。

2、有缘千里来相会：师徒心心相连，千里之外也要来追逐，这种亲情和缘分。

3、大树底下好乘凉：乘凉时，思恩情切，下定恒心要刻苦修炼，为师争光。

4、有师父来引路：有了靠山和后盾，自己想方设法多积累智慧。

5、刀山火海也敢上：就可以战胜任何艰难困苦，而不给师尊丢脸。

6、师父慈悲我们恩情重：是师父拯救了我，用心血培育了弟子。

7、我们孝敬师父一马当先：只有能战胜而完善了自己，就是对师父的最大孝敬。

8、抬头看佛光照：一个人有了上进心，就可以自动自觉地围绕着佛光转。

9、低头想千丝万缕缠不倒咱：能把心沉静下来，轻松地排除一切琐事干扰。

10、多求师父帮多求师父教：千万可别自满自足，师父囊中的宝是掏也掏不尽的。

11、我们共同向前：师父的长处是效仿佛祖永不休，师佛都是弟子的好榜样。

地藏王菩萨经文

一 《因果关系》:

菩萨畏因,众生畏果。

救果固然重要,

救因更为迫切。

种瓜得瓜,种豆得豆。

做恶者引起自毙,

行善者引来自安,

栽树者引来众生乘凉,

自得其乐。

善恶本是自己筑,

为人几时求安生;

菩萨有心挽救你,

因果关系自食物。

师父教我们悟正果,

前程明亮莫招祸。

解释题目《因果关系》:人间的是是非非都是形形色色的因果报。

1、菩萨畏因,众生畏果:这句经文是说,有的时候菩萨的胆子是很小的,她们在什么问题上显得胆小畏惧呢?他们最害怕造因,因为只要造了恶因,就必定会随之而来的要产生恶果。有远见和有预见能力的菩萨,从来都坚持以善为本、以慈悲为怀的原则去意念和行事,这是菩萨不同于常人的高明之处。

众生是指缺乏智能的那些凡夫俗子,即指我们这些常人,也有胆小害怕的时候,这种恐慌畏惧的心态在什么样情况下发生呢?不是在造因的时候,与菩萨思维方式正相反,而是在从前所造的恶因已经结成恶果的时候,遭受到客观现实打击和惩罚的时候才知道其可怕可畏而产生悔恨,就象谚语中所说的:不撞南墙不回头,不到黄河不死心,不见棺材不落泪。

这就是菩萨和众生的不同之处。

2、救果固然重要,救因更为迫切:救果就等于'亡羊补牢,未为迟也',免得遭受更大损失。就象得了病要抓紧医治,这是众生在现实生活中出现问题时,所常常采用的处事方式。菩萨与众生做法不一样,人家是专门讲究防患于未然的,犹如下棋,菩萨就好象那高明的棋手,总是善于顾全大局,能看出去好多步棋而深谋远虑,并不太注重一得一失的眼前利益。而众生则相反,就像一个低劣棋手,走一步看一步只顾眼前,在患得患失中,时时都存在着背动局面和蕴藏着失败的危险。

3、种瓜得瓜,种豆得豆:这是对因果关系所做的最恰当、最通俗的比喻。

4、作恶者引起自毙,行善者引来自安:弄懂善恶有报的大自然规律,才能避免做傻事坏事。

5、栽树者引来众生乘凉,自得其乐:做善事是舍,得到乐的原因,是自身能量因做善增多了。

6、善恶本是自已筑,为人几时求安生:自作自受和行善得安,是客观存在的事实和大自然的规律。

7、菩萨有心挽救你,因果关系自食物:就象老师希望学生的学习好和能考上大学,但不能替学生写作业和答卷一个样。

8、师父教我们悟正果,前程明亮莫招祸:老师就像父母一样教孩子走正道,因为一旦走上邪道,就难免遭祸殃。

这首菩萨经文生动地体现了伟大佛陀教法真实可信的本貌,她告诉我们,如能采取和运用行善、奉献、施舍、知足、无求、勤劳等措施进行自救和悟已,才是学习菩萨注重畏因、迫切救因的上乘方法和最佳途径。经文告诉我们,因果关系是由自身行为所造成,自做自受就是遵循自然法则的规律,而这个规律是不可抗拒的。科学家们也纷纷发现了这一真理。

二 《情》:

情难断果难食,
人间的琐事难悟清。
苦苦地想来苦苦地看,
执着地追求几时休?
情丝断,悟净土,
八方的和尚把你救。
恩要报,苦要修,
望空一切,守立台柱方可行。

解释《情》:处理好人与人的情感,是人生一主要难关。

1、情难断果难食:因为不适宜的用情,造成一些难堪的结果。

2、人间的琐事难悟清:离开佛法的界限,对人间之情很难悟明白。

3、苦苦地想来苦苦地看:不用佛经对号,就想不通看不明。

4、执着地追求几时休:被情所死死纠缠,摆脱不了。

5、情丝断悟净土:用净土的思想当家,方能斩断情丝得解脱。

6、八方的和尚把你救:以和为高尚来主导我,得到的是自治自救。

7、恩要报苦要修:报恩和苦修都是人生的必修课,决不可偏废。

8、望空一切守立台柱方可行:守着悟空这座靠山,办事将没有阻碍。

三 《迷》:

雷雨交加雾满天,
大鱼小鱼池中站,
东来北往无止境,
人间地狱难相连,
天堂地狱也靠不着边。
你争我夺有何用?
人间同是一块天。

解释《迷》:站在凡夫立场,执迷不悟很不妥。

1、雷雨交加雾满天:不喜修炼只顾入世者,都有这种遭遇和感受。

2、大鱼小鱼池中站:就像鱼在池中不能尽情穿梭欢游,饱受煎熬不自由一样。

3、东来北往无止境:东为生门,北为死户,喻六道轮回没完没了。

4、人间地狱难相连:俗人不明白,修炼不好就得下地狱。

5、天堂地狱也靠不着边:而天堂地狱也是在善恶一念之间的差别。

6、你争我夺有何用:争斗耗能而退化;关键在于自身二神首先要能统一。

7、人间同是一块天:谁修炼都可增能,都可平等登天堂。

四 《过》:

高矮不平难分辨,
人间只有一线天;
打破沙锅问到底,
别人的好坏不要谈。
自修自悟看得远,
滔滔的大海谁也看不到边。
站得高看的远,
站得矮心也别烦。
聪明别被聪明误,
自己要对自己要求严。

解释《过》:严人宽己是过错,是邪,也是非。

1、高矮不平难分辨:如看别人不高,自己也不矮,可能源于自满。

2、人间只有一线天:要知道,人间只有造净土这一条路。

3、打破沙锅问到底:对修悟自己绝不放松、绝不含糊,这就是真理。
4、别人的好坏不要谈:而谈别人的是是非非,只能降低自己。
5、自修自悟看得远:修悟自己的最大好处,是能筑成远见卓识。
6、滔滔的大海谁也看不到边:苦海里的恩恩怨怨,不必全搞明白。
7、站得高看的远:当你修悟得好时,站高望远,不小看别人。
8、站得矮心也别烦:修炼中起步晚也不灰心。
9、聪明莫被聪明误:只怕有人把聪明当作智慧去炫耀。
10、自己要对自己要求严:严以责己,宽以待人,是真爱己的表现。

五 《礼》之一:

人间是个万花筒,
翻来覆去无有体,
你尊我让多美好,
互帮互敬心如一,
有事大家来商量,
佛经大家来分析,
尊老爱幼人人提,
要做好事人人提。

解释《礼》:什么是礼节礼貌和孝道呢?
1、人间是个万花筒:虚幻且华而不实。
2、翻来覆去无有体:都是在变化中的过眼烟云。
3、你尊我让多美好:尊重和谦让,是美好和睦的保障。
4、互帮互敬心如一:真心交朋友,团结共提高。
5、有事大家来商量:众人捧柴火焰高。
6、佛经大家来分析:众人悟经提高快。
7、尊老爱幼人人提:人人把孝道放在第一位。
8、要做好事人人提:人人都争着行善,则万事大吉。

六 《礼》之二:

狂言恶语把人欺,
花言巧语心不一,
巧立名目没人理,
虚虚假假太无理,
要想做事从头做,
先修自己从头起。

解释《礼》之二:做人不可失礼。

1、狂言恶语把人欺:狂言和狂语,欺人又伤己。

2、花言巧语心不一:表里不一也会伤人又伤己。

3、巧立名目没人理:编织故事和造谣,降低自身威信。

4、虚虚假假太无理:以虚假当真实,远离大道之理。

5、要想做事从头做:行善就是开头。

6、先修自已从头起:从悟己和善待做起的人最有出息。

七 《一体》:

普天为一人,

降子满堂孙,

人间有乐也有苦,

自享其物不识人。

解释《一体》:人的区别在于造因的多少。

1、普天为一人:人人的结构都一样。

2、降子满堂孙:从细胞分裂,成长为一个人和一家人。

3、人间有乐也有苦:然而,价值观和苦乐观的不同,给人带来了差别。

4、自享其物不识人:因果不昧、自作自受、自食其果是人生总规律。

八 《悟》:

人间的丑恶分不清,

豺狼虎豹一齐蹦,

闭目养神仔细看,

有事求我说分明。

解释《悟》:元神靠自悟。

1、人间的丑恶分不清:世间复杂矛盾交错。

2、豺狼虎豹一齐蹦:各种丑恶争相表演。

3、闭目养神仔细看:放下杂念,静下心来。

4、有事求我说分明:让元神当家作主。

九 《照》:

芝麻放在眼前很大,

放远很小,

再放远些看不见了。

解释《照》:用慧眼看。

1、芝麻放在眼前很大:小题大做易误事。

2、放远很小:眼光远大者,观察真实。
3、再放远些看不见了:非原则问题,可以完全放得下。

十 《德》:

我点蜡你举灯,
照耀别人行里程,
吃苦耐劳多行善,
好事做了我签名。

解释《德》:积德可消业。
1、我点蜡你举灯:元神点蜡,识神举灯。
2、照耀别人行里程:只愿奉献,不计回报。
3、吃苦耐劳多行善:吃苦在前,宽容善待有加。
4、好事做了我签名:识神敢作为,元神敢负责。

十一 《悟道》:

携手共庆长寿家,
福星照亮我们家,
全家一意随佛走,
大海捞针慈悲下。
我们紧随佛祖把经文学,
自修自炼心中有朵花。

解释《悟道》:人生大计就是觉悟得道。
1、携手共庆长寿家:号召众徒齐心作奉献。
2、福星照亮我们家:提醒大家惜福报恩。
3、全家一意随佛走:全家用行动感恩佛祖。
4、大海捞针慈悲下:慈悲能彻底,捞针没问题。
5、我们紧随佛祖把经文学:佛祖是最高榜样,经文是指路灯。
6、自修自炼心中有朵花:心花常开,修炼大成。

十二 《照灯行》:

乌云过后天空蓝,
展翅高飞云中站,
人间是非我无意,
大海滔滔永是蓝。
佛祖慈悲灯一盏,
切记佛祖师父永在你身边。

解释《照灯行》:师是灯,佛是灯,师佛教导铭心中。

1、乌云过后天空蓝:能拨开迷雾,朗朗的大道就会显现。

2、展翅高飞云中站:有了智慧的翅膀,水平就能大提高。

3、人间是非我无意:对人间的是是非非的参与,早已不感兴趣。

4、大海滔滔永是蓝:虽身居苦海,但心灵却磊落洁净。

5、佛祖慈悲灯一盏:一切成就,都源于佛祖的大慈大悲。

6、切记佛祖师父永在你身边:佛祖师父的恩德,念念永不忘。

太白金星菩萨经文

一 《星》：

星星满天照万家，
从不索取不让夸；
人间需要她闪烁，
万物丛中需要她。
有人想摘怕击手，
星星点头笑哈哈。
咬口石榴酸溜溜，
星星从不刺激它。

解释《星》：象征着佛心明亮而高洁。

1、星星满天照万家：星光就像佛光一样，无私地奉献给众生。

2、从不索取不让夸：掌握了佛法的人不懂索取，更不喜别人夸赞。

3、人间需要他闪烁：人人都需要佛光之能量。

4、万物丛中需要它：生物的成长离不开光热。

5、有人想摘怕击手：如果想把佛光占为私有。

6、星星点头笑哈哈：星星含笑善意地点化他：还是自己着手学吧。

7、咬口石榴酸溜溜：对于人们在怨求中尝到的酸苦。

8、星星从不刺激它：懂得佛法的人，总是坚持多悟自己少悟别人的原则。

二 《挫》：

若想炼钢需要火，
大事小事要分开。
遇到困难抬起头，
遇到烦恼心情改。
人生的苦辣都尝过，
有酸有苦土里埋。
迎着风浪挺胸站，
迎着风浪顶着开。
各位都需经风雨，
苦过甜来春常在。

解释《挫》:修佛人受挫后反而更坚强。

1、若想炼钢需要火:百炼成钢需要强劲的火力。

2、大事小事要分开:与修佛无关的事,是小事。

3、遇到困难抬起头:在困难时,正是需要有坚强意志的时候。

4、遇到烦恼心情改:产生烦恼时,正需要学着赶快放下。

5、人生的苦辣都尝过:这是谁也避免不了的事。

6、有酸有苦土里埋:最好能把他们都化解掉。

7、迎着风浪挺胸站:任逆者强。

8、迎着风浪顶着开:逆流者高。

9、各位都需经风雨:这是行者的基本功课。

10、苦过甜来春常在:果位,正是在迎风斗浪中获得。

三 《菩提咒》:

悟以性为本,

道以根为本,

修以心为本,

人以善为本,

畜以献为本,

自然以宇宙为本

生活以勤劳为本,

万物以正为本。

解释题目《菩提咒》:菩提是觉悟,咒在此当准则讲,意思是觉悟的规则吧。

1、悟以性为本:人的悟性最重要,心性宽容则增长智能;心性狭隘则丢失能量。

2、道以根为本:侧重觉悟自己而自度才能扎下道根,否则便会失去道心。

3、修以心为本:心空心静方有定力,小事若能胡涂,大事才能明白。

4、人以善为本:只有自善其身和善待他人,才能知足常乐。

5、畜以献为本:少欲无求、甘愿奉献才能塑造品格,清除畜的遗传习性。

6、自然以宇宙为本:遵循宇宙规律行事而不强求、不埋怨,不强调客观。

7、生活以勤劳为本:勤劳和勤奋,而且又不念苦,是人生的基本功和美德。

8、万物以正为本:运用一身正气的善念,排除妄念、邪念和杂念。

以上对“菩提咒”的简要剖析,也等于是《八正道》 《八功德》的真解。

两千多年来,佛教史走了样,大藏经典也已走偏,佛祖的《心经》被人搞了张冠李戴,《八正道》的真解早已不见。这种状况,如来佛的弟子太白金星早已看在眼;为了改变这种混乱局面,特别写了一首《八正道》的真解,既简捷又明了,然后,请恩师佛祖填上了经文的名字《菩提咒》。从此,《八正道》又回复了本貌,成为修行大全、智慧源泉、科学真理、人生指南。

《菩提咒》的悟以性为本 =《八正道》的正思维 =《八功德》的智慧功德

《菩提咒》的道以根为本 =《八正道》的正语 =《八功德》的不疲倦功德

《菩提咒》的修以心为本 =《八正道》的正定 =《八功德》的禅定功德

《菩提咒》的人以善为本 =《八正道》的正命 =《八功德》的知足功德

《菩提咒》的畜以献为本 =《八正道》的正业 =《八功德》的无求功德

《菩提咒》的自然以宇宙为本 =《八正道》的正见 =《八功德》的远离功德

《菩提咒》的生活以勤劳为本 =《八正道》的正精进 =《八功德》的毕竟功德

《菩提咒》的万物以正为本 =《八正道》的正念 =《八功德》的不妄念功德

《菩提咒》就是《八正道》和《八功德》的真解，且顺序准确。在《心经与智慧》一书中，有对《八正道》的详尽诠释和剖析。

《八正道》是人类永久的人生指南，是人生成功的必由之路，舍此，智慧的增长将无从谈起，人生的进化也必将成为儿戏。

四 《问我》：

天下琐事炼我心，

谁人能把握众神心，

唯有国父统天下，

一马当前他冲阵。

解释《问我》：这也是向元神提出的考题。

1、天下琐事炼我心：帮好了识神，就化解了琐事。

2、谁人能把握众神心：用天神喻识神。

3、唯有国父统天下：用玉帝喻元神，一语双关。

4、一马当前他冲阵：元神要向伟大的玉帝那样，带头指挥冲锋陷阵。

太乙真人菩萨经文

《一把刀》：

摇摇晃晃过大桥，

生活好像一把刀，

辛勤劳动有硕果，

夫唱妇随百花笑。

解释《一把刀》：违背生活规则要受伤。

1、摇摇晃晃过大桥：修炼中摇摇摆摆不稳定。

2、生活好像一把刀：可是生活严峻得就像一把刀。

3、辛勤劳动有硕果：劝你坚持辛勤劳动的美德。

4、夫唱妇随百花笑：夫要自强，妇才能跟随，也才能美满开心。

百花仙子菩萨经文

一 《看》:

百花盛开心情爽,
要把经文当衣裳,
每日上香把师父敬,
心情舒畅办事不慌。
总把忧愁压心上,
办事不当还嫌忙,
翻开经文仔细看,
心情舒畅有主张,
我问你,你说妥当不妥当?

解释题目《看》:看清人间和人生真相,且看开、看透、看深、看真、看全、看破,进而更加明了大道、天地、宇宙、众生等来龙去脉之真谛。

1、百花盛开心情爽:若想揭开人生中思想上的一切迷惑,就得将大道之理融会贯通,而使那被解脱了的心,能像百花一齐开放那样清爽无碍;心花常开,便标志着人生的真正成功。

2、要把经文当衣裳:为达以上目的有个秘诀,那就是熟读佛学神圣经典,并使之在思想中牢牢扎根。没有衣裳怎么御寒?没有衣裳怎么遮羞?如果将心依止于经文佛法,那就必将能获得一个充满智能的人生。经文衣裳天天穿,能解决思想和言行的丑陋。

3、每日上香把师父敬:烧香虽然只传递了一下信息,但这份忠心向道、向菩萨、不忘本的孝心,却表现得出:你的眼前时刻都有一盏明灯——觉悟了的佛菩萨是众生的老师和父母。

4、心情舒畅办事不慌:信仰菩萨就是孝佛,孝佛就是孝道,同时也是孝了自身佛性。这种有智能的人办起事来有理、有据、有利、有节,办完了一件事就象是创造了一件艺术精品一样,令人赏心悦目。

5、总把忧愁压心上:假如不开心,那准是又被生活中之无情网给束缚住了。因为一时忽略了学经悟己,本来修得还不牢固的心就会散乱起来,那准是怨求等老毛病趁机又冒了出来。

6、办事不当还嫌忙:老毛病一犯,将会出现连锁反应,凡夫俗子的心一旦重新展现,那就看什么都会不顺眼,做什么都会不顺当,不知不觉地蜕化了智能而原形毕露。噢！原来志气短的人，竟要尝受这样灰心丧气之苦啊！

7、翻开经文仔细看：有一失必有一得，错误之后更能激励人的修行，这是追求自强不息之人所具有的特点。他的妙招是：快把经文衣裳重新穿上。

8、心情舒畅有主张：经文真灵验，只要按其科学真理办事，一切都会是那么地井然有序而成竹在胸。

9、我问你，你说妥当不妥当：这时菩萨大德虽象敲边鼓似地问：怎么样？妥不妥？我却一点没见怪，心中像是有股暖流通过，只感到佛经真可亲、真管用；而菩萨大德也真有两下、真慈祥。

菩萨这首经文写得精练、亲切，不愧是佛陀培养出来的好学生。

二 《道》：

云飘飘雾飘飘，
人间的苦难几时消？
自然有季人有度，
相互连接意义相通。
抬头看路渺茫，
心空道路长。
看前景少看光，
天晴有雨小苗长。
人有祸和福，
你怎么去思量？
把祸看成是本，
把福看成是果，
这样看道路才宽广。

解释《道》：悟道离不开辩证思维。

1、云飘飘雾飘飘：因环境迷雾重重，所以做人必迷失。

2、人间的苦难几时消：人生的苦水，不会自动消失。

3、自然有季人有度：人应该遵循大自然规律行事。

4、相互连接意义相通：人生与大自然是相通的。

5、抬头看路渺茫：人间的光明路，往往是隐藏的。

6、心空道路长：在心空望无一切时，眼光才能放远。

7、看前景少看光：多看远大目标，少看眼前既得利益。

8、天晴有雨小苗长：应懂得阴阳和合的道理。

9、人有祸和福：人间本是过着苦乐交替的日子。

10、你怎么去思量：如何用辩证的眼光看问题，这里有学问。

11、把祸看成是本:把彻底解脱烦恼,当作是修炼的好时机。
12、把福看成是果:把福泽看成是,造善因而得到的善果。
13、这样看道路才宽广:用辩证思维观点,有利于拓宽心胸。

三 《论六则》:

风沙刮雨水打,
抬头挺胸留心脚下。
高山挡无路爬,
若想过山先把路压。
种庄稼把种子撒,
勤除草来把肥加。
要筑房先把梁架,
地基巩固才不能塌。
天空有彩霞,
过河小船把帆架。
不贪不占只求顺利,
才能当好家。
幸福的家要自己架,
损人利己大家都抛弃他。

解释《论六则》:论证一下,如何坚持六条原则。
1、风沙刮雨水打:风沙是打击,雨水是苦难。
2、抬头挺胸留心脚下:迎风斗浪,脚跟站稳。
3、高山挡无路爬:修炼的路上,充满艰险荆棘。
4、若想过山先把路压:雄心要胜过阻碍的强大压力。
5、种庄稼把种子撒:先要懂得造因的重要性。
6、勤除草来把肥加:一个好的因由,需要勤奋和运用智谋去护持。
7、要筑房先把梁架:人要有骨气和志气,敢于担当大梁和顶梁柱。
8、地基巩固才不能塌:悟己生根、根深叶茂,在于自我高标准。
9、天空有彩霞:生活中的引诱,会时常出现。
10、过河小船把帆架:我只顾在修炼中,乘风破浪而进。
11、不贪不占只求顺利:我无怨无求,也不无事生非。
12、才能当好家:只坚持以元神之佛性当家作主。
13、幸福的家要自己架:一切从我做起,从当下做起,丢掉幻想。
14、损人利己大家都抛弃他:不做那些有损品格的丑陋事。

四　《岸》：

人生的道路曲曲弯弯，
有沙有雾看不到边。
天空打雷无法阻拦，
跨过大河还有险滩。
岸的那边仿佛一片田，
有吃有喝还有一片大庄园。
人生的路途多惊险，
要想过河意志得坚。
翻开经文想一想，
哪一句经文对自己有关。

解释《岸》：彼岸是归宿。

1、人生的道路曲曲弯弯：苦海里的艰难不可逆料。

2、有沙有雾看不到边：风沙和迷雾，随时会扑面而至挡住双眼。

3、天空打雷无法阻拦：外界的打击无力改变。

4、跨过大河还有险滩：往往艰难困苦，会接踵而来。

5、岸的那边仿佛一片田：可是彼岸，却是个理想的好去处。

6、有吃有喝还有一片大庄园：既能令人畅快生活，而且又有可以用武之地。

7、人生的路途多惊险：然而为了理想目标，就顾不得什么艰险了。

8、要想过河意志得坚：有了坚定的意志，人间的苦难至少减半。

9、翻开经文想一想：学经文需要细嚼慢咽。

10、哪一句经文对自己有关：关键是要把思想与经文，准确对号。

五　《失》：

一寸光阴一寸金，
大好的河山无人耕田。
你要是有情一无是处，
辛勤劳动才有衣穿。
高山上的水流得远，
用处不当失去的见不到边。
人间有过也有错，
失去的永远不会复返。
后悔莫及怕嫌晚，
靠自己的劳动幸福万年。

解释《失》：自强不息，勤奋节俭，才能得多失少。

1、一寸光阴一寸金：时间宝贵，修行无价。

2、大好的河山无人耕田：修心养性如果荒废了，就最为可惜。

3、你要是有惰一无是处：思想、四肢都不可懒散，这是人品好的主要标志。

4、辛勤劳动才有衣穿：有衣穿才能避免丑陋，不勤劳必丑陋。

5、高山上的水流得远：水平越高，眼光越远大。

6、用处不当失去的见不到边：把心思用在怨求杂念上，前程会被葬送。

7、人间有过也有错：鱼目混珠的过失人人都会有。

8、失去的永远不会复返：如果机会失掉了，可能将变得时过境迁。

9、后悔莫及怕嫌晚：在造因时就应想到后果。

10、靠自己的劳动幸福万年：一切从我做起，靠勤奋必有后福。

六 《万事皆空》：

大海蓝天一片情，

云海茫茫悟中行，

求得的果实苦和乐，

要靠自己把问题看清。

是是非非皆是空，

恩恩怨怨断中情，

你争我斗情未了，

修行的途中断皆空。

解释《万事皆空》：万事空，唯有般若是实。

1、大海蓝天一片情：大道虽无情，但是对自强勤奋者，却情有独钟。

2、云海茫茫雾中行：踏破人间迷雾，方可以开悟。

3、求得的果实苦和乐：苦果和乐果，都有其根由。

4、要靠自己把问题看清：学经文肯动脑，对事物会有预料。

5、是是非非皆是空：不被它纠缠。

6、恩恩怨怨断中情：悟空能了断恩怨。

7、你争我斗情未了：争斗者自作聪明。

8、修行的途中断皆空：修行为求正果，以上三项理应抛弃。

七 《观》：

眼中有神无有意，

看到事物混成泥；

眼前风雨雾茫茫，

风雨过后神人意。

大人小孩拍着手的笑，
神人能把雾托起。
人往前处走，
树根扎的深。
五湖四海一条路，
劝人行善莫迟疑。

解释《观》：看透人生，才能有效地修炼。

1、眼中有神无有意：我的思维，只注重元神和佛性。

2、看到事物混成泥：对生活中的琐事，选择和稀泥之方法。

3、眼前风雨雾茫茫：苦难迷茫，正是修炼的好道场。

4、风雨过后神人意：苦难反而锤炼了，人的钢铁意志。

5、大人小孩拍着手的笑：君子和小人都夸赞之，与你交厚。

6、神人能把雾托起：把你当作神，那是因你从不迷惑。

7、人往前处走：人有志而自强时。

8、树根扎的深：自治后必深扎道根。

9、五湖四海一条路：我走到哪里，都是一颗良种。

10、劝人行善莫迟疑：自善其身是我坚守的方略。

八 《瞧》：

眼望大海摔一跤，
周身的泥土拍不掉。
前面有山后面有桥，
想回头看看家找不到。
我本想往前跑，
前面的山拦的好高。
我只能站在山崖往下瞧，
人间的是是非非何时了？

解释《瞧》：应透过现象看到本质。

1、眼望大海摔一跤：这是入世太深，受到痛苦挫折的一幕。

2、周身的泥土拍不掉：身心内外的污染，需要在斗私和自治中解决。

3、前面有山后面有桥：山是诱惑，桥是修道之路。

4、想回头看看家找不到：已迷失本性，忘记归宿。

5、我本想往前跑：贪欲是动物遗传下来的本性。

6、前面的山拦的好高：但贪无止境，争先恐后，难度不小。

7、我只能站在山崖往下瞧：应该是悬崖勒马搞自救的时候了。

8、人间的是是非非何时了：怎么能继续再陷入，永无休止的是是非非之中呢？

九　《边》：

你有钱我不要，
一身的憨气无处找。
天要下雨水往地下跑，
大河小河一齐冒。
正气邪气难分辨，
看到大海如同把母亲找。
做什么事情都要有始有终，
一心不可两处跑。
定下心来自己把毛病找，
边边有曲自己笑。

解释《边》：摸到边才能懂得原则。

1、你有钱我不要：心地纯正，无贪占索取之心。

2、一身的憨气无处找：我就是要为，一身正气这四个字作注脚。

3、天要下雨水往地下跑：天气阴暗，人的思想也会暗淡无光。

4、大河小河一齐冒：人群向来是随波逐流的。

5、正气邪气难分辨：这种状况，往往会使人感到已走投无路，怎么办？

6、看到大海如同把母亲找：只好求助海的胸怀，等于孩子有妈妈的保护一样。

7、做什么事情都要有始有终：悟空就能宽容。

8、一心不可两处跑：以善为本不动摇。

9、定下心来自己把毛病找：悟己就能深扎根。

10、边边有曲自己笑：做人的原则摸到了边，学到了手，就会心花常开。

十　《悟逆境》：

云中有雾花中有草，
一生之中有逆境，
幸福的道，
需要你自己去寻找。
海水深河水浅，
办什么事情要有分寸，
人的一生就是一瞬间，
善事恶事自己分辨。

解释《悟逆境》：这是能否得道的重要课题。

1、云中有雾花中有草:鱼目混珠,正邪相杂。

2、一生之中有逆境:人生是顺逆相交错的。

3、幸福的道:福从哪里来?

4、需要你自己去寻找:不会自动来找你,需动用智慧去寻觅。

5、海水深河水浅:要用海的容量,去看凡俗的事物,切忌肤浅。

6、办什么事情都要有分寸:做事找准适度,才能恰如其分。

7、人的一生就是一瞬间:在人生历史的长河中,一生一世很短暂。

8、善事恶事自己分辨:首先注重在自己身上,把善恶分辨清楚。

十一 《抛体》:

优柔寡断心儿烦,

有心采花无心观,

心中烦恼无处述,

忧虑成性把病添。

身边有师不知念,

快求师父渡难关。

解释《抛体》:看空自我。

1、优柔寡断心儿烦:缺乏智慧不果断。

2、有心采花无心观:寻找开心的同时,还保留着任性。

3、心中烦恼无处述:离开佛经,无法真正解脱烦恼。

4、忧虑成性把病添:心态耗能,体态难康健。

5、身边有师不知念:念经能与师父相沟通。

6、快求师父渡难关:还是赶快烧香磕头拜佛吧。

十二 《名言》:

海、宽、放。

解释《名言》:规劝心性狭隘者。

海、宽、放:像大海那样宽广,像海潮那样奔放。

十三 《盼》:

何时百花见芳香,

唯独你把露水撒。

解释《盼》:师徒齐盼。

1、何时百花见芳香:什么时候心花常开,吐芬芳,进而人缘口碑好。

2、唯独你把露水撒:只盼你能自悟,提高智慧水平,浇灌幸福花朵。

十四　《嘱咐》：

异国他乡把高峰攀，

人小志大费尽心寒，

读书自有读书苦，

苦尽甜来搬倒山。

一把土一把汗，

师父希望你勤把书看，

交朋友说话心里有数，

有事多和师父交谈。

《嘱咐》：对出国弟子赠言。

1、异国他乡把高峰攀：出国进修可成大器。

2、人小志大费尽心寒：意志要坚强，思想准备要充分。

3、读书自有读书苦：要有吃大苦的准备。

4、苦尽甜来搬倒山：从苦到甜，这其中有一个，艰难奋斗的过程。

5、一把土一把汗：不怕泥土沾，不怕汗水洒。

6、师父希望你勤把书看：学知识，学经文，都需要用勤奋来当家。

7、交朋友说话心里有数：如何交朋友，如何用语言交流，勤看佛经心有数。

8、有事多和师父交谈：多上香多磕头，多与师父沟通。

李天王菩萨经文

一 《小灵顺经》:

如有一人碎言你,

笑里答话我不提

谁说凡人不理意?

我倒问你,

凡事多想他人苦,

背朝阴脸朝日,

身体正、闭目养神、以免生气。

天下雨有雷声,

人有灵窍一点通。

解释《小灵顺经》:这是机灵随顺的小窍门。

1、如有一人碎言你:对讽刺挖苦。

2、笑里答话我不提:以笑脸对答。

3、谁说凡人不理意:普通人也会受感染。

4、我倒问你:自己要常常扪心自问。

5、凡事多想他人苦:多为别人设身处地的着想。

6、背朝阴脸朝日:多暴露光明,多展示笑脸;把苦恼吞化在心底。

7、身体正、闭目养神、以免生气:保持一身正气、禅定,就无从动气。

8、天下雨有雷声:雷声如指令,下雨如行动。

9、人有灵窍一点通:人的心灵佛性当令,便会万事亨通。

二 《空》:

天要下雨遮不住,

大风大浪也得渡,

头顶风云脚踏地,

一生最好是糊涂。

金钱引诱心不动,

若想做官别做功;

金钱美女无所义,

顶天立地心要一。

解释《空》:糊涂往往能体现悟空。

1、天要下雨遮不住:大自然的节律,是自行其事的。

2、大风大浪也得渡:人生的苦难也是难以避免的。

3、头顶风云脚踏地:在风浪中能顶烟冲上,有利于深扎道根。

4、一生最好是糊涂:最好能学会难得的那种糊涂。

5、金钱引诱心不动:引诱多种多样,金钱往往占第一位。

6、若想做官别做功:一心想当官的人,不会平心静气地做功。

7、金钱美女无所义:这都是过眼云烟式的诱惑。

8、顶天立地心要一:坚定意志不动摇,才能一心一意皈依佛。

三 《自悟》:

悟道要正,
行善要宽,
迷歧有所指,
邪恶也要帮。

解释《自悟》:自悟能自救。

1、悟道要正:远离邪门歪道和杂念。

2、行善要宽:缩小分别心。

3、迷歧有所指:元神指导识神,纠正歧邪。

4、邪恶也要帮:若想帮人先帮已。

四 《压》:

捍揽天下事,
唯我震雄风,
苦难当头坐,
压倒邪与恶。

解释《压》:压邪就能扶正。

1、捍揽天下事:元神包揽人生大事为吉祥。

2、唯我震雄风:元神带动识神,共同修炼筑就英雄风范。

3、苦难当头坐:专门敢与困难叫板。

4、压倒邪与恶:征服邪恶,须有压倒一切的气派。

五 《悟》:

你们观果我看桃,
桃子好吃用水浇,
你们的心事求证果,

细品佛经有道道。

解释《悟》:细心悟经收获必著。

1、你们观果我看桃:果,正果。桃,逃离苦海。

2、桃子好吃用水浇:战胜自我,逃离苦海,靠佛学水平。

3、你们的心事求证果:假如你们真想求得正果。

4、细品佛经有道道:那就细心的去探求,佛经中的奥秘吧。

六 《标》:

在事业上要胆大心细、遇事不慌,

在家庭中要互相关心、体贴微详,

在修佛的道路上要一心一意、一丝不苟,

我们共同的心愿是早见佛光。

解释《标》:标准、目标。

1、在事业上要胆大心细、遇事不慌:这是办好事情的八字真言。

2、在家庭中要互相关心、体贴微详:这是和睦家庭的八字真言。

3、在修佛的道路上要一心一意、一丝不苟:这是修佛的八字真言。

4、我们共同的心愿是早见佛光:菩萨和弟子总是心心相连,目标一致。

七 《攀》:

经文手中拿,

你悟我悟为了啥?

不求官不求财,

佛家弟子求个啥?

一步一印抬头望,

抬头看师为了啥?

我们静下心来仔细想,

一心向往上天堂。

解释《攀》:攀高结贵寻佛缘。

1、经文手中拿:这是为了掌握佛理。

2、你悟我悟为了啥:为了把佛理变革成智慧。

3、不求官不求财:求官求财与求道背道而驰。

4、佛家弟子求个啥:追求宇宙能量,来心灵中安家。

5、一步一印抬头望:修佛有其科学规律性。

6、抬头看师为了啥:以师为榜样并报达师恩。

7、我们静下心来仔细想:修道心静,孝师才能心诚。

8、一心向往上天堂:会造人间净土,才能达彼登天堂。

延吉道人菩萨经文

一 《迷道经》:

人生路坎坷,
有灯无电还得摸,
一失足千古恨,
子孙后代都遭祸。
雾海茫茫风浪起,
大船小船急转舵,
路线心中记,
速靠岸来少贪多。

解释《迷道经》:解决迷途的道理和方略。这首经文表述了菩萨的自身体悟和宝贵感受,体现了与佛陀思想的高度一致,也体现了对我们众生的亲切关爱。

1、人生路坎坷:在人生苦海里,不能指望无风无浪,也不摔跤。

2、有灯无电还得摸:灯是修,电是道,也可解为智能,若想灯亮须靠对佛经这个能源的自悟摸索。

3、一失足千古恨:清除心中的邪恶闪念是至关重要的,否则难免失足而悔恨。

4、子孙后代都遭祸:一旦失足必将殃及亲人和后代,这是任自己如何悔恨都所无法承担的罪责恶果。

5、雾海茫茫风浪起:当误入歧途时,就会察觉到风险的即将来临。

6、大船小船急转舵:大船小船喻大事小事,急转舵:将贪求转为"无求无过一身清,逍遥自在多美好。"

7、路线心中记:从哪跌倒,从哪爬起,牢记教训,坚守正念不再动摇。

8、速靠岸来少贪多:别存在多捞一把再说的侥幸心里,回头上岸,知足常乐心方安。

二 《论恶六则》:

心术不正为恶,
体态不端为恶,
有占欲者为恶,
有淫嫖者为恶,
有说话无常者为恶,

有欲望之邪者为恶。

恶为人生一大欠，

恶为人生之渺茫；

恶有时被人主宰，

恶冲昏头脑难立我佛。

解释《论恶六则》:有六种恶的行为。

1、心术不正为恶:自私,算计别人。

2、体态不端为恶:表情、动作、作风不正派。

3、有占欲者为恶:吞占不正当利益,满足个人私欲。

4、有淫嫖者为恶:搞不正当的异性关系。

5、有说话无常者为恶:言而无信、不负责任、恶语伤人等。

6、有欲望之邪者为恶:不劳而获,异想天开等。

7、恶为人生一大欠:恶为人生种下祸殃。

8、恶为人生之渺茫:恶能使人生退化,善可使人生进化。

9、恶有时被人主宰:一旦恶之闪念变为现实,就主宰并损害人生。

10、恶冲昏头脑难立我佛:恶,可以扰乱佛性。

三 《拨》:

凌雾满天消，

拨开迷雾阳光照，

一心秉正率众徒，

何月何日谢大雕？

解释《拨》:拨开云雾靠悟经。

1、凌雾满天消:佛祖传经后,云开雾散了。

2、拨开迷雾阳光照:众弟子已在接受佛光的照耀。

3、一心秉正率众徒:长老带头,众徒紧跟上。

4、何月何日谢大雕:大雕喻佛经,争取早日学好佛经报答佛恩。

知觉菩萨经文

一 《念灯经》之一：

我佛教善悟难清，

一字之差悟难行，

若想行善人讥讽，

天外有天人上行。

解释《念灯经》：灯是师佛，灯是经。

1、我佛教善悟难清：佛家的善行很重要，能悟深悟透却很难。

2、一字之差悟难行：离开善心，差之毫厘失之千里，就什么也悟不到。

3、若想行善人讥讽：元神行善，识神和别人会有不同意见。

4、天外有天人上行：元神需要用高智慧佛性，去教导人性。

二 《念灯经》之二：

有心从良齿不清，

有心过河桥难行，

谁人遮路雾满天，

佛教经学看天晴。

静心养性，慈悲宽容，人佛合一。

解释标题《念灯经》：念是念念不忘，也当悟字讲，灯是明灯和灯塔，喻作道，经是理论和原则。

1、有心从良齿不清：良是善良，思想上愿意行善，但在理论和自悟方面却说不清楚。

2、有心过河桥难行：桥喻作道，有心想超越、渡脱人生苦海，但实际上难度太大。

3、谁人遮路雾满天：是元神脆弱呢，还是识神经不起诱惑呢？迷惑从何而来？

4、佛教经学看晴天：思想中的障碍象乌云，拨开云雾靠佛经教导，她犹如黑夜里的灯塔。

5、静心养性，慈悲宽容，人佛合一：心静和性空是修的中心，悲怜自身、慈善待人和宽恕他人是修的首要。人心被佛心度化而二者统一了，是修行得到正果的标准。

能亲近佛学这个修心养性之法宝，才能把握住自己的命运，才能保证有个好的归宿。也只有掌握佛法，才能看破有生有死的红尘，否则难脱苦海，终会有解不开的迷惑和遗憾。

法寺菩萨经文

一 《诫》:

人间太凄凉,
你争我夺整天忙,
争来争去有何用,
临走赤身原来是空一场。
若想看清人间事,
修道悟道炼自强,
百花开后心情爽,
哪能临走披件破衣裳!

解释《诫》告诫、提醒、点化。

1、人间太凄凉:凄凉是因为人们以贪、瞋、痴去对应名、利、色、情之故。

2、你争我夺整天忙:指那些以私利为目标的思维意念和行为。

3、争来争去有何用:嘴上承认名利生不带来死不带走,但思想深处却挡不住外界的诱惑。

4、临走赤身原来是空一场:体能耗尽时,人往往能够醒悟,思想中方涌出善念,但为时已晚。有句俗话说:"人之将死其言也善,鸟之将死其鸣也哀。"讲的就是这个道理,这也可以叫做:悔之晚矣。

5、若想看清人间事:身居庐山中,难识庐山真面目。能跳出来才能客观的看问题。

6、修道悟道炼自强:在求真理、讲科学、悟佛学、自强不息、行善积德的修炼中才能逐渐见到曙光。

7、百花开后心情爽:心花常开无忧虑,家庭和美事业有成,标志着人生的成功;修炼中,在打开心结上下功夫,将是经常性、长期性的首要使命。

8、哪能临走披件破衣裳:人不穿衣服是丑陋的,破衣裳喻思维意识中残存着相当数量的污垢而远离了佛法。那怎么办呢?毫无疑问,应该天天、永远地把崭新的圣经衣裳穿在身上,免得临终时仍是破衣烂衫而衣不遮体。

这首经文向人们指出一个尖锐的课题,即:人生如何度过才真的有意义?这是一个有知识求真理的人,不可忽略的人生首要问题。菩萨情深意长的话语,体现出对佛陀思想的深深领悟。

二 《引》：

人间善事都是佛祖教导所致，
要想修炼有成，
必须笃信佛祖教诲，
勤于修炼，心诚志坚。

解释《引》：引导启发。

1、人间善事都是佛祖教导所致：事实上，是佛祖为人类找到了真理。

2、要想修炼有成：想修炼成功，就万万离不开真理的指导。

3、必须笃信佛祖教诲：衷心地依赖佛祖慈悲，忠实诚恳地依赖佛法。

4、勤于修炼，心诚志坚：不间断地刻苦修炼，才能培育出坚强的意志。

三 《永跟佛》：

咱们坐在一起多欢乐，
有吃有喝又有歌，
我衷心的希望孩子们，
一心一意学佛；
困难的时候想到佛，
顺利的时候不忘佛，
祝愿大家生活幸福永跟佛。

解释《永跟佛》：能铁了心跟佛者，其人修炼必有大成。

1、咱们坐在一起多欢乐：因为适逢千载难逢的大佛缘。

2、有吃有喝又有歌：思想营养丰富，生活幸福美满。

3、我衷心的希望孩子们：以慈悲之心嘱咐下一代。

4、一心一意学佛：这是人生的主题。

5、困难的时候想到佛：可以增添勇气一往无前。

6、顺利的时候不忘佛：知恩报恩不忘本。

7、祝愿大家生活幸福永跟佛：以达身心康泰和悟佛修道的双丰收。

魔礼海菩萨经文

一《梦》：

人生一场梦，

翻来复去无止境，

有时甜来有时苦，

甜无光，苦是氧，

少甜多苦修日长。

解释题目《梦》：梦有多种解释，在这里指人生虚幻不实，也警示人们不可虚度一生，要紧紧把握这如梦的人生，力图逃离苦海到达彼岸。

1、人生一场梦：人生很短，虚幻不实。古人形容说：人生一世，白马过隙，忽然而已。隙是门缝，在门缝里瞧外面奔跑的白马，就是一眨眼的功夫。

2、翻来复去无止境：我们这些常人往往陷入名利色情和衣食住行之中，常常瞎操心，往往生烦恼，虽然象驴推磨式不停地转圈，但是脚下的路却永无尽头。

3、有时甜来有时苦：人生之路总是顺逆交替，甜是享受和安逸，苦是烦恼和承受压力。

4、甜无光苦是氧：人生不能在追求享乐中虚度年华，而应用劳苦去成就意志，用容忍去成就觉悟，用逆流而上和引水上山去成就远见和能量，这样方能显出修佛人的英雄本色。氧是指人体内高能量物质。

5、少甜多苦修日长：如果不甘做思想的懒汉，能够心胸宽阔轻松愉快地闯过各种苦关，人生的意义将成倍增长，修炼一年的收获往往胜过常人多少年。

这首经文教导我们思想要悟空，修炼要悟实，只有闯过各种苦关才能实现脱苦而永离苦海之轮回。在经文中深刻地体现了佛陀教法的温馨和伟大，这位被称为乐神的琵琶天王，真不愧是佛陀的得意门生。

二 《田》：

春去秋来一眨眼，若想防饿多种田，

周游四方无我地，展望未来把家乡看。

解释《田》：耕耘心田。

1、春去秋来一眨眼：人生苦短，如梦如幻，光阴如箭，日月如穿，一寸光阴一寸金，怎可虚度？

2、若想防饿多种田：这是一种比喻，意思是说，智能之食粮是不可短缺的，若想解除愚昧,必须多耕耘,犁心田,多种田就是勤劳,同时勤奋修心修体,心性修得空,智能才倍增。

3、周游四方无我地:访道也好,游历也好,都是为了内修而不能注重外求,心胸拓宽后才能建立起我的修佛家园。

4、展望未来把家乡看:只顾此生,只看眼前利益还是脱离不了无边苦海;应懂得落叶归根的道理,真正的家乡在彼岸,那里才是真正的归宿,人人都不例外。

这首经文透露出菩萨大德关爱众生的一片苦心,同时显现出一颗孝佛之赤心;孝敬佛祖和关爱弟子正是菩萨的本色。

魔礼寿菩萨经文

一 《戒》:

大海捞针何日终?
非空非色悟我行,
人间能悟真金志,
只有佛经举明灯。

解释《戒》:戒掉贪求靠明灯。

1、大海捞针何日终:在苦海里贪求,没完没了。

2、非空非色悟我行:般若不空也无色,这是我的命根子。

3、人间能悟真金志:人世间是修炼和获得真理的好道场。

4、只有佛经举明灯:把佛经当作灯塔就行。

二 《悔》:

路在脚下任你走,
几时回头几时忧?
人海茫茫无尽头,
看不见光明已经白了头。

解释《悔》:智者不做后悔事。

1、路在脚下任你走:在修佛面前,道路仍然还存在选择性。

2、几时回头几时忧:回头路走不得,忧愁来自贪求。

3、人海茫茫无尽头:人人几乎都选择贪求的路。

4、看不见光明已经白了头:假如不能用心修炼,必然会虚度一生。

三 《路》:

灵气一点照,
开山把宝摇,
求师指明路,
眼看抱大雕。

解释《路》:佛经在心上,道路在脚下。

1、灵气一点照:弟子在学佛中,需要心有灵犀。

2、开山把宝摇:有搬倒山的气概,才能得到佛宝。

3、求师指明路:心中有师常在,道路必然光明。

4、眼看抱大雕:掌握佛经便大有希望。雕喻神圣佛经。

高兰英菩萨经文

一　《论恶》之五十二：

恶人当道小人行，
是是非非难说清。
雾天难行千里，
雨天难看路泞。
办事要心正，
说话要温情，
不要贪不要占，
天上下雨心也净。

解释《论恶》：讨论邪恶的来源和除恶的方略。

1、恶人当道小人行：恶人小人众多，来源于世间的贪欲之风。

2、是是非非难说清：真理若不当家，是非无法分辨。

3、雾天难行千里：一旦迷失了，就不会有远大志向。

4、雨天难看路泞：也无法脱离苦难环境。

5、办事要心正：行者应把心正放在首位。

6、说话要温情：把心性修养得更温柔。

7、不要贪不要占：有贪占，心不安。

8、天上下雨心也净：心正心净，就能抵御任何苦难。

二　《论恶》之五十三：

小桥有水无人过，
桥中要断无人托，
谁若有心把桥复，
这件事是好还是祸？
万物本有性，
喜怒颜开无法说，
作恶只有恶中报，
作了恶事心哆嗦
别看有些人吃喝嫖赌逍遥自在，
到头来死有余辜人人唾。

解释《论恶》：

1、小桥有水无人过：桥喻道，水是苦难阻碍，无人肯吃苦。

2、桥中要断无人托：无人肯施舍和奉献。

3、谁若有心把桥复：真正有肯行善积德者出现，那必是修道人。

4、这件事是好还是祸：行善与行恶者，是势不两立的。

5、万物本有性：那就是大自然规律善恶有报。

6、喜怒颜开无法说：每人都有自己的观点与立场。

7、作恶只有恶中报：如果还没遭报，那是机缘还没到。

8、作了恶事心哆嗦：恶人的心灵本质上，都有恐惧自卑感。

9、别看有些人吃喝嫖赌逍遥自在：做坏事时，虽然拉硬装不怕。

10、到头来死有余辜人人唾：待到承受恶报时，其丑态将表露无遗。

三 《积》：

大刀小刀都很快，
人高人矮都成材，
人间有口无眼井，
清清泉水照样流出来，
知识靠积累，行动要眼开，
不要这山有果那山采，
好的坏的筐里摘。

解释《积》：积累智慧靠长期刻苦修炼。

1、大刀小刀都很快：刀由人来磨。

2、人高人矮都成材：人需主动自觉接受磨炼。

3、人间有口无眼井：虽然行者，可能平凡而没有天才。

4、清清泉水照样流出来：但是经过磨炼，也能具备才华和水平。

5、知识靠积累：啊，那是日积月累，苦学苦练的成果。

6、行动要眼开：眼界宽阔，行为才能闪光。

7、不要这山有果那山采：找准目标，避免异想天开和背道而驰。

8、好的坏的筐里摘：最终炼就一身，对事物优劣的准确辨别能力。

四 《几》：

有山有水有平原，
大河小河一样干，
森林中的野兽数不清，
人世间的烦恼解不开。

几度春秋把花采，

几度难关击心怀，

几度好酒一闪过，

无忧无虑才能逍遥自在。

解释《几》：多少？对于修炼成果，还是多多益善的好。

1、有山有水有平原：大自然布置得丰富多彩。

2、大河小河一样干：大自然也会有沧桑巨变。

3、森林中的野兽数不清：动物进化的同时，为人遗传了无尽的贪欲。

4、人世间的烦恼解不开：解不开烦恼，是有其历史根由的。

5、几度春秋把花采：人生有多少开心的时候？

6、几度难关击心怀：人生经历了几次苦难的打击，从中获取了几多营养？

7、几度好酒一闪过：短暂的美好享受，留下几次记忆？

8、无忧无虑才能逍遥自在：能悟已悟空，才有自在的保障。

五 《伞》：

无事怕有事，

有事怕无事，

有事无事心如麻，

何日用刀斩乱麻？

解释：《伞》是防护具，有了真理的保护伞，便可免除受任何风雨苦难的摧残了。因为菩萨与佛陀的思想相通，所以这首经文才能生动感人、简练明了。

1、无事怕有事：人们在不自觉地进入逆境时，心情难以稳定，总是期盼千万再别有什么不吉利的事降临。

2、有事怕无事：在自己一心切盼，所追求的目标能如愿以偿时，往往总是担心自己的目标难以实现。

3、有事无事心如麻：害怕出什么祸事，和担心自身欲望达不到，皆能令人觉得是在过着提心吊胆的日子。

4、何日用刀斩乱麻：刀，指经文中所表述的科学真理。何日，是问什么时候醒悟。斩乱麻，如果不用科学真理，即佛学道理，是谈不上斩治乱麻的，言外之意是说，那修心养性和持善知足才是正道根本啊！

六 《笑洒人间》：

我佛慈悲笑洒人间，

佛祖引路紧随向前，

善恶分明慈心一片，

佛祖保我们佛光满天。

解释《笑洒人间》:开心潇洒的人生。

1、我佛慈悲笑洒人间:自身佛能善待自己,就可以常常开心。

2、佛祖引路紧随向前:心灵慈悲,才能接受佛祖的慈悲。

3、善恶分明慈心一片:按大自然定律善恶有报去行事,能长养慈悲心。

4、佛祖保我们佛光满天:佛祖是佛子最崇敬的,第一监护人。

牡丹仙子菩萨经文

一 《色》:

色不宜行,

行不宜色;

晃晃惚惚入色,

缠缠绵绵入色。

色坑于我、

害于我、

毁于我。

要一身正,

清清白白无邪念。

解释《色》:对色情的正论。

1、色不宜行:色情是暂时的诱惑。

2、行不宜色:在行为上,不可把色情放纵。

3、晃晃惚惚入色:一旦色情观念有误,就会不知不觉地自动上钩。

4、缠缠绵绵入色:接着就被贪欲和任性所控。

5、色坑于我:不当的行色,曾把我坑害苦了。

6、害于我:最大的损失,是让人失去了道心。

7、毁于我:几乎断送了修行的正果。

8、要一身正:这让人懂得了,一身正气的重要性。

9、清清白白无邪念:看来,还是堂堂正正好做人。

二 《图》:

山有棱,树有叉,

悟来悟去悟的啥?

一不图官,

二不图财,

图的是一身清白;

舍去的会回来,

回来的会常在。

解释《图》:说说贪图与追求的区别。

1、山有棱，树有叉：山和树喻作大道，棱和叉比喻坎坷和曲折，意思是说大道虽美，修道却有艰难。坎坷好比阴，大道好比阳，阴阳互补才能合成完美。

2、悟来悟去悟的啥：这句是提醒警示行者，修悟的目的和宗旨必须要明确。

3、一不图官、二不图财：虽然官和财终要成为空和假，但现实生活中却有很大的诱惑力，对于行者，贪图之心是万不可有的。

4、图的是一身清白：修行人要做清官和善民，清白是最美的德行。

5、舍去的会回来：吃苦人坚硬，忍辱人刚强；善有善报，种豆得豆，利比本大。

6、回来的会常在：修悟得来的品格、德性、智商、能量等，具有真实永久价值。

这首经文《图》，点题尖锐而醒目，文中一针见血地指出，没有智能的人图名利，得到却是假和空，即空花水月。有智能的人不重身命而重慧命，其追求和所得之美德，虽不可尽见其踪影，但却是货真价实的无价之宝。佛教学问的科学性在于她最讲究真实性，远离了虚妄和自欺欺人。经文中巧妙地反映出，这位菩萨对佛陀的伟大教法领悟得深透，可以说是因心有灵犀而达到心领神会的程度。

三　《大明观》：

人间的路漫又长，
如同大海把水涨。
眼光看得远，
能看到四面八方；
眼光看得短，
污泥浊水混一方。
万事有根也有由，
看你理解到哪方。
走一步晃一晃，
抬头看莫慌张；
定下心来仔细想，
我为谁做出嫁的衣裳？

解释《大明观》：专注大事，观察透彻。

1、人间的路漫又长：苦海里的轮回之路，无休无止。

2、如同大海把水涨：就像大海，涨潮落潮永无歇息。

3、眼光看得远：修炼得目光远大时。

4、能看到四面八方：能全方位看清各种事物的真相。

5、眼光看得短：如果保留着鼠目寸光。

6、污泥浊水混一方：就会陷入是是非非的污浊之中。

7、万事有根也有由：一切事都离不开因果关系。

8、看你理解到哪方:就看你喜欢贪欲还是依靠修炼

9、走一步晃一晃:修行的路,不会平坦和一帆风顺。

10、抬头看莫慌张:坚持做功念经写笔记,才可能沉稳冷静。

11、定下心来仔细想:眼前两条路,应选择修行之路。

12、我为谁做出嫁的衣裳:如果选择为人作嫁,那将等同于自我戕害。

达摩菩萨经文

一　《坎字经》之七：

千军万马我为首，
大江大河任我流，
海鲜美酒我享用，
算来算去还是苦白头。
虽然有酒又有肉，
吃到咀中苦溜溜。
衣服再美遮不住头，
雨水大了周身流；
前进之中无平路，
前进之中靠自己修。
生活之中有苦也有难，
坎坷的道路用泥修。

解释《坎字经》：战胜坎坷的法则。

1、千军万马我为首：不管手中权力大还是小，都是把个人利益放在首位。

2、大江大河任我流：财大气粗有势力，行私舞弊有一套办法。

3、海鲜美酒我享用：吃喝玩乐，是我人生应有的享受。

4、算来算去还是苦白头：不知足者，追求是无止境的。

5、虽然有酒又有肉：贪欲的生活，只是满足了肉体的需要。

6、吃到咀中苦溜溜：心灵上的痛苦，却隐隐存在。

7、衣服再美遮不住头：只有心灵美，才能容颜美和行为美。

8、雨水大了周身流：钱财过多，人格必降；做人水分大，将丢失光彩。

9、前进之中无平路：追求进化人生，远比堕落的生命退化好得多。

10、前进之中靠自己修：进化增智靠自修。

11、生活之中有苦也有难：进入修行之路，再遇到苦难怎么办？

12、坎坷的道路用泥修：对非原则问题，会和稀泥，才能学到宽容。

二　《坎字经》之八：

妖魔鬼怪占山头，

夜晚笑来白天愁，
有污有浊有血有肉，
修来修去修成幽。
虽然有路你不走，
拦在中间无尽头。
要想过海先造船，
海的那边是蓝天一片，
悟来悟去不要迷失路，
早入仙境把佛修。

解释《坎字经》之八：

1、妖魔鬼怪占山头：六根六识占山为王说了算。

2、夜晚笑来白天愁：在阴暗角落图欢心，不能光明正大。

3、有污有浊有血有肉：贪欲之污浊，成为六识之肉体的营养。

4、修来修去修成幽：成为自损自残的幽魂野鬼。

5、虽然有路你不走：体应随心走大路。

6、拦在中间无尽头：贪婪的六识，拦在心体之间，带来了无尽的罗乱。

7、要想过海先造船：逃离苦海的办法，只有修佛悟道一条路，这是自造船伐。

8、海的那边是蓝天一片：彼岸的净土在向行者招手。

9、悟来悟去不要迷失路：修悟的目标要认得准，决心不可动摇。

10、早入仙境把佛修：早日达到悟道悟空之境界。

三 《谚语》：

人生如苦海，
兢兢业业为谁来？
烦恼痛苦脱不掉，
几时悟明几时开？
今天有师来保佑，
无师定是小鬼胎，
悠悠荡荡无解脱，
大海捞针绕不开。
你们是苦尽甜来多美满，
一代更比一代派。
师父慈悲是一面，
自己积德自修来，

常做善事有硕果，

佛家大门是永开。

解释《谚语》：能流传下来的佛法之简明道理。

1、人生如苦海：世间设置了多种引诱和陷阱。

2、兢兢业业为谁来：这是人生最重要的第一考题。

3、烦恼痛苦脱不掉：不修不炼就无法摆脱烦恼。

4、几时悟明几时开：若不能苦修苦练，也很难开悟。

5、今天有师来保佑：有佛缘，必能得到师父保佑。

6、无师定是小鬼胎：不随佛缘不求佛缘，自入六道轮回。

7、悠悠荡荡无解脱：进了地狱、恶鬼、畜生三恶道。

8、大海捞针绕不开：比在海底捞针还难得解脱。

9、你们是苦尽甜来多美满：修道之人美在心田。

10、一代更比一代派：有争先恐后，抢吃大苦的气派。

11、师父慈悲是一面：不能小看了菩萨的护佑。

12、自己积德自修来：更要重视为师父争气、为佛争光而积德。

13、常做善事有硕果：行善与得正果，是紧密相联的一体关系。

14、佛家大门是永开：思想进入佛门，才有真实价值。

四 《逆》：

天塌下来也敢闯，

东躲西藏无胆量，

站得高来看的远，

不怕泥浆打身上。

解释《逆》：逆者强，强者逆。

1、天塌下来也敢闯：多大的灾难我都扛得住，在苦难中炼就了抗压能力。

2、东躲西藏无胆量：胆量和勇气，是在迎风斗浪中磨炼出来的。

3、站得高来看的远：能量大智慧足，就能登高望远。

4、不怕泥浆打身上：有了悟道悟空的真本领，便可所向无敌而披靡。

五 《果》：

天下无难事，

谁能把我认？

只要有缘分，

我就把他帮。

解释《果》:获得正果,是永不可淡忘的头等大事。

1、天下无难事:在勇者面前,天下哪有难字可言。

2、谁能把我认:元神当山寨大王,这是前提。

3、只要有缘分:识神能听命于大王。

4、我就把他帮:我就能让你识神老弟发迹。

延海道人菩萨经文

《诚》:

心诚则之灵,

孝敬师父心要静。

解释《诚》:诚是做人和修道的根基。

心诚则之灵:有诚意,心就能产生灵光。

孝敬师父心要静:我佛慈悲心空静,报效师父意真诚。

附　观自在菩萨经文《则》:

98 年经济缓,

大人小孩把新衣添,

不愁吃,不愁钱,

只求顺利和平安。

遇到痛苦把佛经看,

看佛经有远见;

深深地领,深深地悟,

不学佛经只有把烦恼添。

解释《则》:吃透佛理就能懂得做人的原则。

1、98 年经济缓:这是好兆头。

2、大人小孩把新衣添:看到光明而知足常乐。

3、不愁吃不愁钱:应该思考追求什么。

4、只求顺利和平安:把此当做头等大事。

5、遇到痛苦把佛经看:经文能化解痛苦。

6、看佛经有远见:这是学经的最大优长。

7、深深地领深深地悟:将佛经化为能量。

8、不学佛经只有把烦恼添:因为缺乏智慧。

仙玲菩萨经文

《调整》：

知我者悟，

行游者折磨，

心情舒畅再把功做。

只求平安保身体，

万事如意归我佛。

解释《调整》:知己知彼,调整自己。

1、知我者悟:知己比知彼还重要,己悟、悟己是前提。

2、行游者折磨:心神不安定,行为也会跟着游弋,身心皆会受损伤。

3、心情舒畅再把功做:通过悟已悟空,放下一切时,炼功效果好。

4、只求平安保身体:这是老年人的首要问题。

5、万事如意皈我佛:只有我的心佛如意了,才能更好地孝菩萨和佛祖。

丹青仙子菩萨经文

《虑》:

凡事多为他人虑,
自己修炼自己的,
唯有多为他人想,
做事才能有规律。

解释《虑》:全面周到地考虑,才能把事情办好。

1、凡事多为他人虑:善于站在对方的角度考虑问题。

2、自己修炼自己的:该抓住不放松的头等大事,就是自修自炼。

3、唯有多为他人想:为他人着想,可使自己保持客观冷静。

4、做事才能有规律:长此以往,自己就能掌握事物的规律。

大祖菩萨经文

《我是一棵小草》：

人间如同一片草，
有的矮来有的高，
高的见风它就倒，
矮的下雨都打不着。
有的草长得旺，
有的草长得弱，
生活靠活力，
智慧靠大脑，
勤劳就是我们宝，
贪财爱富连根刨。

佛祖评语：这首经文看起来很简单，但做起来很难，是告诉我们怎样做人的。

解释题目《我是一棵小草》：小草喻平凡和生命顽强，并以小草来拟人。

1、人间如同一片草，有的矮来有的高：生活在同一苦海的人，虽然都象草那样显得有些脆弱，但思想水平和命运差别等，人与人还是不一样的。

2、高的见风它就倒，矮的下雨都打不着：高喻自高，矮喻谦恭。自视清高者是容易被虚荣心所损伤的；谦虚的人知足无求，常常因能脚踏实地而得以平安宁静。

3、有的草长得旺，有的草长得弱：勤劳乐观有作为的人常常是心体康泰、事业有成而兴旺发达的；那懒惰狭隘的人反而处处显得弱不禁风且一事无成。

4、生活靠活力，智慧靠大脑：善事做得多的人显得充实，生活有滋有味而充满情趣；只有心花能常常开放的人，智能才能提高得快。

5、勤劳就是我们的宝，贪财爱富连根刨：人的立身之本在于勤奋劳动和勤学勤修，看空自我就能积累智能财富；看重人生的贪求虚荣，就等于出卖了自己的灵魂，那可不得了。

这首经文，体现了菩萨对佛陀思想主张的深透领悟，和一片拳拳孝佛之心，字里行间渗透出对众生浓浓地的亲切关爱情意。

铁蹄道人菩萨经文

一《化自》:

化凡化神自化我,

旁敲侧击有邪恶;

南来的大雁早筑窝,

自修自练有硕果。

解释《化自》:接受师训,自我度化。

1、化凡化神自化我:化掉凡俗,化亮元神,自我度化最有利。

2、旁敲侧击有邪恶:老想着外视和敲打别人,则属于不正派。

3、南来的大雁早筑窝:南同难。难题越多,更要早启步。

4、自修自炼有硕果:坚持自修自炼,人生必定成功。

二 《佛》:

人人皆佛我非佛。

解释《佛》:佛是觉悟人的代称。

人人皆佛我非佛:人人修炼都能成佛,我不修炼哪能成佛?

另解:把别人都当成佛,只有自己还不够佛。或,高看别人,低调做人。

三 《过》

人过,必过,恕过。

解释《过》:如何对待过错。

人过,必过,恕过:人必有过,我必改过,必恕人过。

以上观自在菩萨的《心经》真解和前半部241首《真传佛经》,是佛家最高统帅释迦牟尼佛的亲传大手笔和大文采之展示,从中我们可以真切地领悟到,如来佛的大智大慧、大彻大悟、大功大德、大慈大悲的伟岸风貌,同时也可以鲜活生动地领略到,佛家最高宗祖那极其高超的思想层次和人格魅力,还有那感人至深且无以伦比的文字韵律神采和大家风范。

此时你方始信:原来来我们的佛祖,就是那位人类的语言、文字、文学、艺术、天文、数学、科学、工农商学和武学等的创始人呀,同时也是修道和生命的辩证唯物进化论的创始人(而达尔文却搞的是背离科学的机械唯物进化论),正因如是,佛祖才能成为全人类的大救星和心中永远不落的红太阳。

另外,还有如来佛的部分下级、学生、弟子的一部分经文得以面世,也让我们大开眼界；这 230 首经文，不仅展示了诸位佛菩萨的高超的思想品格和修佛悟道的高水平，同时也体现了众菩萨学佛、孝佛、敬佛的一片忠心，从而整个佛家呈现出一派葵花向阳、众星捧月、高度统一且正大光明、其乐融融的祥和局面。

从《心经真解》和 471 首《真传佛经》中，人们可以窥视到佛家的真谛和佛家的真实面目；从此，两千多年的佛教末法时代已该寿终正寝了。佛子再也不受任何文人墨客，对佛经的加工、编造之影响和干扰了。

经过 30 年的传法学经实践，已经证明珍贵无比的《心经》和《真传佛经》，完全可以帮助和指导行者，走进修炼的光明大道，直至到达光辉胜利的彼岸；这些神圣的经典，将陪伴我们全人类的盛法盛世流传千年万代，直到永远永远。

附　录

一、对有关佛学事宜的问答

问:听说《心经》真解和《真传佛经》,都得到了当代佛学泰斗证严上人的充分肯定、赞赏和大力推荐,是这样吗?

答:是的,佛经真传能得到证严法师的首肯、鼓厉和推荐,是一件大快人心的事,因为她老人家慧眼识珠且德高望众。

问:她被众人推崇为当代的佛学泰斗,能否请详细说说,这其中的原由和其内涵呢?

答:可以,依我看证严上人具备了五大优势:

1、在众多佛学大德中,数她的菩萨果位最高。

2、她的佛法影响力最大,拥有一千万个弟子。

3、她的著作有独创精神,其弘法形式活泼、深入人心。

4、她的善事做的最多,且很到位,为观音和佛祖争了大光彩。

5、她一尘不染,并以此造就了一个佛性纯净的慈济功德会。

问:太好了,听了你的介绍,真叫人长知识;证严菩萨不愧是盛法盛世来临之际,高高耸立着的一面佛家大旗。请问,什么叫末法呢?

答:客观地看,所谓末法就是偏离了佛教创始人释迦牟尼佛的教法,同时违背了《心经》的宗旨。

问:这么说流传下来的佛教史和佛经都会充斥着偏离正法轨迹的内容,是吗?

答:你这种实事求是的准确认知和穿透能力,是一种悟性高明的体现。

问:请问,末法产生于什么年代?其代表人物是谁?

答:大约在公元前一·二世纪。其代表人物是佛教叛徒恶人通天教主、提婆达多、迦舍等人,及其不断地转世者。需要特别指明的一点是:先入为主往往害死人。

问:请问'如是我闻'难道也是编造的吗?

答:首先要了解这样一个史实和事实,即佛经的形成和编写据史书上记载,皆是佛陀在印度涅槃后500年左右才开始的,那就是说,经历了25代人的沧桑,那个如是我闻,究竟是谁闻谁呢?这显然是人为的,是后人编造的假话。

问:是不是可以说,凡是有如是我闻字样的经,就是蓄意冒充佛写的真经?正派人编写经文没有必要冒充佛,也不敢冒充佛。那就是说,对凡是有如是我闻字样的佛经,都要画一个大问号对吗?

答:此种说法很有见地。你看《阿含经》、《瑜伽师地论》、《坛经》等这些正人写的经,就没有冒充佛经。可以说除了《心经》以外,在佛经里,再也没有一部是佛祖亲自创写的经典了。

问:您的这种观点还有旁证吗?

答:当然有,当代佛学泰斗证严上人,对佛经的编写评价有这样的话:"其实佛教的深奥是后世人为的。……为了适应世人的心里,所以学者专家才会费尽心思,将浅显的道理化为深奥的文字。"

问:我还能找出一个更有力的旁证,即达摩说:"不立文字,教外别传,直指人心,见性成佛。"这分明是说,佛教内充满了假经,是不可信的,也说明佛教进入末法已多年了,而且已被达摩的慧眼所识破了对吗?

答:咱俩的见解不谋而合,真可谓英雄所见略同啊!

问:好多佛经都令人看不懂,还有些经文注重文字游戏、咬文嚼字、似是而非,用词低俗、以假充真、标榜大乘而呈现出佛八股等老套子,原来是后人编写佛经时,加进了自己的邪念意图啊?! 如今真相大白,令人爽快。还有呢?

答:近代佛学泰斗太虚大师有句名言说:"要改革佛教名存实亡的现状。"还说"仰止唯佛陀,完成在人格"等。这就是说佛教变质状况是严重的,几乎达到消亡的边缘程度,难道不该发人深思吗?

问:没大有人重视太虚大师,为佛教所下的'名存实亡'这一定论的。另外,在大藏经里没有佛陀的经典,而佛祖唯一的大作《心经》,也用迷信方式,被移植到观世音菩萨身上,因此佛陀变成了一个没有任何经文的空架子,这样下去佛教真的要消亡,是吗?

答:真正修佛人不会对此无动于衷,假如对太虚大师的警告皆当成耳旁风,佛教必定会消亡。在著名的诗词中,太虚大师的意思是说:因为不景仰佛祖而没有人格者实在太多了,所以令人痛心,这是"仰止唯佛陀,完成在人格,人成即佛成,是名真现实"的真正内函,同时也是太虚大师的肺腑之言。

问:请教,是不是一切经典的真伪,都需用《心经》去对照、去检验?《心经》就是标准尺,试金石和分水岭吧?

答:我同意你的高见,任何人悟通《心经》,包括按《八正道》去修炼,都能开悟,达彼而修成正果;假如脱离了《心经》,就必定是偏离了佛法,那怎么会修炼有成呢?

问:我看在《真传佛经》里,佛祖的经文都很简炼,很少有超过 100 个字的,《心经》共 268 个字,《黄帝阴符经》也不超过 300 个字,只是《黄帝内经》是一个特例。为此,我有一种预感,凡是标榜如是我闻,且超过 300 个字的的佛经,肯定不是佛祖经文,则绝大多数都是伪劣假冒货色。请问,如此认定是否妥当?

答:我看未尝不可、不无道理。佛祖是实行大道至简的文字文学高手和榜样,无人可比;而那些编造假经的低手们,没有一个是达到究竟涅槃和顿悟得道之人,所以他们的挂羊头卖狗肉,绝无不露马脚之理。

问:妙,在下已明就理。再请问,《心经》和《真传佛经》是个什么关系?

答:《心经》是整个佛学的总纲。《真传佛经》是在《心经》总原则下的具体讲法,和相机说法,有些是见景生情即兴式的说法,各种形式的经文一并刊载在此书上,完全交给读者,可能便于你生动鲜活地理解佛经,包括如来佛以及部分佛菩萨的内心世界。

问:《真传佛经》和《心经》有什么共同特点?

答:二者的思想内容、表达方式、语言特点、构思风格等,都极其吻合统一,明眼人一看就能真切的感受到,这才是佛家的真东西,因为她是可以拿到大庭广众中,可以摆到桌面上的真品,能经得住任何方法和任何时空的考查和检验的精品。

问:请问,你对每首经文都有准确解释吗?

答:解释经文不敢言准确,因为很多时候,经文含义是多方面的,也有多层次的,还有一语双关、多关的。虽然大方向基本是对的,但也只能算作是抛砖引玉和勉为其难的试译吧,欢迎多提宝贵意见,更望读者把心得体会写在书中特意留下的空白处,以方便于学悟理解。

问:不是说圣神的经典上不可留下墨迹吗?

答:整洁是必要的,写批注体会则更显得活泼适用。

问:好极了,我就习惯于在书中写批注,请问,怎样学佛经效果好?

答:王母娘娘说:写、悟、背、用,这是符合科学的办法,写出领悟经文和将经文运用于实践中的体会,留下思想修炼的笔墨轨迹,以便于温故知新和再登阶梯。佛说:熟读经文有硕果。所以,背它个经文200首很必要,把经文当做衣裳、粮食、住房、空气、水,须臾不离为最好。

问:那么修炼内容怎样简化归纳呢?

答:做功、念经、写笔记,用这三宝自悟、自治、自胜、自救,必能达彼。学悟的主要内容是《心经》、《八正道》、《真传佛经》,当然,还可以将'生活禅'等方法加以配合。

问:请问,观自在菩萨与观世音菩萨到底有什么区别?

答:区别大了,观自在菩萨是佛陀大彻大悟后,写《心经》时使用的自我谦称;而观世音菩萨是如来佛的第三高足,佛祖在人间成立佛教时,观音菩萨当时是佛陀的弟子(比丘尼)。

问:请问,观音菩萨是如何看待《心经》的?

答:下面摘录一段观音菩萨的讲话记录:"有的书上说《般若波罗蜜多心经》

是观世音菩萨的经文,这是一种误传,这我可怎么担当得起呢?又说我曾是正法明如来等,这更属于子虚乌有。至于《心经》这篇巨著的出处,那本是我的恩师佛祖,在大彻大悟时的处女作。这是佛家最高的经典之作,不要说我一个观音菩萨,应该说,任何佛菩萨都没有创作《心经》的资格。要论大智慧水平,佛祖至少高出我一百倍以上,因此我与恩师如来佛没有可比性,水平相差太悬殊,佛祖的品格实在太完美,他老人家是全人类的最高榜样。

《心经》就是天上天下第一经,古今中外第一文,而且会永远是,因为任何人也无法超越。"

问:观音菩萨所讲,真是字字珠玑、入木三分,让人开眼界。请问,佛祖的水平能与诸佛菩萨作一下比较吗?

答:这个有点为难,这样吧,把老师笔记上的一段话,偷偷抄录下一段吧。

好像觉悟人共分五个层次,下面的记载,你自己看吧。

觉悟大致分五个层次	顿悟	大悟	彻悟	大彻悟	大彻大悟
用时空觉悟层次表示	五维	六维	七维	八维	九维
其对位的名称分别是	菩萨	大菩萨	佛	大佛	如来佛
其了知的范围大约是	地球	太阳系	部分银河系	银河系	全宇宙
了知宇宙人生的比例	60%	65%	70%	90%	99.99%

问:这个列表所显示的觉悟层次很分明,令人大开眼界,还能再简介一下吗?

答:看了以上列表,你可以清楚的看到,天上所有的佛菩萨都属于,彻悟或彻悟以下的层次,只有释迦牟尼佛,经历了八次大彻悟的过程,最后才好不容易地达到了,大彻大悟的顶峰;然而,大彻悟的层次,还无第二人能达到;假如三世诸佛中的某一个佛,要从彻悟起步往上修悟,大致需要经历32——64次(数万年以上)的人生高层次修炼递进过程,才有可能达到准大彻大悟的极高层次。

问:是不是在人类中,再也找不到具备大彻大悟之先决条件的人了?

答:你能比较客观的理解此问题,我表示赞成。应该说,就是修炼进入准大彻大悟的高度,在理论上是可以成立的,但在实际上也将是没有可能的。因为佛家无戏言,所以此问题,容当再慢慢细致研究吧。

问:好,为什么每提高一个修悟层次,都要在人世间通过数次修炼才能完成呢?

答:据说,天上阳气重阴气少,乐多苦也少;地下阴气重阳气少,苦多乐也少;这样可以应了一句谚语所说,叫做孤阴不生、独阳不长吧。因而,只有在人世间,阴阳平衡,苦乐参半,且可以自寻苦吃,继而将大苦化为大甜、大般若,这样,才可能进入修炼的高层次,如果平平庸庸,那是绝对进不了高层次的。

问:请问,从三世佛的程度,再向上修炼搞突破,是不是难度将是极其大?

答:别的先不说,就说能从彻悟的程度再往上提高,即迈入大彻悟的第一次突破之机率,在整个佛家的所有菩萨中,也不会超过万分之一。

问:啊,越往上越难哪,真令人惊诧。请问,佛祖有什么特别来历吗?

答:问得好,如来佛在公元前10万年前,是全人类第一位开悟得道的行者,也是进入外星球的第一个开拓者。再经历过4万年,才产生第二位开悟得道者;在公元前26000年时,如来佛修炼始进高层次,当时的名字叫燧人氏,接着,再经过古代圣人肇基、伏羲、神农、黄帝、胡夫(埃及法老)、舜帝、泰勒斯(希腊大哲人),共经过八次大彻悟的修炼递进升华过程,第九次在印度的悉达多太子,终于在艰难卓绝的出家修炼后,进入大彻大悟的最高层次,成为释迦牟尼佛即如来佛,从此与宇宙大道完全相吻合,成为道的化身。

问:啊,原来佛祖是世界性的大圣人,难怪有地球村之说。听说盘古开天辟地的神话故事,就是用她来比喻佛祖的崇高无比伟大绝伦的,是这样吗?

答:公元前4700多年前,已达彻悟的弥勒菩萨,撰写的盘古开天辟地的故事,是有着极其深邃之用意的,那就是用以象征大圣哲的。因为他惊奇的发现,当时还是名字叫做黄帝的这位圣人,太伟大、太神奇、太不可思议了,真的活像是一个天然的人类救世主,从九天以外下降到凡尘来似的,其所作所为皆是那样地有法度、合情理、具大慈悲和极大智慧。

但当时的弥勒深知,用直白的方法去淋漓尽致地描写,对一位圣人的极度崇拜,是不会被圣人所接受的,所以几经考虑,还是用个象征性的故事来进行映射的表达为好,因此,才有了盘古开天辟地的神话故事的构思,并继而诞生。在神话故事中,把如来佛比作开天辟地的神仙,使众生能明显意识到,这就是人类的大导师、大恩人和大救星。他老人家顿悟、大悟、彻悟、大彻悟、大彻大悟,皆是全人类的开创第一,正如观音菩萨所说,如来佛是永久的第一,无人可比,永远是全人类心中的红太阳。

问:听说佛祖从前在天上外星球,名字叫做元始天尊,那莫不是道祖吗?既然佛道之祖都是如来佛,那么《心经与能量》和《心经与智慧》这对姊妹篇,应该是佛道两家共同的最高经典了,对吗?

答:人间佛道是一家,天上本来就未分过家,如来佛是当然的佛道之祖,经典也必然应该是统一的。历史上道家的精英陆敬修、陶弘景、王重阳(包括全真七子)、张三丰(及其弟子)、吴云青及其弟子们等等,都是把悟《心经》放在第一位的。修佛悟道的智者们都懂得:只有悟通《心经》,才能得道成佛;离开《心经》便没有得道和究竟涅槃的可能性。其参考经文可以是《道德经》、《参同契》、《瑜伽师地论》、《千字文》、《弟子规》等等。

问:这样以来,大家的心就通亮了起来,就不会再生分别心了是吗?佛道两家都能认祖归宗合二而一、齐心协力,就会出现大好局面是吗?

答:对,只要和尚、道士、居士、信士,都能擦亮眼睛,认祖归宗,坚定站在如来佛为首的正确路线上,并笃信和吃透《心经》与《真传佛经》的精神,就能把佛道队伍建设好,就能改变佛道'名存实亡'的状态,而翻然改进之。只有佛道风气清正过来,才能利国利民,在和谐社会中起好作用,给群众做好样子。可以预见,社会风气的好转,必从佛道自身先做起、做好才成。

问:真好,这样一来佛道的使命,就太光荣太伟大了。请问,应该如何看待其他的佛道经典著作?是不是可以把《黄帝内经》、《黄帝阴符经》,看作是《心经》、《道德经》、《黄庭经》、《参同契》、《千字文》、《弟子规》等的母亲篇?

答:如能这样看,应该说是合情合理,也能符合历史事实;学好以上这些经文,对理解《心经》和《真传佛经》的意义极大。另外,如果再推理下去,那么《伏羲易经》就该是当然的姥姥外婆篇了;因为伏羲是龙凤文化的始祖,也是全人类之人文始祖。

问:这是顺理成章的事。请问,如何看待佛教史?

答:你看这样说行不行?凡是以崇拜佛祖为中心的佛教史,就是可靠的,否则就是不可靠的,你以为如何?

问:能如此界定,即讲了原则,又非常合于情理。那么如何鉴别整个佛经呢?

答:是否可以这样说,凡是以佛祖大作《心经》为宗旨、为核心的经典,就是真佛经,否则必假无疑。

问:感谢老师回答得即简明又经典,学佛人看了定会喜欢。

答:别客气,在咱们同修之间,没有高低之分,还请多提意见。

二、试谈人生学和真理学之间的关系

引子：

不明源流，难寻真理，不知真理，难懂人生。在一切事物中，理论是必须领先的。当然，若想要认识真理，必先从人生和人生观谈起；如果我们能紧紧抓住宇宙人生之真理，这一主要矛盾，并一抓到底，则必将获得真正的人生成功，社会和谐与世界和平也必将实现。以下探讨七个问题：

一　人的生命年轮有多长？

目前世界上最古老的大树，生命年轮已达 5000 多年；那么作为万物之灵的人的生命年轮，该有多长呢？总该不会比树的生命年轮还短吧！应该说，如果用生物进化的科学理论观点来看，即从客观事实的角度讲，世界上每一个人的生命年轮，至少已达到了 100 万年以上，也就是说，个个都是祖先级的人物，而没有任何一个人会是例外；那是为什么呢？你想啊，从一个简单的小生物，要经过不断进化而成为一个人，如果没有 100 万年以上的时间，那怎么可能呢？再说，生命的进化必须要有连续性，也就是说，生命的连续性靠的是高能量物质体，一旦生命进化被割断开来，生物就定会灭亡，还怎么能进化到今天呢？你只要用心想一想，这个道理就很容易想得通。舍此，生物进化就会失去合理性，你说对吗？

另外，生物进化到普通人时，并没有达到终极程度，也还有继续进化的内在要求，那就是说，普通人是不是还要继续进化成觉悟人呢？这是一个大家常想到的，且显而易见的问题，必须弄懂它，才能解决人生观的问题。

在这里，祖先有三种含义：

1、最先由动物进化成人者，是人类的祖先。

2、父母、长辈，是子女、晚辈的祖先。

3、自已是自已的祖先（心态生命是体态生命的祖先）。

二　人从哪里来？又到哪里去？

这是一个人能否树立正确人生观的根本所在，因为只有知道了人从哪里来，又到哪里去的生命学客观规律，才能澄清在思想上对人生问题上的一些模糊认识。从前，有人认为是神造的人，后来英国出了个科学家达尔文，否定了神造人的迷信，并推断证明，人是从无到有、从小到大、从低级生物往高级动物，逐渐进化而来的。但是，仅仅从遗传学、解剖学、基因和变异等角度来谈生物进化，还是很片面的。事实上，人是由两个生命组合而成，即心态生命和体态生命；且心态是生命进化的主体，体态是生命进化的附属。如果说抛开了生命的主体和灵魂，剩下的只是肉体、僵尸和植物人了。对于人的心灵和经络,因为肉眼看不见,就断然否定之,这就是脱离了辩证唯物进化论。

显而易见的是,生物进化如果没有连续性而被割断了,生物便无法进化,人类也早就灭亡了或根本就无法形成人;灵魂这个高能量的物质体,体现了永恒生命的连续性。那么在客观上,人的进化原理和基础是什么呢? 这就需要先了解人体的物质结构成分。

三　人体和宇宙结构的基本物质惊人的相同

宇宙和人体皆由两大类物质所构成:

1、微观形态的物质(不可视见的场态物质)。

2、宏观形态的物质(可以视见的色态物质)。

宇宙中的高能量的场态物质正是宇宙万物的主宰;生物在长期进化中所形成的生命本体,也是在不断地吸纳宇宙中的高能量物质后而形成的,它有一个不断地从量变到质变的漫长过程。这个主宰生命的本体,对于人来说就叫做心态生命。心态生命包括大脑司令部里的司令"心"和全身的经络;除了心态生命外,其余部分的人体有形的色态物质结构,统称为体态生命。以心态主宰生命的是正常人,以体态主宰生命的是植物人。因为宇宙的高能量物质是守恒的,所以人的心态生命也是永恒的;具有相当稳固性质的心态生命之高能量本体,是有其高能量物质来做基础的。人的体态生命好比房子,心态生命好比房子里的主人;房子一旦坏了(体态的生命年轮大约不超过 200 年),房子里面那个具有永恒生命的主人,便可以按生命自身规律,自行转换到新的阵地,重新组建一个具有新的体态生命的家。如果否定了心态生命,就等于是否定了大自然的规律:善恶有报。试问,如果离开宇宙规律,社会怎么能和谐? 人与大自然怎么能和谐? 答案是:绝不可能。

对于某些宏观状态的色态物质的研究,可以在实验室里去完成;而对于微观状态的物质,特别是对于高能量场态物质的研究,就目前看,是无法在实验室里进行的,也无法通过普通的考证和观察等方式去获得结论。这是因为人的眼睛视觉功能不足的缘故,而受到了限制;也因为普通人还没有进化到高级层次,还没有达到觉悟程度而缺少许多认知功能。那么下面,就谈谈生物进化的层次和其形态吧。

四　生命有三大层次和两种形态。

生物进化大致可分为三个层次:动物——人——天人,或动物——普通人——觉悟人(觉悟人大都生活在外星球)。

生命的两种形态:觉悟人呈微观物质生命形态。动物和普通人呈宏观物质生命形态,同时也是微观、宏观两种物质生命形态的结合体。

在觉悟人的眼睛里，微观和宏观的生命物质形态，都是可见物质。觉悟人和普通人的视觉功能，有着本质的区别；因此，普通人若想了解觉悟人，会有相当大的难度。打个比方说吧，动物对人的了解有多少，人对觉悟人的了解就有多少；反过来是不是可以这样说，觉悟人对普通人的了解有多少，普通人对动物也大致同样了解有多少。这样做了比方后，是否能帮助你解除一些心中的迷惑呢？虽然，做人必迷失，而没有一个人能例外，但如果你想彻底解除思想认识中的迷茫的话，毕竟还是有办法的，那就是要加紧在提高悟性方面下一番功夫，为进化成为一名觉悟人，时时处处以善为本、多做好事、修道悟道，为增加智能而去做不懈的主观努力，进而以达功到自然成的目的。然而，动物就不具备这些增长智能的条件。当然，路要靠自己走，人间的事情还是要由人来办，而分清善恶就是问题的关键。

五　何谓善？何谓恶？

虽说善恶的意念和行为有时混淆在一起，令人难以分辨，但是善恶之间，还是有严格界限可分的。我们不妨对善恶做一下比较和分析，先说说善，看看是否有以下几种：

1、做了对自己、国家社会、人民都有利的事是善，如勤奋、节俭、奉献等。

2、有追求无怨求，争荣誉无虚荣，做好事不求报，积德、无私等是善。

3、为了正义、人民、他人的大义而献身的行为是善。

4、为了追求真理和生命进化而努力战胜自我、孝敬老人师长等都是大善。

什么是恶呢？与善相反的，违背大自然规律的言行和不讲孝道，以及违法乱纪等则都属于恶。善是生命进化的动力；恶是生物退化的根由，因为恶可使能量减退。由此可见，分清善恶还是很重要的，而界定善恶的准绳就是客观真理。那么，真理在哪里？

六　客观真理的诞生和普及

地球是生物的故乡、人类的故乡、天人的故乡，同时也是真理的发祥地。千百万年以来，人类一直在寻觅、探索、追求真理，虽然历代智者们的斩获良多，然而，历经了数百万年的漫漫长路，竟也难以找到全方位、完美完善的终极真理。通过多年研究笔者才发现，直到公元前6世纪，降生在古印度的觉悟人悉达多，代表了全人类的意愿和追求，发誓要寻找到宇宙人生的大道至理；在经历了艰难卓绝的历炼和求索后，终于达到了人类心灵进化觉悟的极至——大彻大悟而成为释迦牟尼佛。同时，通过总结、升华而诞生了全人类智慧的最高结晶《般若波罗蜜多心经》（因为大道至简，所以全文只有268个字）。从此，将这一找到了真理之源的伟大壮举，载入了天上人间的各种经传和史册。这位释迦牟尼先生的大彻大悟，是史书上的唯一记载和首创；并载有大彻大悟的时间、地点和内容《心经》。

《心经》之四大特点是:大文采、大手笔、大智慧、大真理。佛祖的三高特点是:智慧最高、人品最高、著作最高。需要说明的是,佛学不等于人们习惯认识中的宗教和迷信,佛学里不允许有丝毫的迷信;真正的佛学 = 科学真理 = 客观的大道之理 = 天人合一(据悉,语言、文字和真正的尖端科学等都是觉悟人创造的)。既然,真理就在佛学里,我们还到哪里去找呢?佛,只不过是觉悟人(达到天人合一的人)的代名词而已。

宇宙的主宰是道,道的精华是生命,生命的精华是人,人的精华是般若,般若的最高层次是大彻大悟,真理正是、也只能是由此产生。

古今中外完美第一文《心经》,讲清了源和流的关系:源是道,流是形;源是本质,流是表象。道是道理(万事皆空,般若不空)、道法(缘起法,因果论)、道德(孝道、自治)的统一体。宇宙人生万事万物都离不开道,道是无时不有,无处不在,无事不用的;而般若是得道的最高表现形式。什么是源?大自然的规律、准则、是源。什么是流?世间的一切哲学、哲理、科学、学问等皆是流。《心经》不是哪个教派的私有财产,没有国界和任何界限,真理是属于全人类的宝贵财富。说到底,《心经》这个真理之丰碑,就是在讲宇宙的变化和高层次生命进化理论的。以上之论容当细细探讨吧。

实践证明:真理易丢失,邪杂易丛生。为什么真理产生在公元前 534 年的农历腊月初八,而却要在公元 21 世纪来普及呢?这可能就是人类历史发展的必然趋势,从本世纪开始,就具备了其可能性和必然性,这也许就是人类历史发展的客观规律所决定的吧。应该说,真理只有一个,且理论必然要领先。有真理就会有一切,没有真理就会失去一切。而只要是客观真理,就应该能摆到桌面上来,就应该能经得住任何考验和推敲才行。真理同一切好的东西一样,其特点应该是简捷明了、贯通无碍、唯物辨证、客观公正、易被接受。虽说人间的事情要由人来办,但在普及真理的问题上,觉悟人是不是会走在普通人的前头呢?如果盛法盛世,已降临到觉悟人身边,那么,这种宝贵信息,必将会很快地传递到人世间,应该说,这也是显而易见的,只是人们认识它需要一定过程罢了。请看对联,

上联:百鸟朝凤成大统　下联:万民从善享太平　横批:盛法盛世莅临

什么是盛法盛世?盛法就是佛法真理;盛世就是用佛法真理去管理三界。请看一首太阳歌:

天上一个太阳,心中三个太阳,

太阳是佛祖、洪钧老祖和玉皇。

天上的太阳育万物,心中的太阳解迷茫,

佛光普照度众生,三阳开泰大吉祥。

三个太阳就是天上外星球的三位领袖,从 21 世纪始,三界都将逐步把真理当做治世的唯一标准。

我们学习《心经》之真理,就能树立正确的世界观和人生观,进而就能运用《八正道》这个修养大全,去走好人生成功的必由之路,并用获取的大智慧,去战胜、完善、进化自我,用积德行善而达觉悟,此谓人间之唯一正道,舍此人生必迷茫。《心经》这块真理的丰碑,就是世人行动的指南和座右铭。按照真理办事,世界和平指日可待;人间净土就会由众生共同亲手来培植,并必能齐心塑造出一个理想而祥和的地球村大家园。当然,一切事情都要从幼儿教育做起,这种符合客观事实的生命学和真理学的理论,如果适宜地写进中小学课本,可以使孩子从小就能建立正确的人生观、世界观、理想观、真理观和价值观。

在学习和讨论人生学和真理学的过程中,作为一个凡夫俗子的笔者是无足轻重的,可以说是勉为其难地将种种不成熟的拙见,详细、坦诚地表露于《心经与能量》、《心经与智慧》这个姊妹篇中并正式出版,旦愿它能起到一个抛砖引玉的作用。

七　人类历史辉煌璀璨,华夏文明独占鳌头。

虽然中华文化源远流长、丰富多采、瑰宝灿烂、玄机无限,释、易、黄、老、儒、武具全。但慧眼识珠的历代众多各界华人,深知在真理面前人人平等的浅显道理而从不排外,由衷地护持佛学国宝 2000 多年始终赤心不改,这是对人类做出的一大贡献;如果说中国人有传统美德的话,那可能就是仅此而已的择善固执吧。

那么,复兴中华大业,既光大全人类传统文明、文化的宗旨、纲要、核心、精髓到底是什么呢?如果用通俗一点的语言,是否可以这样说,那就是:道——孝道——孝父母——善恶有报。善恶有报人心渐好,善恶无报社会乱套,谁也没招。善恶有报,迟早要报,历来如此,人人如此,无一例外,必报无疑。种瓜得瓜、种豆得豆,这是大自然规律。一个人的善恶表现,完全印记在自我生命本体的电脑磁盘上;人的进化或退化,完全取决于其善恶程度;善是人类进化的动力和根本,因而也是人生成功的重要标志。拥有一个成功的人生,难道不是人人所追求的理想吗?

综上所述,人生学所讲的是:客观的、辨证的生命进化科学理论;《心经》之佛学真理所讲的是:宇宙人生的本源和生命科学进化的高层次;《八正道》之修养学所讲的是:人生进化的最佳科学方法。可见,生命进化这个硬指标、硬道理和价值观,才是做人的根本。

结语

霹雳一声震乾坤,大地呈现一片新,前程似锦无限美,好事多磨有我神。

21世纪是人类历史长河空前伟大的崭新时代，人类只要抓住认识真理、普及真理这个主要矛盾，其他一切矛盾就会迎刃而解。普及真理势在必行的大好局面，犹如一部威武雄壮的戏剧，在人类的大舞台上，已经拉开了帷幕，奏响了序曲。

在这个伟大的崭新时代里，如果我们每个人都能弄懂人生的真义，弄懂客观真理，并笃信真理，就一定能把身心健康和各项工作做得更好，就能树立信心，逐步彻底解决那些积重难返的丑陋现象，为实现和谐社会与复兴中华——即人类传统文明大业，做一份有益的贡献。中国将无愧于真理故乡之称。

我主张：拿起笔，横竖只讲真理；放下笔，专门修理自己。

三、是伏羲易经奠定了传统文化的基础
——龙凤文化是全人类的瑰宝

伏羲老人家不仅是《易经》创始人，而且还是语言、文字、科学、教育、医药、修炼、武学、数学、工巧、农商、军事、哲学伦理等的创始人，或叫主创人。更是音乐韵律和文学艺术的创始人，是人类第一大鉴赏家，是一位彻底明了真理之人，还是一位水准最高的大音乐家。对此容当慢慢研究讨论。

伏羲40岁时，被各大酋长奉为领袖，称为羲皇，备受拥戴，全心全意为人民做了无数好事，因有《易经》之高智慧，因此发现无数、发明无数、创造无数。又因其多才多艺，培养了一大批一专多能和身怀绝技的学生，普及和提高了人们的文化水平与素养，因而，成为人类历史上顶级的人文始祖。是名副其实的，全人类最高的，顶级的大教育家、大创造家、大文豪、大科学家、大艺术家、大语言文字学家、大医王大医学家、大建筑家、大思想家、大工农商学家、大武学家、大修炼家、大军事家等，且是最高祖师。

他老人家是发现真理和总结提炼并掌握真理之第一人，也是宇宙人生最高哲理的奠基人。老人家的天分奇特，又在生生世世的艰难卓绝的修炼中得以提升。确立了人生身命有限，慧明无限的科学原理。

伏羲氏在位160年，其助手接班后，羲皇自身又修炼了60年，进一步探索真理，然后涅槃进入高境界，此世老人家高寿260岁（顺便说一下，传说中的彭祖八百，实际上是百八的误传）离开顶级的天人合一高科技，达到200岁的寿命都是绝无可能的。

严格地说，世间那些离开天人合一成分的任何科研，都不可以称为高科技，最多只能冠之以‘应用科学范围内’的字样，否则起码也是语误。

世界上许多奇迹，都是来源于易理的杰作，埃及金字塔，就是其中典型的范例；伏羲易经是哲学、佛学、道学、科学的总理论基础和依据。《心经》是在易学和佛学理论上的最佳发挥，他们本是一体的，相联系的，只是有前有后而已。伏羲之龙凤文化，是个灿烂辉煌的大宝库，即将造福人类，深入研究大有可为。人类的传统文化本来是一体的，而每个人则都是地球村的一个成员；所以说，佛学就是易学的传承，佛祖就是伏羲的转世，就成为合乎情理的事；据研究了解这也完全符合事实。

四、诗词二首

《天人合一》

谈虎色变情可原,谈佛色变为哪般?

佛是觉悟人得道,发现真理找到源。

如来佛是道化身,天人合一达极点,

哲学之源科学母,众生皈依随佛缘。

(注:从前有的人,一听到佛字,就往迷信方面想,而形成了肤浅的理念。其实,佛就是觉悟人的代称,一个名词而已,就像父亲是爸爸的代称一样。如果说,天人合一就能产生高科技。那么是否可以这样看,佛就是高科技的产物,如来佛是天人合一的典范。有人问:宇宙飞船是什么?答:是应用科学范围内的高科技。)

向毛主席学习填词一首

《卜算子》效梅

北风刺骨寒,落蕾枝头旺,

放眼山川一片白,傲雪争开放。

惟有我独尊,心广体能壮,

吃尽人间万般苦,般若增无量。

(注:学了陆游和毛主席震撼古今的佳作《卜算子》咏梅后,尝试性地模拟了这支词牌,权当作是幼儿园的习作吧。)

附《卜算子》咏梅　毛泽东

风雨送春归,飞雪迎春到,

已是悬崖百丈冰,犹有花枝俏。

俏也不争春,只把春来报,

待到山花烂漫时,她在丛中笑。

(注:毛主席借鉴宋朝陆游的词,反其意而用之,被称为古今咏梅第一词。)

附《卜算子》咏梅　陆游

驿外断桥边,寂寞开无主。

已是黄昏独自愁,更著风和雨。

无意苦争春,一任群芳妒。

零落成泥碾作尘,只有香如故。

(注:陆游的词有些凄楚无奈和青纯傲骨,是古代咏梅词中之上上品。)

五、古希腊圣人泰勒斯的名言

有人问泰勒斯:“你认为人活在这个世界上,什么事情是最困难的?”

答:“认识你自己。”

学习体会:

你不认识你自己,谁也替代不了你;
你不损伤你自己,谁也戕害不了你;
你不珍爱你自己,谁也保护不了你;
你不觉悟你自己,谁也包办不了你;
你不解剖你自己,谁也挽救不了你;
你不战胜你自己,谁也完善不了你。

(注:希腊泰勒斯、埃及胡夫、印度悉达多、中国黄帝是世界四大齐名古圣人。)

六 《黄帝阴符经》直译

（此文是《心经》和《道德经》的母亲篇）

《阴符经》，阴：静，阴为阳之母。符：契约、规范。经：返本还原之路。

一、神仙抱一演道章

原：观天之道，执天之行，尽矣。天有五贼，见之者昌。五贼在心，施行于天。

译：明察大道，按规办事，尽善美。对五行彻知为美好。元神统领，效天行事。

原：宇宙在乎手，万物在乎身。天性人也，人心机也。立天之道，以定人也。

掌握自然规律，人是一小天。佛性人皆有，人善于投机。能遵天道，人心可定位。

原：天发杀机，移星移宿。地发杀机，龙蛇起陆。人发杀机，天地反复。天人原：合发，万变定基。

天静生动，运行不已。阴止阳发，万物复苏。人肯修炼，达水火既济。天人合一，筑成根基。

原：性有巧拙，可以伏藏。九窍之邪，在乎三要，可以动静。火生于木，祸发必克。

聪笨皆有，能修掉。识神生邪，眼耳口为主，修而变化。木质朴生火，木可被毁。

原：奸生于国，时动必溃。知之修炼，谓之圣人。天生天杀，道之理也。

三要在身，生邪被侵害。懂修行，可成圣。修生免杀，天地讲理。

二、富国安民演法章

原：天地，万物之盗。万物，人之盗。人，万物之盗。三盗既益，三才即安。

天地精华被盗生万物。万物生人，人亦被物欲所损。懂修炼之理，天地人合一。

原：故曰食其时，百骸理。动其机，万物安。人知其神而神，不知不神而所以神也。

所以说：持静，气血畅。与自然协调，相安不受侵。懂元神重要。不让识神当家。

原：日月有数，大小有定。圣功生焉，神明出焉。其盗机也，天下莫能见，莫能知。

阴阳演变，能量固定。持禅，可育元神出窍。因人的视力受限，不能见知。

原：君子得之固穷，小人得之轻命。

层次高者成功，层次低，人生走过场而已。

三、强兵战胜演术章

原:瞽者善听,聋者善视。绝利一源,用师十倍。三反昼夜,用师万倍。

盲人聋子另有所长。隔绝贪欲吸能量胜高师。持之以恒,万人可学你。

原:心生于物死于物,机在目。天之无恩而大恩生。迅雷烈风莫不蠢然。

道生人,违道死,枢机在目标。天地本善不示善。阴阳交错,运行不止。

原:至乐性愚,至静性廉。天之至私,用之至公。擒之,制在炁。

任性无度伤,收敛护己,天地专利人人可采。抓住,能量自来。

原:生者死之根,死者生之根。恩生于害,害生于恩。

不保精早死,保精者寿而觉。自害者辜负了天地。

原:愚人以天地文理圣,我以时物文理哲。

假聪明者随波逐流,行者惜时光、物质求真知。

七、健康精粹篇

《黄帝内经》云:“是故圣人不治已病治未病,不治已乱治未乱,

直译:“所以高明智者主张把病消灭在萌芽时,国乱治在苗头时,

此之谓也。夫病已成而后药之,乱已成而后治之,譬犹渴而穿井,

以此合于道理。如果病重吃药,国已大乱再治理,就像口渴现打井,

斗而铸锥,不亦晚乎?”

战斗中造武器,不是太晚了吗?”

“虚邪贼风,避之有时,恬淡虚无,真气从之,精神内守,病安从来?”

避开外界环境侵害,内心不贪欲,元气自增,若守住本分,病从哪侵入呢?

健康八宝:

莫烦恼、莫吃饱、莫感冒、莫过劳、饮食有节、起居有常、思维有度、运动有方。

思想三压:抗压、稳压、减压。修炼四感:紧迫感、危机感、责任感、使命感。

运动员夺冠八宝:

宽容获承受力、悟我获应变力、糊涂获定力、善待获亲和力,

有追求无怨求、争荣誉无虚荣、做好事不求报、战胜我一身正。

修养磨炼十四点:

心胸宽阔一点、治我注重一点、小事糊涂一点、学问增多一点、真理追求一点、饮食清淡一点、起居规律一点、待人热情一点、做事认真一点、做人低调一点、心态平静一点、体态勤奋一点、名利看淡一点、人生平凡一点。

《平等》:

健康面前人人平等,觉悟面前人人平等,孝道面前人人平等,积德面前人人平等,善待面前人人平等,勤俭面前人人平等,自治面前人人平等,智慧面前人人平等,理想面前人人平等,真理面前人人平等,进化面前人人平等,得道面前人人平等。

对联:

怨东怨西怨南怨北怨上怨下怨天尤人,怨来怨去,原来是自戕不自强;

悟修悟炼悟磨悟塑悟道悟空悟己生根,悟来悟去,方知是自悟不自误。

中华传统文化的宗旨是:

道——孝道——孝父母——善恶有报。

善恶有报人心渐好,善恶无报社会乱套,谁也没招。

不明源流,难寻真理,不知真理,难懂人生。

八、修炼悟道谚语

佛祖是我们心中的红太阳,孝佛之人心最美。

只有佛经能度我,若想一生平安,佛祖教导是第一生命。

道高一尺,魔高一丈,佛高万丈,离开佛学必被妖魔所乘。

佛道本是一家亲,为何要说两家话?佛家道家不离分,佛祖道祖同一人;若是认定两股道,一生受苦无穷尽。

天上佛道从未分家,人间佛道的分开,是历史上一种遥相呼应的暂时现象。

《心经》和《真传佛经》,是佛道两家共同的最高经典和灵魂。

只有《心经》悟得通,人生才能算成功;一生《心经》未学懂,竹篮打水一场空。

如来佛祖创《心经》,度了自己度众生;如来佛祖作《心经》,慈悲无限救众生。

悟通《心经》成佛成道,脱离《心经》一事无成。

修道悟佛人人平等,只有悟通《心经》和《真传佛经》,才能得道成佛究竟涅槃;否则必走弯路无疑。

做功、念经、写笔记谓之三宝,这是智者的生命线。

掌握三宝前途无量,放弃三宝苦难无穷。

抓住三宝有三好,生活工作身体好。

元神脆弱难有志,只好为人作嫁衣。

懂得抓主要矛盾,才能实施一专多能。

样样通样样松,必将狭隘根底浅。

心中常想师父在,恩报苦修活得明白。

早日迈进如来佛王国,人生就有了保护伞和黄金宝锁。

人缺什么都不怕,缺少智慧睁眼瞎。

爹娘养育恩情重,孝顺父母人品高。

孝父母不如孝师父,孝师父不如孝佛祖。

孝佛之心最宝贵,再孝父母才是真。

孝师孝佛孝双亲,最大的孝道就是战胜自我,不让人操心。

苦海苦难无穷尽,自修自练救自身。

自己修筑自己路,省得反被聪明误。

虚荣自满不值钱,低调做人眼光远。

千载难逢大佛缘,失之交臂终生憾,可怜天下聪明人,木头眼镜看不穿。

学会抓主要矛盾,人生苦难至少减半。

有智慧者,眼观六路耳听八方,机智灵活转弯快。

智慧人生心如止水,聪明人生手忙脚乱。

望空一切,放下一切,看开一切,化解一切,阿弥陀佛。

望空一切,缘起缘灭,因果报应,积德消业。

做功念经、悟道悟空、修心养性、慈悲宽容。

不作功不念经,若想开悟决不能。

有了三宝能立志,胸怀大志好做事。

千日坐禅一日成,千日学经一朝用。

有了三宝,就等于插上了智慧的翅膀,高飞远走震九霄。

否则就难免成为:登陆的鱼,落水的鸟。

世间万般皆是假,悟已悟空方是真。

佛祖是伟大而至高无上的,任何人不可与之相提并论,否则必是外道;

《心经》是佛学的总灵魂,任何经典皆不可与之相提并论,否则必然脱离大道。

修行者的大餐是:吃苦、忍辱、报恩、割舍。

没有深层次地修悟功,苦难临头时要发懵。

容要彻底,非容即邪,采花容易戴花难。

普及真理是善恶有报,大道之理是天人合一,二者是相辅相成的一体。

天人合一善恶有报,是自古以来,人类正邪两条路线斗争的焦点。

给人出路自有路,唯我独尊比天大。

解脱挫折抗衰老,保留烦恼成病灶。

解脱误区和盲点,人生飞跃上高山;保留误区和盲点,人生苦难没有边。

佛祖是全人类心中的红太阳,《心经》是宇宙人生的总灵魂。

末法时期为何来?邪恶势力搞破坏,只缘《心经》被掩埋。

盛法盛世因何来?佛祖《心经》放异彩,心中太阳升起来。

修炼和修养永远是人生头等大事,舍此,人生将不平静、不安宁。

《心经与智慧》和《心经与能量》是相辅相成的姊妹篇,是价值无量的、全方位完善的人生工具书。

什么是佛学?佛学是研究,证实宇宙人生真谛的学问。

天上的佛教净化完善,人间的佛教名存实亡,盛法盛世的真相,正在以多种渠道向人间传递。

盛法是以佛祖路线和佛法真理来当家;盛世是以佛光普照和善恶有报为宗旨。

如来佛的最大特点是慈慧无限和谦虚和蔼。

上联:百鸟朝凤成大统　下联:万民从善享太平　横批:盛法盛世莅临

盛法盛世到来之际，末法时代即将收尾，佛道岂可再扯社会后腿。

只有佛道带好头，社会才能大变样；佛道若想带好头，悟通《心经》、《真传佛经》有威望。

太阳歌：

天上一个太阳，心中三个太阳，

太阳是佛祖、洪钧老祖和玉皇，

天上的太阳育万物，心中的太阳解迷茫，

佛光普照度众生，三阳开泰大吉祥。

九、解读盘古开天辟地的传说

万物之初,犹如一只鸡蛋包含着整个宇宙。鸡蛋里是一片混沌,漆黑一团,没有天地,没有日月星辰,更没有人类生存。可是,在这片混沌黑暗之中,却孕育了创造世界的盘古。

盘古在这只大鸡蛋里孕育成人以后,睡了八千万年,才醒了过来。这时,他发现他生活在黑暗混沌的大鸡蛋里,心里憋闷得慌,浑身像被绳子束缚一样很难受,又看不见一丝光明,于是,他决心舒展一下筋骨,捅破这个大鸡蛋。

盘古胳膊一伸,腿脚一蹬,大鸡蛋就被撑碎了。可是,他睁大眼睛一看,上下左右,四面八方,依然是漆黑一团、混沌难分。盘古急了,抡起拳头就砸,抬起脚就踢。盘古的胳膊腿脚,又粗又大,像铁打的一样。他这一踢一打呀,凝聚了八千万年的混沌黑暗,都被踢打得稀里哗啦乱动。盘古三晃荡、两晃荡,紧紧缠住盘古的混沌黑暗,就慢慢地分离了。轻和清的一部分(阳)便飘动起来,冉冉上升,变成了蓝天;而重和浊的一部分(阴)则渐渐沉降,变成了大地。

天地一分开,盘古觉得舒坦多了。他长长地透了口气,想站立起来,然而天却沉重地压在他的头上。他意识到天若不高高地升到高空,那么地上就永远不可能有生命存在。于是他坐下来沉思默想,怎样才能解决这一问题。最后,他断定,只有他把天托住,世上众生才能繁衍和生存。于是,盘古就手撑天,脚蹬地,努力地不让天压到地面上。日复一日,年复一年,光阴过去了一万八千年。这中间,盘古吃的只是飘进他嘴里的雾,他从不睡觉。开始,他只能用胳膊肘撑着,伏在膝盖上休息,因为他必须竭尽全力,用双手把天推向天空,终于,盘古可以将身体挺直,高举双手把天空向上托了,他的身子一天长一丈,天地也一天离开一丈,天升得越高,盘古的身躯也变得越长。天地被他撑开了九万里,他也长成了一个高九万里的巨人。

天终于高高定位于大地的上方,而盘古却感到疲惫不堪。他仰视双手上方的天,接着又俯视脚下深邃的大地。他断定天地之间已经有了相当的距离,他可以躺下休息,而不必担心天会塌下来压碎大地了。

于是盘古躺下身来,睡着了,睡得纯熟而深沉。他为开天辟地,耗尽了心血,流尽了汗水。在睡梦中他还想着:光有蓝天、大地不行,还得在天地间造个日月山川,人类万物。可是他已经累倒了,再不能亲手造这些了。最后,他想:把我的身体留给世间吧。于是,盘古的身体使宇宙具有了形状,同时也使宇宙中有了物质。

盘古的头变了东山,他的脚变成了西山,他的身躯变成了中山,他的左臂变成了南山，他的右臂变成了北山。这五座圣山确定了四方形大地的四个角和中心。它们像巨大的石柱一样耸立在大地上，各自支撑着天的一角。

盘古的左眼，变成了又圆又大又明亮的太阳，高挂天上，日夜给大地送暖；右眼变成了光光的月亮，给大地照明。他睁眼时，月儿是圆的，眨眼时，就又成了月牙儿。

他的头发和眉毛，变成了天上的星星，洒满蓝天，伴着月亮走，跟着月亮行。

他嘴里呼出来的气，变成了春风、云雾，使得万物生长。他的声音变成了雷霆闪电。他的肌肉变成了大地的土壤，筋脉变成了道路。他的手足四肢，变成了高山峻岭，骨头牙齿变成了埋藏在地下的金银铜铁、玉石宝藏。他的血液变成了滚滚的江河，汗水变成了雨和露。他的汗毛，变成了花草树木；他的精灵，变成了鸟兽鱼虫。

从此，天上有了日月星辰，地上有了山川树木、鸟兽虫鱼，天地间从此有了世界。盘古将大道赋予了这个世界，并使其灵魂长期保存了下来，融入到活生生的世界当中，并亲自尝试了多种生物的生命进化和流转滋味，到后来成为最先形成的龙，也成为最先形成的凤。因在龙凤生命中，长时间的生活和磨练，形成了极其高贵的习性，继而把这种特别难得的天性，又带到了后来的人生之中，一直到成为人类的人文始祖伏羲时，其龙凤的影像和习性，还浓浓的体现在思想、言行、相貌和举止中，龙凤已成为羲皇的原形标志。这就是后来龙凤文化的起源。

盘古开天辟地，虽有神话故事色彩，但伏羲氏确实是由天地精华，所形成的一个特殊灵魂，有了这样的一个惊天动地的、高贵的龙凤之总代表伏羲皇帝，使人联想到他后来转世中的炎帝神农、轩辕黄帝、埃及法老胡夫、舜帝、元始天尊、希腊圣人泰勒斯，还有伏羲氏之前的肇基、燧人氏、有巢氏等。对人类所做出的种种丰功伟绩和惊天动地的不朽业绩，使人们对如来佛，有了一个真实而崇高的鲜活概念。

弥勒菩萨在轩辕黄帝手下当大臣时，早已得道多时，名字叫做广成子(早年曾给黄帝当过一段老师)。他目睹了黄帝一系列的伟大天才，并认定了黄帝就是人类的最高始祖的转世，就是宇宙大道的精华精英的神奇集中体现，他实在不知道如何表彰这位人类的大救星才好。于是，以无限景仰的心情，撰写了象征性极强的，且又极其符合现实的盘古开天辟地的神话故事，用来比拟轩辕黄帝的来历金贵、不可思议和至高无上。后来，又虔诚无比地拜黄帝为师父，成为弟子之一。

弥勒菩萨的著作还有:《弥勒真经》、《佛教故事集》等。

中国历史上的唐朝盛世，是佛光普照的典型时代，唐王朝崇尚本是一家的佛道二教，用佛道理论来统一臣民的思想。唐太宗、武则天和玄奘等都对佛道做出了大贡献，特别是《心经》的翻译和推广，为大唐盛世，带来了勃勃生机。

唐朝玄宗年间降世出生的弥勒菩萨，后来出家为布袋和尚（公元713—919）。此生他在恩师如来佛的慈悲下，不仅在修炼上有着破格的丰收，而且对于盛唐和佛道的兴旺，做出了不可磨灭的巨大贡献。在他顶住了邪恶压力和全力推广下，使玄奘准确翻译的佛祖大作《心经》，终于成为佛道的主修经典课，并将《心经》放入佛教的朝暮课中，成为永久的必修必背课目，为佛家建立了无可替代的丰功伟绩。

下面是弥勒菩萨曾经做的对联：

眼前都是有缘人，相见相亲，怎不满腔欢喜？

世上尽多难耐事，自作自受，何妨大肚包容？

下面是一首赞赏弥勒佛的对联：

大肚能容，容天下难容之事。

开口便笑，笑世上可笑之人。

十、经典经文中日英文对照

中日英文对照第一首佛祖经文第 9 首《念慈经》之七
中日英文对照第二首佛祖经文第 10 首《念慈经》之八
中日英文对照第三首佛祖经文第 17 首《望》
中日英文对照第四首佛祖经文第 19 首《自弊自利》之一
中日英文对照第五首佛祖经文第 20 首《自弊自利》之二
中日英文对照第六首佛祖经文第 38 首《延生易法经》
中日英文对照第七首佛祖经文第 78 首《观》
中日英文对照第八首佛祖经文第 89 首《皈依佛》
中日英文对照第九首佛祖经文第 104 首《灵山》
中日英文对照第十首佛祖经文第 105 首《自在歌》
中日英文对照第十一首佛祖经文第 160 番目《八正道》

中日英文对照第一首

佛祖经文第 9 首《念慈经》之七

我佛慈悲不用说，
人间的善事自己摸索，
悟难看清，路难摸索，
做事心要正，帮人要稳妥，
好事不求报，慈悲二字自己掌舵。

お釈迦様経文第 9 番目《念慈经》その七 日本語訳

自分を慈悲することはもちろん
世の中の善事は自分で模索していく
悟りははっきり見えにくく
道を模索しにくい
何をするにしても心を正しくして
確実に他人を助ける
良いことをしても見返りを求めない
自分で慈悲の尺度を掌握する

The Buddha's scripture No.9《Bear in mind forever to be kind Part Ⅶ》English

Translation

My Buddha is always mercy,
Gropes for the good things in this world by yourself,
It's not easy to savvy clearly
It's not easy to find the right way
No matter what you do,keep your mind on yourself
Help others is just help yourself
Do good things and never think of payback
Hold your mercy on your own mind.

中日英文对照第二首

佛祖经文第10首《念慈经》之八

人间有苦也有乐，
做了好事不要说，
把好事看成是虚，
把果看成是我。
你如果能这样做，
悟也能看得清，
路也能走得直，
师父赞你，
你自己也能站得高看得远，
生活之中有乐趣，你说妥不妥？

お釈迦様経文第10番目《念慈经》その八 日本語訳

世の中には苦しみもあれば楽しみもある
良いことをしても口には出さないで下さい
良いことをしたという行為は過程に過ぎない
結果は自ずと返ってくるもの
もしあなたはこのようにすることができれば
悟りというものが、はっきりと見えてくる
道もまっすぐ歩ける
お釈迦様はあなたを高く評価し
あなた自身も高い所に立ち
遠くまで見ることができる

生活に楽しみがあって
それは素晴らしいではないか。

The Buddha's scripture No.10《Bear in mind forever to be kind Part Ⅷ》English Translation

Life is full of both enjoyments and sufferings
Please do not speak about what we have done something good
Do something good is what we should do.
Our purpose is increasing energy by doing good thing.
When we do in this way
we will savvy more clearly and highly
And can walk straightly on the way of life
The Buddha praises you
we can stand in higher place and see things farther
Enjoy your life, how wonderful!

中日英文对照第三首

佛祖经文第 17 首《望》
鼓打锣响心开放,
有事无事勤上香,
希望你们把佛经从头看,
说话要有理,
办事要准,
小人恶人都要帮。
你们要学习师父心开放,
一切愁事不要心里藏,
遇到问题到佛经里找,
处理问题有方向,
你们说,我说的对不对?

お釈迦様経文第 17 番目《望》日本語訳

太鼓を敲き、銅羅を敲き、心を解き放つ
忙しい時も暇な時もまめに線香を立てる
皆さんがお経を初めから読むことを望む
道理を沿った話をし

物事を確実に処理していく
心の狭い人や悪人も皆を助ける
菩薩たちのようにいつも心を解き放つことを学ぶ
どんな悩みがあっても心の中に隠さない
問題の回答はすべてお経の中で探せば見つかる
問題を処理できる方向を見つけられる
私の言っていることは正しいか、あなた自身で判断してみて下さい

The Buddha's scripture No.17《Look》English Translation

Beat drums and gongs, and keep your heart blossoming.
Burn incense sticks whenever busy or not
Hope you read the Buddha's poems from the beginning
Speak in the right words and do in the right way
Help people whatever he is bad or narrow minded.
You should learn the teachers' heart always blossom
No worries should be hidden in your heart
Find the answer from the Buddha' s poem when you are in trouble
Then you can get the right direction of dealing with matters
You say,am I right?

中日英文对照第四首

佛祖经文第 19 首《自弊自利》之一：

佛开道，佛光照，
自修自悟天天叫，
自身的病何时了？
解剖自己先洗澡；
佛经能理解，
自己把毛病找，
自修自悟站得高。

お釈迦様経文第 19 番目《自弊自利》その一日本語訳

仏が道を開き、仏の光でわれわれを照らす
自分を修行しようと、自分を悟ろうと毎日叫んでいる
自分の欠点はいつ解決できるか
自分を解剖するにはまず自分の思想の汚れを洗おう

お経は理解することができて、自分で欠点を探して、
自習して自分を悟り、高い所に立つ。

The Buddha's scripture No.19《the part Ⅰ of self - harm and self - concern》 English Translation

The road is opened by Buddha and we are surrounded by Buddha's brilliant rays.
Shouting every day that I should correct myself, cultivate myself.
When can I solve my fault?
If we want to anatomize ourselves,first of all,wash dirt of thought.
Learn and understand the Buddha's scripture first and find out the fault of ourselves,
Recognize ourselves and cultivate ourselves then stand in a higher ground.

中日英文对照第五首

佛祖经文第 20 首《自弊自利》之二

山有高矮站得牢，
人要有自尊不能随风倒，
这山望着那山高，
什么事情也办不好。
做什么事情都要把困难找，
困难过后悟明了；
自己的问题自己找，
靠别人帮助硕果不高。

お釈迦様経文第 20 番目《自弊自利》その一日本語訳

レベルが高くても低くても山のようにしっかり立つ
自尊心を持つべきで権力になびいたりしない
他人を羨んでばかりでは
どんなこともうまくできない
何をするにしてもまず問題点を見つけ出す
困難を乗り越えられたら悟りのレベルも向上する
自分で問題点を見つけ出すこと
他人を頼ってばかりでは大きな成果を得られない

The Buddha’s scripture No.20《the part Ⅱ of self - harm and self - concern》English Translation

Wherever we are,stand firmly.

One should take a firm stand,not waving under the sway of public.

With the thinking that grass is greener on the other side of the fence.

Can’t do anything well.

Whatever we do,the first is to sort out difficulties to solve.

Gain experience after the difficulties

Reliance on others,we can not achieve a great deal of results.

Find the problem by ourselves.

中日英文对照第六首

佛祖经文第38首《延生易法经》:

赤身而来,脱神而去,

几时开心几时愁?

开心是得,愁是求,

无功无禄几时休?

逆而难进心发愁,

顺者开怀心不疚,

悟道悟空何所有,

心明眼亮看前头。

お釈迦様経文第38番目《延生易法経》日本語訳

裸でこの世に生まれ、裸でこの世を去る

愉快な時もあれば、悩む時もある

愉快な気分でいるとエネルギーを蓄えることができ、悩むとエネルギーを失う

いくら修練をしても褒めてくれる人もいなければ、お給料をもらうこともない

つらくてうまく行かない時は思わず悩んでしまう

客観的な規律に従って物事を遂行すれば顺调で樂しく悩みもない

道を悟り、空を悟るメリットはなんでしょうか

心が浄化され人生が明るく前を見よう

The Buddha’s scripture No.38《The simple rule we should follow in life》English Translation

Born nakedly,leave this world with nothing
Sometimes Happy sometimes not happy
Happy then gain energy,worry then loose energy
No Profit no salary even we cultivate every day
Will meet difficulties if do things against the nature's rule.
Following the nature's rule,then things go smoothly and no regret in heart.
What's the benefit of realizing Taoism and Vain?
Vision is excellent and always look forward.

中日英文对照第七首

佛祖经文第78首《观》

云海飘飘雾打头，
人生一世无所求；
有心摘瓜防虫咬，
烈火永生敢字头。
逍遥一世无所求，
苦到头来不发愁；
我在江中把网撒，
捞不着大鱼，小鱼也将就。

お釈迦様経文第78番目《観》日本語訳

人生は雲海飄々で霧も濃く良く見えない
人生一生むさぼりをもとめない
何をしても心を傷つかないように心を守るべき
困難や挫折を克服して勇気を持つ
むさぼりを求めなければ、平安と逍遥を得られる
苦しみや煩悩に遭ったとしても悩まない
収穫の時期が来た時
地位の高い低いを気にしない

The Buddha's scripture No.78《Look》English Translation

Life is like sea of clouds,full of fog
Expects nothing in the life

Whatever you do prevent hurting heart
Experiense difficulties and have courage can get real wisdom
Free of trouble and worry, no persueing
When the life is over
I have no regrets even I got a high position or a low position.

中日英文对照第八首

佛祖经文第 89 首《皈依佛》

皈依佛,皈依佛,
早日皈依佛;
朝拜佛,朝拜佛,
心地善良免遭祸,
心诚佛知。

お釈迦様経文第 89《お釈迦様に帰依》日本語訳

自分の仏性に帰依して、お釈迦様に帰依して、
早くお釈迦様が作った大家庭に帰依します。
自分の仏性に礼拝して、お釈迦様に礼拝して、
心根の善良な人は災難に遭うことを免れる。

The Buddha's scripture No.89《Converts to Buddha》English Translation

Converts to kind nature of myself,converts to Buddha,
Converts to Buddha's family at an early stage.
Bow to kind nature of myself,bow to Buddha,
The person with a good nature escapes encountering the misfortune.
If a person's mind is honest,Buddha knows.

中日英文对照第九首

佛祖经文第 104 首《灵山》:

佛在灵山莫远求,
灵山只在汝心头,
人人有个灵山塔,
好向灵山塔下修。

お釈迦様経文第 104 番目《霊山》日本語訳

お釈迦様が住む霊山は遠い所にあるが
霊山は実にあなたの心の中にある
人々の心に皆霊山塔を持っている
常にお釈迦様がいる霊山の下で修行を積んでいるよう

The Buddha's scripture No.104《Ling Mountain》English Translation

Although Buddha is living at Ling Mountain which is far from us
Ling Mountain is just in your mind
Everyone has a Buddha's nature (kind nature) in our heart
Just like we are always cultivating at the foot of Ling Mountain together with Buddha

中日英文对照第十首

佛祖经文第105首《自在歌》:

有嗔怪不自在,
无嗔怪就自在,
善待他人大自在。

お釈迦様経文第105番目《自在歌》日本語訳

他人を咎めると、自分も苦しい
他人を咎めることがなければ、自分も気分がよい
他人に優しくすれば、自分が多いに気分がよい

The Buddha's scripture No.105《Free song》English Translation

Complain others, no comfortable,
No complain,then comfortable,
Be nice to others,much more comfortable.

中日英文对照第十一首

佛祖经文第160首《八正道》:

下面将八正道、八功德、菩提咒和学习体会,一并排列如下,便于学习对照:

八种可以获得智慧的大道之理,是修炼大全,人生成功必由之路,是佛祖最重要的佛学理论之一。

《八正道》	《八功德》	《菩提咒》	《学习体会》
1、正思维	智慧功德	悟以性为本	性以宽容为本

2、正　语	不疲倦功德	道以根为本	根以悟己为本
3、正　定	禅定功德	修以心为本	心以空静为本
4、正　命	知足功德	人以善为本	善以善待为本
5、正　业	无求功德	畜以献为本	献以施舍为本
6、正　见	远离功德	自然以宇宙为本	人生以无怨为本
7、正精进	毕竟功德	生活以勤劳为本	勤劳以不念苦为本
8、正　念	不妄念功德	万物以正为本	正以压邪为本

お釈迦様経文第160番目《八正道》日本語訳

下記の八正道、八功德、菩提咒と学習心得を下記のように並べて見ました。参照しながら勉強して下さい。八つの智慧を獲得できる大道の理論、修練を積む大全書です。人生を成功するのに必ず通らなければならない道です。仏教の創始人であるお釈迦様の最も重要な仏教学の理論の一つです。

《八正道》	《八功德》	《菩提咒》	《学習心得》
1、正思维	智慧功德	悟りが基本	寛容が基本
2、正　语	疲れない功德	根を下ろすのが基本	自分を悟るが基本
3、正　定	禅定功德	心の修行が基本	心空と心静が基本
4、正　命	知足功德	人は善が基本	人に優しくが基本
5、正　业	無求功德	奉仕は基本	与えるのが基本
6、正　见	遠離功德	自然は宇宙が基本	人生は怨まないが基本
7、正精进	結局功德	生活は勤劳が基本	勤勉で苦労を恐れない
8、正　念	不妄想功德	万物は正が基本	正は邪を圧倒するが基本

The Buddha's scripture No.160《8 correct roads》English Translation

Please see the 8 correct ways,8 merits and virtues, bodhi regulations,8 knowledges gained which are listed below,and learn by comparing.

It is a large complete book that piles up the theory and the training of the high-road that can acquire wisdoms. It is a road that should pass life to succeed. It is one of the theories of the most important Buddhism study of the Buddha externals who are the founder of a religion of the Buddhism.

《8 correct ways》《8 merits and virtues》《Budhi regulations》《8 knowledges gained》

1.Correct thinking, merits and virtues with wisdom,good understanding with wisdom is the essential, tolerance should be the first.

2.Correct talk,merits and virtues with keeping on talking kind words,knowing yourself is the essential,base yourself upon the rules of kind nature should be the first

3.Correct empty and calm in heart, merits and virtues with keeping still and in deep meditation, spiritual empty and calm is the essential, Immaterial Quiet meditation and concentration of mind should be the first, no distracting thoughts

4. Correct thinking of life, feel enough, virtuous is the essential, only feeling enough can be real good to yourself, and feeling enough can be good to others, no complain to other people, no high request to other people.

5. Correct job, devotion is the essential, freedom from all desires should be the first, one can be austere if he has no selfish desires.

6. Correct view, no impute all faults and wrongs on others or objective factor is the essential, accept the fate and Retribution.

7. Correct work, hardworking is the essential, endurance of hardships should be the first.

8.Correct mind, be away from evil thinking, moral integrity is the essential, holding down the wicked desire should be the first.